재판의 법리와 현실

재판의 법리와 현실

지은이/고종주
펴낸이/배효선
펴낸곳/법문사

2011년 2월 5일 초판 1쇄인쇄
2011년 2월 10일 초판 1쇄발행

413-756 경기도 파주시 교하읍 문발리 526-3
전화/031-955-6500~6
팩시밀리/031-955-6525
e-mail/ (영업) bms@bobmunsa.co.kr
(편집) edit66@bobmunsa.co.kr
홈페이지/www.bobmunsa.co.kr
등록번호/제2-76호(1957.12.12)

값 20,000원
ISBN 978-89-18-08004-8 03360

재판의 법리와 현실

소송 사건을 이해하고 표현하는 방법

고 종 주 지음

법문사

정의와 사랑의 이름으로

오늘을 함께 사는

이 땅의 아름다운 사람들에게

무명한 자 같으나 유명한 자요

근심하는 자 같으나 항상 기뻐하고

가난한 자 같으나 많은 사람을 부요하게 하고

아무 것도 없는 자 같으나 모든 것을 가진 자로다.

(고린도후서 6:9-10)

머 리 말

1. 우리는 세상(사람과 사물)을 이해하고 표현하면서 살아간다. 그 중에서도 재판은 소송 사건을 이해하고 표현하는 일이다. 나는 그 일을 하면서 30년 가까운 세월을 보냈다. 법정에서, 사무실에서, 주로 소송관계인의 주장과 증거를 듣고 읽으며, 그 결과를 판결 등 재판서로 작성하여 당사자에게 전하는 일, 이와 같은 직무는 처음이나 나중이나 어렵고 힘든 것은 마찬가지여서 지금도 두렵고 떨리는 마음은 변함이 없다. 지난날을 뒤돌아보니 수많은 사건의 당사자들과 피고인들이, 더러는 그 가족들의 모습들까지 눈앞에 어른어른 지나간다. 아프고, 눈물겹고, 힘들고, 고달픈 사람들의 표정과 호소가 생각난다. 법관의 말과 글은 그 힘이 대단한 것이어서 되도록 최선을 다하면서 신중에 신중을 기하려고 노력하였으나 여러모로 부족한 탓에 뜻을 이루지 못하거나 미흡한 때가 적지 않았다. 좀 더 잘 할 것을, 하는 아쉬운 마음, 상처받은 분들에 대한 죄스럽고 미안한 마음이 간절하다. 그러나 이제는 돌이킬 수 없는 일, 그래서 더욱 안타깝다.

2. 사실을 인정하고 법률을 적용하는 재판은 엄밀한 논증을 기본으로 한다. 그 때문에 더러는 판단과정에 감성이 개입할 여지가

없다고 생각한다. 그러나 반드시 그렇지는 않으리라. 재판은 사람의 생각과 행동을 심판대상으로 하는, 대단히 미묘하고 복잡다단한 일이기에, 이성과 감성의 복합체인 사람을 깊이 이해하지 않고서는 제대로 된 재판을 할 수 없는 것 또한 사실이다. 법률의 생명은 논리가 아니라 경험이라는 말도 그래서 더욱 의미가 있다. 사람들 사이의 상호관계에서 중요한 것은 무엇보다도 상대에 대한 배려와 이해이리라. 이를 한마디로 말하면 사랑이라고 할 수 있을 것이다. 세상에 사랑보다 더 높은 가치와 이념, 나아가 사람을 아끼고 존중하는 것보다 더 귀한 생각이 또 있겠는가. 바로 이 생각을 붙들고 나는 오늘의 이 시점에까지 이르렀다. 내게 사랑의 참 모습을 가르쳐 준 우리 주님과 나의 가족, 그리고 그간 같은 길을 함께 걸어온 수많은 사람들의 덕분이다. 그 고마움을 어찌 말로 다할 수 있으랴.

3. 이제 나는 지난 날, 내가 판결과 결정으로 나타내고자 했던 의견과 생각, 재판이 아닌 다른 방식으로 한, 여러 사람들을 위한 권면과 위로의 말씀 중 일부를 소개하려고 한다. 부족하고 흠이 많은 말과 글이지만, 나는 이로써 그간 내가 배우고 그려 본 작은 사랑을 그 밖의 다른 분들에게도 똑같은 마음과 정성으로 기꺼이 나누고 싶다. 제1부는 재판을 생각한 몇 편의 글이다. 논문이라기보다는 보고서 형식의 에세이에 가까운 글이다. 뜻을 펼치기만 했을 뿐 이를 체계적으로 정리한 것은 아니다. 제2부는 알기 쉽고 품위 있는 판결문장의 작성을 위한 글 두 편과, 법과 문학에 관하여 오

래 전에 썼던 글 한편 등을 싣는다. 제3부는 과거, 많은 분들이 관심을 보여주었던 판결의 이유와 결정문 등 법정에서 당사자들에게 직접 전해졌던 글을 일부 모았다. 제4부는 재판장이 아닌 기관장 등으로서 한 인사문, 축하의 말씀 등에 기독교인으로서 쓴 간증문 한 편, 시집 발간을 위한 안내문 등이 포함되었다. 제5부는 2010년 5월 부산시 공무원들을 위하여 한 어떤 행복론 강의의 원고다. 그런 자료들을 '이해와 표현'이라는 시각으로 다시 묶어 재판과 우리의 삶을 새롭게 바라보고자 하였다. 그러나 시간과 장소를 달리하여 발표한 이런 말과 글을 한 자리에 모아놓고 보니 중언부언이 있고, 거기다가 지나치게 많은 말을 한 것 같아 겸연쩍기도 하고 공연히 부질없는 일을 한 것이 아닌가 하는 생각도 든다.

4. 내 인생의 중심단어(key word)는 **'이해와 표현'**이다. 이를 바탕으로 한 주된 생각(main idea)은 결국에는 '사랑이 모든 것을 이긴다'는 사실이다. 이해와 표현이 세상이라는 토양에 뿌리를 내린 한그루 나무와 같은 것이라면 사랑은 그 나무의 꽃이거나 열매가 아닐까 한다. 그 때문에 나는 '두 지점 사이의 최단 거리는 사랑'이라는 미국의 홈즈 대법관의 말을 좋아한다. 최근에 읽은 로스비타 파홀레크의 글에서 발견한, '모든 질문에 대한 대답은 사랑이다'라는 말이 오래도록 나를 떠나지 아니한다. 오직 시작이 있을 뿐이라는 이 사랑을 위하여 나는 지금까지 살아왔다고 할 수 있다. 적어도 마음만은 그래 왔다. 앞으로도 되도록 그런 자세로 살아가고자 한다. 내가 바라는 좋은 세상은 무엇보다 사람을 아끼고 사랑하는

사람들로 넘쳐나는 세상이다. 이 세상에는 그런 좋은 사람들이 많이 있다. 그런 사람들이 점점 더 많아지기를 기대하고 또 그렇게 되리라고 믿는다. 내게 수명과 건강이 허락된다면 나도 그런 좋은 일을 하면서 늦가을, 아름답게 물든 저 느티의 단풍잎처럼 그렇게 조용히 물들어가고 싶다. 그러다가 어느 순간 홀연히 한 잎, 낙엽으로 생을 다하게 되리라. 낙엽은 거름이 되고, 그리하여 다시 봄이 되면, 그 무쇠같이 검고 단단한 수피를 뚫고 타원의 연한 초록빛 새싹이 돋아나리라. 유구한 자연의 역사가 그런 것처럼 인간사 또한 세월을 넘어 그렇게 면면하리라.

2010. 11. 20.

고 종 주

차 례

세1부
재판에 관한 명상
절차 진행에 대한 새로운 이해

제2부
판결 문장론
재판에 대한 표현방식의 전환과 모색

제3부

판결 문장의 실제

말과 글로 표현된 재판의 현장

제4부
인사문 기타

사람 · 자연 · 예술에 대한 이해와 표현

제5부
우리들의 행복론

삶과 일, 그 모든 것들에 대한 이해와 표현

제 1 부

재판에 관한 명상

절차 진행에 대한 새로운 이해

재판은 예술인가 과학인가

– 격조 높고 감동적인 좋은 재판을 위하여

››› 법과 재판 그리고 예술

1. 학문은 진리를 추구하고, 도덕은 선을 지향하며, 예술은 아름다움을 표현한다. 이러한 인간의 활동을 통하여 인류 문화는 생성 · 창달되고 역사는 앞으로 나아간다. 사회 제도의 틀이자 그 밑바탕이 되는 법은 인간의 문화적 산물로써 광막한 시공을 뛰어넘어 상호 교류하면서 지금에 이르렀고, 오늘도 여전히 살아 움직이면서 끊임없이 새롭게 태어난다. 법은 보편타당한 진리를 추구한다는 점에서 학문이기도 하고, 선의에 기반을 둔 사회를 목표로 한다는 점에서 축소된 도덕이기도 하며, 완미(完美)한 성취를 이상으로 한다는 점에서 예술이기도 하다. 이 모든 것을 포괄하는 것이 과거 또는 현재의 법이다.

2. 인간 활동의 최고의 경지는 예술이다. 예술은 아름다움에 목숨을 건다. 아름다움은 영원한 기쁨(John Keats)이며, 건조한 우리의 삶을 들뜨게 하는 행복한 느낌이다. 완미하다는 말에서 보듯이 완전한 것은 아름답다. 좋은 것, 잘 된 것은 아름다운 것이고,

그것은 결국 예술의 이름을 얻기에 합당하다. 많은 사람들이 오래 전부터 법이 아름다움의 옷을 입고 마치 예술처럼 우리를 감동시켜주기를 갈망하였다. 법이 정녕 그래야 한다면, 법을 해석하고 적용하는 재판은 어떠한가? 재판 또한 당연히 예술이고, 또 예술이어야 하지 않겠는가? 법이 그런 것처럼 재판에도 예술의 여러 가지 모습, 즉, 문학, 음악, 미술, 건축, 조각 등 삶의 다양한 여러 국면과 드라마가 숨 쉬고 있다. 그런 뜻에서 어떤 이는 법의 생성 및 운용과정을 다음과 같이 설명한다. "입법자는 작곡을 하는 사람이고, 법학자는 악보를 해석하는 사람이며, 법관은 악보를 해석하고 또 실제로 연주를 하는 사람으로서, 그들은 모두 예술가다(한성수 전 대법관, '법창에서의 사색')."

3. 재판은 예술인가, 과학인가? 결론을 먼저 말하자면 형식은 과학이지만 실질은 예술이다. 또 마땅히 그래야만 한다. 형식은 재판의 근거가 법률이며 제도라는 뜻에서 그렇다. 실질은 그 제도를 통하여 달성하려는 목표이자 이상적인 운용방법을 지칭하기 때문에 그렇다. 국가기관의 사법작용은 예술과 과학이 만나는 접점에 위치하고 있다. 그러므로 좋은 재판은 잘 빚어진 예술작품의 모습을 띠게 된다. 과학의 옷을 입은 예술의 실체, 그것이 바로 우리가 지향하는 재판의 미래이다.

››› 노동, 기술, 예술

4. 일찍이 루이즈 니제르(Louis Nizer)라는 사람은 아주 인상 깊

은 언명을 한 적이 있다. "손으로 하는 것은 노동이고, 손과 머리로 하는 것은 기술이며, 손과 머리와 가슴으로 하는 것은 예술이다." 이는 결코 노동과 기술을 폄하하려는 것이 아니다. 노동과 기술이 바탕에 없고서는 예술 또한 없다. 다만 예술은 그보다 다른 무엇이 더 필요하다는 것이다.

››› 법과 재판은 예술인가

5. 미국 스탠퍼드대 로스쿨 학장인 래리 크래머(Larry Krammer) 박사는 다음과 같이 말한다. "훌륭한 법률가는 우선 법률가답게 생각할 줄 알아야 한다. 법률적 쟁점을 파악해서 세부적으로 분석하고 법률적인 대안을 만들어낼 줄 알아야 한다. 그러나 그것만으로 충분하지 않다. 인간과 인간 생활의 복잡성에 대한 이해가 있어야 하며 추상적인 법원칙을 실제상황에 윤리적이고 정의와 공정성이 실현될 수 있는 방식으로 적용할 줄 알아야 한다. 법학은 과학이라기보다는 예술에 가깝다. 그 때문에 미국에서는 로스쿨의 1학년 과정을 학생들이 그들 나름의 예술에 대한 감각을 키우는데 활용한다. 법률가는 창의적이어야 한다. 그리고 상상력이 풍부해야 한다. 법률가는 법률이 어떻게 사람들에게 영향을 미치는지를 생각해야 하고 법제도가 어떻게 그들로 하여금 사회를 앞으로 나아가게 하는지를 이해해야 한다. 이것은 멋진 지적 능력이고 우리는 그 능력을 계발하여야 한다(2007. 9. 13. 한국경제, '로스쿨 교육 예술을 가르쳐라')."

6. 좋은 재판을 위하여는 우선 추론과 논증의 능력이 필요하다. 이를 보유하기 위하여는 일정기간의 훈련이 필요하다. 그런 연후에 갖게 되는 그 능력은 일종의 기술(craft)일 것이다. 그러나 그 대상이 인간의 심리와 행동인 경우에는 그 능력은 기술 이상의 것이어야 한다. 판단자의 전인격을 요한다. 그 때 기술은 예술이 된다. 미국의 전 법관인 러니드 핸드(Learned Hand)의 생각도 같다. "나는 법관의 업무가 일종의 예술(art)이라고 생각한다. 시인이나 조각가의 작업과 마찬가지로 진실발견이라는 목표를 향하여 자신의 경험과 전인격으로 창의적인 결단과 선택을 하여야 한다는 점에서 그렇다. 법관은 증거에 의하여 사실을 선택하는 예술가다(Hershel Shanks, 'The Art and Craft of Judging' 264 F. 2d. 28)."

》 균형감각과 표현능력

7. 그러므로 재판에 임하는 법관은 다음 세 가지를 염두에 두어야 한다. ① 인간의 삶은 손과 머리와 가슴이 다 필요하다는 점에서 일종의 예술이다. 그러므로 인간의 삶을 다루는 법관의 직무는 그 해법 또한 예술이어야 한다. ② 가치가 충돌하는 문제의 해결에 무엇보다 중요한 것은 균형감각이다. 이 때 전제가 되는 것은 대립되는 가치에 대한 폭넓고 깊은 이해이다(최근 우리 사회에서 Michael Sandel의 저서로 화두가 되고 있는 '정의란 무엇인가'에 관한 진지한 논의도 그 한 예가 될 것이다). 그리고 균형감각을 유지하려면 우선 문제와 일정한 거리를 유지하여야 한다. 이때의 거리는 시간적 거리이기도 하고, 공간적 거리이기도 하고, 심리적 거리이기도 하다.

③ 현안의 효과적인 이해와 표현을 위한 기법을 끊임없이 발견, 이를 발전시켜야 하고, 이때 가장 필요한 것은 상상력과 표현능력(내러티브에 바탕을 둔 말하기 능력과 글쓰기 기술)이다.

8. 그러나 법관으로서는 말 잘하는 것보다는 잘 듣는 능력이 더 큰 미덕이다. 지혜로운 사람은 남의 말을 잘 듣는 법이다. 인내심을 가지고 묵묵히 잘 듣다보면 사안의 진상이 절로 드러나는 수가 흔하다. 잘 듣는 것은 상대를 존중하는 일이며, 상대의 처지와 형편을 이해한다는 마음가짐의 표시다. 내심으로는 듣는 말의 진실성 여부를 냉철하게 가려야겠지만, 겉으로는 말하는 사람이 편안하게 자신의 의사를 표현할 수 있도록 배려하여야 한다. 다산 정약용 선생은 聽訟之本이 在於誠意하고, 誠意之本이 在於愼獨이라 했다. 송사(訟事)를 바르게 처리하려면 무릇 뜻을 다하여야 하되, 이는 곧 심지(心志)를 바로 하고 몸가짐을 단정히 하여 양심(良心)에 부끄러움이 없어야 한다는 말이다. 잘 듣는 자세는 오랜 기간의 수양에서 다듬어진 인격에서 나온다는 뜻이기도 하다.

9. 이와 같이 법관은 깊이와 넓이가 무한한 인간의 삶을 법 논리적으로 해석하고 평가하는 임무를 수행하여야 하는 관계로 과학자이기도 하고 예술가이기도 하다. 과학자로서의 법관은 차가워야 하고, 예술가로서의 법관은 뜨거워야 한다. 언제 어느 정도의 온기가 필요한지는 이른바 균형감각의 문제로 이 점을 얼마나 지혜롭게 잘 가려 사안을 달리 처리하느냐에 따라 좋은 법관과 그렇지 못

한 법관으로 나뉜다. 좋은 법관에겐 찬 머리, 밝은 눈, 뜨거운 가슴이 있고, 이 세 가지 속성이 기능적으로 잘 조화되어 있다.

10. 노자의 표현을 빌린다면, 좋은 판사는 당사자들이 그가 판사라는 것을 잘 느끼지 못하는 사람이다. 당사자들이 판사라는 것을 알고 존경하는 판사는 그보다 못한 판사다. 당사자들이 무서워하는 판사는 그보다 더 못한 판사다. 당사자들이 경멸하는 판사는 그보다 훨씬 더 못한 판사다. 믿음을 주지 못하면, 믿음을 얻지 못한다. 좋은 판사는 일이 잘 되었을 때, 법석 떨며 뽐내지 않으므로 당사자들은 이렇게 말한다. "그래, 우리가 해낸 거야." 좋은 법관, 좋은 재판은 그 본래의 목표에 몰입할 뿐, 당사자에게는 잊혀지는 것이 최선이다.

››› 논리보다는 경험

11. 법의 생명은 논리가 아니라 경험이다(The life of the law has not been logic; it has been experience. 홈즈 대법관). 추상적 지식은 변한다. 그러나 구체적 경험은 영원하다. 추상적 논리 안에 사람은 없다. 구체적 경험 가운데 사람이 있다. 사건 밖의 직접·간접 경험으로, 사건 안에 있는 그들이 겪은 실제의 경험으로, 사건을 자세히 들여다보라. 그들의 행동에, 말에, 태도에 답이 있을 것이다.

››› 법관의 언행과 품위

12. 중국 위나라 병서인 울료자를 보면, 장수가 군복을 입으면 가족을 잊어야 하고, 전장에 나아가면 자기 자신마저 잊어야 한다는 말이 있다. 장수가 군복을 입는 순간 그는 더 이상 개인이 아니다. 그는 국가다. 이 말을 다음과 같이 바꾸어 읽을 수 있다. 법관이 법복을 입으면 모든 개인적인 인연을 떠나야 하고, 법정에 들어가면 자기 자신마저 잊어야 한다. 법관이 법복을 입는 순간 그는 더 이상 개인이 아니다. 그는 국가다. 재판에 임한 법관은 소송법상 하나의 독립한 법원이다. 법복을 입으면서, 그가 지닌 개인적인 약점이나 허물은 가려지는 것이므로, 이 때문에 자신의 죄성과 부족함을 염두에 두거나 언급할 필요가 없다. 나아가 법복은 법관에게 부여한 신뢰이자 권위의 상징이다. 이는 정당한 권위이므로 존중받아 마땅하고, 그러기 위하여 법관은 특히 법정에서 권위에 합당한 언행을 보여야 한다.

13. 법원 또는 법정이라는 영어 단어 코트(court)는 구애하다, 사랑하다, 라는 뜻을 지니고 있다. 당사자가 법관을 향하여 자신의 청을 들어달라고 간곡히 호소한다는 의미를 내포하고 있다. 그러므로 법관은 그들의 진정한 의도가 무엇인지, 그 전제되는 사실, 즉 무엇 때문에 그토록 절실하게 법관에게 매달리는지를 새겨들을 필요가 있다. 말 잘 하는 능력보다는 잘 듣는 능력이 법관에게 더 중요한 자질이다. 그들이 자신들이 하고 싶은 말을 충분히, 그리고 편안하게 할 수 있는 여건과 분위기를 조성할 필요가 있다. 그러자

면 법정에 있는 모든 사람들이 법관으로부터 존중받고 있다는 사실을 체감할 수 있도록 하여야 한다. 언행과 표정을 통하여 그래야 한다.

14. 부장판사의 명함에 새겨진 영어 명칭은 사회자 법관(presiding judge)이다. 프리자이딩은 사회하다는 뜻과 통솔하다는 뜻을 가지고 있다. 재판을 담당한 법관은 궁극적으로 심판자의 지위에 있지만, 적어도 법정에서는 변론 또는 대화를 주재하고 논의과정을 사회자로서 진행하는 지위에 있다. 그러기 위하여는 절제된 언어와 규칙에 따라 효율적으로 대담을 이끌어야 한다. 태도와 사용 언어 및 어조에 유의하여야 하고 부드럽고 편안한 표정 등으로 당사자가 과도하게 긴장하지 않도록 하여야 한다.

››› 법정에서

15. 법정에 출석한 당사자나 증인 등의 부적절한 행동에 너무 예민하게 대응할 필요는 없다. 그들은 생애 최초로 법정에 나와 긴장과 두려움에 혼란을 겪으면서 자신도 모르게 이상 행동을 보이는 것인지도 모른다. 자신의 법정에서 누구나 편안하게 하고 싶은 이야기를 하게 한다는 생각으로 임하여야 하고, 공격적인 사람의 긴장에 기인한 언동을 일일이 대응할 것까지는 없다.

16. 기일에 임하여는, 재판 진행에 앞서, 법정의 조명, 음향장치를 철저하게 점검하여야 한다. 특히 마이크는 그 성능이 최상의

상태에 있어야 한다. 법관의 음성은 마치 공기처럼 법정 구석구석에 침투하여야 하고, 중간 속도의 표준어로 된, 부드러우나 힘이 있고 품격을 갖춘 세련된 것이어야 한다. 바로 이것이 당사자들에 대한 최소한의 배려이다. 법관이 발언을 시작하면 좌중이 집중할 수 있는 품위와 무게를 갖추어야 한다. 재판에 임하기 전 감기에 걸리지 않도록 성대를 특별히 보호하여야 하고(듣는 사람들에 대한 배려이다), 필요하면 적절한 토닝(toning)을 거쳐 편안한 발성이 될 수 있도록 유의하여야 한다.

17. 진행 사건 수가 많지 않아야 한다. 법관은 사건의 쟁점을 대부분 파악하고 있어야 한다. 당사자가 제출한 서면을 일별한 상태에서 재판에 임하여야 하고, 만일 시간에 쫓겨 제대로 못 읽었더라도, "잘 읽어봤다"고 말해야 한다. 그래야 당사자는 법관을 신뢰한다. 다만 재판이 끝나고 곧바로 그 기록을 달라고 하여 자세히 읽어야 한다. 제출이 늦은 경우에도 읽어보겠다고 안심시켜야 한다. 쟁점 사실과 당사자 주장의 요지를 간간히 상기시킴으로써 법관이 자기 사건에 관심을 가지고 있음을 보여 주어야 한다.

››› 좋은 재판을 위하여

18. 좋은 재판에 필요한 자료는 많다. 역할대체독법을 이용하면 재판에 도움이 되지 않는 자료는 없다시피 하다. 예를 들면, 교사, 의사, 목사, 기업인 등을 대상으로 한 저술이라도 이를 법관으로 바꾸어 읽어 보면 그 속에서 재판에 필요한 수많은 지혜와 메시

지를 발견할 수 있을 것이다. 교사를 상대로 한 파커 팔머(Parker J. Palmer)의 저서, 의사인 제롬 그루프먼(Jerome Groopman)과 윌리엄 하블리첼(William E. Hablitzel) 등이 쓴 책들, 목사를 위한 유진 피터슨(Eugene H. Peterson)의 여러 저술, 카피라이터인 조셉 슈거맨(Joseph Sugarman)이 쓴 기업인을 위한 책도 도움이 된다. 법관은 내가 과연 제대로 된 재판을 하고 있는가, 하는 것을 항상 염두에 두고 끊임없이 독서와 묵상을 계속하여야 한다. 일상의 직무에 임하는 법관의 키워드(key word)는 무엇보다도 좋은 재판이다. 변호사들의 지적도 경청하여야 하고, 당사자가 처한 형편과 처지를 깊이 이해하는 관용과 배려도 필요하다. 인간을 이해하기 위하여 넓고도 깊은 독서와 여행 및 교제 등을 통하여 사람과 사물에 대한 이해의 폭을 꾸준히 넓혀나가야 한다. 하루아침에 예술로서의 재판, 명품의 재판을 할 수는 없는 것이다. 법관의 전 인격과 전 인생이 가감 없이 투영되는 것이 재판이므로, 이 점을 항상 기억하면서 자신의 역량을 지속적으로 확대 · 발전시켜야 한다. 법복을 입으면서 법관이 지닌 인간적인 약점은 가려졌다고 하지만, 사람을 재판한다는 것은 원래 신의 몫임을 명심하여야 한다. 그런 관점에서 각자 자기가 믿는 바에 따라 법정에 들어갈 때 법관은 기도를 하거나 마음을 정돈하여야 한다. 그리고 언제나 "나는 여전히 부족하다"라는 겸손한 자로서의 덕목을 겸비하고, 그와 같은 낮은 자리에 끝까지 머물러 있어야 한다. 우리의 훌륭한 선배들은 모두 그렇게 해왔다. 그래야만 앞으로 나아갈 수 있기 때문이다.

>>> 인문학을 가까이

19. 한편, 그 중심에 사람이 있으며 사람다움의 가치가 실현되는 사회를 꿈꾸는 학문이 인문학이다. 인문학은 삶의 현장에서 제기되는 여러 문제들에 대한 철학적 사유를 바탕으로 품격 있는 생활인을 지향한다. 동시에 인간이 처한 조건에 대하여 연구하는 학문 분야이다. 때로는 인간과 인류문화에 관한 정신과학을 통틀어 인문학이라고 하기도 한다. 자연과학이나 사회과학이 경험적인 접근을 주로 사용하는 것과 달리, 분석적이고, 비판적이고 사변적인 방법을 널리 사용한다. 인문학의 분야로는 철학, 문학, 언어학, 여성학, 예술, 음악, 역사학, 고고학, 종교학 등이 있다. 사람의 일을 다루는 법관은 모름지기 위와 같은 인문학에 대한 식견과 소양을 갖추어야 한다.

20. 우리들의 삶은 세상에 대한 이해와 표현의 과정이고, 재판 또한 그러하다. 그러므로 법관은 전 근무기간을 통하여 끊임없이 사람과 사물에 대한 이해와 표현능력을 갈고 닦아야 한다. 사회학, 심리학, 설득의 기술 등을 공부하여야 하고, 언어를 제대로 구사하고자 하는 강박증에 가까운 집착이 있어야 한다. 이것은 청자와 독자에 대한 최소한의 배려다. 소통불능의 말과 글은 재앙이다.

>>> 구술변론, 공개주의, 직접주의

21. 지구상에 인간의 삶이 시작된 이래, 동작과 표정 및 기초발성에 이어 순차적으로 다듬어지고 진화된 언어는 거의 완벽한

의사소통의 수단이었다. 언어의 존재는 사람으로 하여금 세상의 지배자가 되게 하였고, 사람의 집단이 문명세계를 이루는 단서가 되었다. 그러나 시간과 거리의 제약이 문제였다. 그리하여 문자가 생겨났다. 문자를 도구로 당대의 삶과 활동을 기록함으로써 인간의 역사는 앞으로 나아갔다. 그런데 문자는 뜻을 전하는 사람의 감정과 진정한 의도를 표현함에 있어서는 언어에 미치지 못한다. 현장의 사정을 생생하게 표현함에 있어서는 문자는 언어의 보충적 수단에 불과하다. 더러는 사실의 왜곡과 위장이 숨어있는 경우가 있기 때문이다. 사실을 직접 체험한 사람의 몸으로 발성하는 언어는 현상을 숨길 수 없는 경우가 많다. 지금도 문자가 없는 민족은 있으나 언어가 없는 민족은 없다. 언어는 인간의 가장 기본적이고 직접적인 의사소통의 도구임에 의문의 여지가 없다. 우리가 언어에 의한 의사소통에 주목하는 이유가 바로 여기에 있다.

22. 민사소송법 제134조 제1항은 당사자는 소송에 대하여 법원에서 변론하여야 한다고 규정하고 있다. 여기서 말하는 변론은 당연히 구술에 의한 것을 전제로 한다. 구술변론은 당사자가 가진 재판정보를 정확하게 이해할 수 있고, 그와 같은 직접심리를 통하여 실체에 근접한 심증을 형성할 수 있으며, 당사자로 하여금 충분한 진술기회를 부여함으로써 절차상의 만족을 기할 수 있다. 그뿐만 아니라 재판의 이상인 공개주의가 실현되고, 결론의 예측가능성을 제고함으로써 화해에 의한 해결을 촉진할 수 있다. 이 경우에 서면은 구술변론의 미흡함을 보충하고 쟁점과 핵심사항을 정리 ·

제시하여 분쟁의 실체를 부각, 변론을 집중함으로써 절차진행의 효율성을 기할 수 있다. 법관이 하는 재판은 분쟁의 대상인 구성요건 사실을 중심으로 법원과 당사자들 사이에 전개되는 의사소통의 과정이다. 사법적 정의의 실현을 위한 실체적 진실 발견은 기록된 문자로 서면에 잠자는 침묵의 의사가 아니라 법정에서 살아 숨 쉬는 당사자나 그 대리인의 생생한 언어에 의하여야 한다. 그러자면 잘 정돈되고 핵심이 드러나는 여유 있는 절차진행이 필요하다.

23. 재판에 있어서 구술심리의 강조는 옳은 말이다. 두 가지 사례를 들어 개인적인 경험을 이야기하겠다. 그 중 하나는 다음과 같다. 어떤 사건의 준비기일에 출석한 한 젊은 당사자는 자기가 손수 써서 제출한 서류를 읽어보았느냐고 내게 물었다. 그렇다고 하니까 이해가 되더냐고 다시 물었다. 대충 알 수 있을 것 같다고 답하였다. 그러자 그는, "제가 사정을 밝혀 열심히 쓴다고 썼지만 어디 말로 하는 것 같겠습니까? 판사님, 시간 있으면 잠깐 제 얘기 좀 들어주시겠습니까?"라고 했다. 이와 같이 당사자들은 우선 첫째로 자기들이 적어낸 서류를 판사가 읽느냐 하는 것이 궁금하고, 읽으면 내 사정을 이해할 수 있을까 하고 궁금해 한다. 그래서 되도록 말로 자세히 설명하고 싶어 한다. 둘째의 경우는 프랑스 작가 장폴 뒤부아의 소설, '이 책이 너와 나를 가까이 할 수 있다면' 중 92페이지에 나오는 다음과 같은 장면이다. 캐나다에서 낚시 도중 실종된 아버지의 최후 사정을 알고 있는 아버지의 친구 잉거쇨씨를 만나려고 그를 찾아와 전화를 건 주인공에게 그는 다음과 같이 말한

다. "정말 잘 왔네. 자네를 다시 보지 못한 채로 눈을 감을까봐 편지를 한 통 써놨는데, 이제 그 편지는 버려도 되겠네. 차분히 이런 저런 이야기를 할 수 있게 돼서 다행일세. 내 딴엔 편지를 쓴다고 썼지만 어디 말로 하는 것만 하겠는가?" 위 두 가지 사례에서 타인에게 정보를 제공하고자 하는 사람의 심리가 신기할 정도로 똑같다. 이와 같이 왜 사람들은 글보다 말이 더 유효한 사실전달의 수단이라고 생각할까? 이 점을 깊이 헤아려 볼 필요가 있다. 우선 언어는 자신의 흉중에 있는 생각을 털어놓는다는 자기만족의 효과가 있고, 그 언어 속에 숨은 그 사람의 잘못된 의도를 간파하여 이를 걷어내기만 한다면, 사실의 배후에 작용하는 그들 상호간의 역학관계와 심리상태를 정확히 읽을 수 있다는 이점이 있다.

››› 실체적 진실과 절차적 진실

24. 재판에서 얻을 수 있는 것은 실체적 진실이 아니라 절차적 진실이다. 양자가 일치하는 것이 바람직하지만 현실은 그렇지 못하다. 당사자들의 변론이나 법원의 판단에 여러 가지 피치 못할 사정이 개입하여 목표인 역사적 진실의 완벽한 재현에 실패하는 경우가 있다. 이와 같은 제도적 한계를 제대로 인식하지 못하게 되면, 법원과 당사자 간에 불신의 골은 깊어진다. 재판과정에서의 의사소통이 중요한 것은 바로 그 때문이다. 많은 경우, 요건사실로 단순화할 수 없는 다툼 이면의 진정한 의도와 배경을 알아야 할 필요가 있는 것이다. 구술변론주의와 공판중심주의가 그래서 강조된다. 그러나 여전히 진실에 접근하는 길은 멀고도 험난하다.

25. 사물은 너무 멀어도 너무 가까워도 잘 보이지 아니한다. 적당한 거리가 필요하다. 합의부의 재판장은 특히 그렇다. 이와 같은 거리가 없는 경우, 판단을 서두르게 되고, 결론을 두고 깊이 묵상하고 숙고하는 여유가 없으면 마땅한 결론을 얻을 수 없는 경우가 더러 있다. 판결 작성을 위하여 기록에 몰입하는 주심 판사와는 이 점이 다르다.

››› 사회정의와 형평

26. 민사소송법 제202조는 자유심증주의라는 제목으로, 법원은 변론 전체의 취지와 증거조사의 결과를 참작하여 자유로운 심증으로 사회정의와 형평의 이념에 입각하여 논리와 경험의 법칙에 따라 사실주장이 진실한지 아닌지를 판단한다고 규정하고 있다. 여기서 말하는 사회정의와 형평을 다른 말로 바꾸면 법적 안정성과 구체적 타당성을 지칭한다고 할 수 있다. 박준서 전 대법관은 퇴임사에서 "사법은 보편타당한 원리를 단호히 추구하면서도 그 바탕에 사람에 대한 깊은 애정을 깔고 있어야 한다"고 언명한 바 있다(1999. 10. 14. 법률신문). 여기서 말하는 보편타당한 원리는 법적 안정성, 사람에 대한 깊은 애정은 구체적 타당성을 각각 달리 표현한 것이라고 할 수 있다. 이와 같이 사실인정의 과정에는 정의와 사랑이 함께 작용하고 있다.

27. 수학자 포앙카레(H. Poincare)는 '발견은 직관에 의하여, 증명은 논리에 의하여'라는 말을 한 바 있다. 사람은 주장이 진실인

지 여부를 논리적으로 추론하기 전에 이미 자신의 경험으로 결론을 먼저 알아 낸 다음 이를 증명해보이고자 한다. 물론 이 경우의 직관은 장기간의 직업상 경험에 의하여 고도로 숙련된 직관을 가리키는 것이 분명하다. 막연한 추측만으로는 진실을 발견할 수 없을 뿐만 아니라 위험하기까지 하다. 그런데 수학에서 발견하고자 하는 진리는 극도로 추상화된 사물에 대한 이치다. 그러나 재판에서 발견하고자 하는 사실은 그 대상이 살아 숨을 쉬는 인간의 행동이다. 바로 이 때문에 과학적 추론과 정연한 논리만으로는 만족할 수 없는 본질적 한계가 있는 것이다. 재판에 관하여는 과학에 적용되는 판단기준 외에 다른 기준이 필요한 이유가 바로 여기에 있다.

››› 법률요건과 법률효과

28. 법관이 하는 삼단논법에 의한 법적 가치판단의 대전제는 추상적인 법률이다. 다음의 예를 보자. 민법 제563조는 매매는 당사자 일방이 재산권을 상대방에게 이전할 것을 약정하고 상대방이 그 대금을 지급할 것을 약정함으로써 그 효력이 생긴다고 규정한다. 형법 제347조 제1항은 사람을 기망하여 재물의 교부를 받거나 재산상의 이득을 취득한 자는 10년 이하의 징역 또는 2천만 원 이하의 벌금에 처한다고 규정하고 있다. 이 같은 법률문장을 자세히 보면, 일정한 요건과 그에 대한 효과의 체계로 구성되어 있음을 알 수 있다. 민법 제563조는 당사자 사이에 재산권 이전과 대금지급의 약정이 있으면 매매의 효력을 인정한다는 것이다. 형법 제347조 제1항은 사람을 기망하여 재물의 교부를 받거나 재산상의 이득

을 취하면 이는 곧 사기죄에 해당하고, 그 형으로 처벌한다는 것이다. 전단이 요건이고, 후단이 효과이다. 그러므로 재판은 곧 관련 절차법이 정하는 바에 따라 요건에 해당하는 사실의 존부를 증거에 의하여 인정한 다음(구체적인 사실은 소전제에 해당한다) 거기에 법률이 정한 효과를 부여하는 과정이다(삼단논법의 결론 부분이다). 이 때문에 위 요건과 효과를 법률요건, 법률효과라기도 하고, 당사자의 의사표시에 법률이 정한 효과를 부여한다고 하여 당사자의 의미있는 행위를 법률행위라고 부르기도 한다. 구체적 사건의 심리에 있어서는 법률이 정한 요건사실의 의미가 무엇이냐 하는 점을 우선 명백히 하여야 할 필요가 있는 경우가 발생한다. 이 경우의 법관의 판단이 법률해석이다. 국가기관으로서는 최종적인 유권해석인 셈이다. 이와 같이 법관은 사실인정과 법률판단이라는 두 가지 지난한 작업을 동시에 수행하면서 사건에 대한 이해와 표현을 재판이라는 이름 아래 언어와 문서로 수행하는 것이다.

››› 사실과 의견

29. 많은 사람들이 사실과 의견의 구분에 엄밀하지 못하다. 아주 어릴 때부터 그런 훈련을 받으면서 자라는 나라도 있다고 들었지만, 우리는 학교에서 그런 교육을 제대로 받은 바 없다. 민주주의 국가의 시민으로서 반드시 필요한 자질인데도 사정이 그렇다(작가 서정인, 김훈 등이 이 점에 대하여 주의를 환기시킨바 있다). 재판의 결과인 판결문도 사실과 의견으로 양분되어 있다. 그러므로 변론 또한 사실과 의견을 구분하여 전개되어야 한다. 이 점에 대한

인식이 미흡하면 재판을 비롯한 의사소통에서 크고 작은 문제가 발생할 여지가 많다. 재판은 결국 사실의 증명과 의견의 진술로 행하는 것이다.

››› 무한히 넓고 깊은 사실인정의 세계

30. 사실인정의 바다는 깊고도 넓다. 그 때문에 재판업무를 이제 바로 시작하는 사람과 오랜 세월을 같은 업무에 종사한 사람과의 사이에 존재하는 문제해결능력의 차이는 지극히 미미하다는 절망적인 이야기도 있다. 광복이후 60년간 우리 대법원은 엄청난 양의 판결을 쏟아냈지만, 지금도 선례적 가치가 있는 판결이 계속 선고되고 있다. 이를 제대로 찾아 읽을 시간조차 없을 정도이다. 우리가 능력의 한계에 부딪혀 개개의 사안을 미리 상정하거나 거기에 들어맞는 관련 법리를 사전에 정립할 수 없는 현장의 사정에 비추어 볼 때, 최소한 판단기준이나 기본자세는 정립되어 있어야 한다. 이에 따라 현안이 된 사실을 들여다보면서 증거 판단과 법리해석의 방안을 모색하게 되는 것이다.

31. 사실인정 과정에서 가장 중요한 것은 증거에 의한 법률행위(법률이 효과를 부여하는 당사자의 행위)의 해석이다. 그 해석방법에 관하여 선례가 되는 중요한 판시가 있다(대법원 1991. 12. 21. 선고 90다카23899 전원합의체 판결). 당시 이회창 대법관은 자동차종합보험의 약관 중 무면허운전 면책조항을 해석함에 있어서 다수의견이 한 제한해석이 아닌 수정해석에 찬성하면서 다음과 같은 별

개의견을 덧붙였다. "일반적으로 법률행위의 해석은 표시행위에 의하여 객관적으로 표현된 당사자의 의사를 밝혀내는 작용이라고 일컬어지며, 당사자의 의사가 명확히 표시되지 아니한 경우에는 보충적으로 당사자가 기도한 목적, 관습, 임의법규 또는 신의칙 등을 해석기준으로 삼아 해석을 하게 되나, 당사자의 의사가 명확히 표시되어 다의적으로 해석할 여지가 없는 경우에는 위와 같은 보충적 해석기준을 적용하여 당사자의 의사를 밝혀낼 여지가 없고 다만 명시된 내용이 사회질서 기타 강행법규나 신의칙에 위반되는 경우에 그 효력의 전부 또는 일부를 부인할 수 있을 뿐이다. 위에서 당사자의 의사가 명확히 표시되지 아니한 경우에 법원이 보충적인 해석기준에 의하여 그 내용을 해석하는 것을 법률행위에 대한 간접적인 내용통제라고 말한다면, 당사자의 의사가 명확히 표시된 경우에 그 명시적 내용이 사회질서 기타 강행법규나 신의칙에 위반됨을 이유로 그 효력의 전부 또는 일부를 부인하는 후자를 직접적인 내용통제라고 말할 수 있을 것이다." 법원이 당사자가 한 법률행위를 위와 같은 직접적 또는 간접적인 방법을 동원하여 그 내용을 통제하는 것은 무엇 때문인가? 이는 곧 구체적 타당성에 의한 법적 안정성의 통제라고 할 수 있다. 다른 말로 하면 정의와 사랑의 균형을 위한 것이며, 이로써 형식적 정의가 아닌 실질적 정의, 평균적 정의가 아닌 배분적 정의를 구현하게 된다.

32. 공자는 논어에서 不患寡而患不均이라고 하였다. 적은 것을 걱정하지 아니하고 고르지 않은 것을 걱정한다는 뜻이다. 마치 햇

빛이 지상의 곳곳을 비추고 따뜻하게 하듯이 사람을 존중하고 배려하는 사랑의 빛이 모든 사람에게 골고루 미쳐야 한다는 뜻으로 읽을 수 있다. 사람에 따라 사건을 달리 보는 이중기준은 아니 된다. 사람의 특수한 사정을 고려하되, 사건은 사건 자체로, 일은 일 자체로 판단하여야 한다. 우리가 관심을 가질 것은 오직 진실발견을 통한 사법적 정의의 구현이며, 궁극적으로는 사태를 바로잡아 사물을 제자리로 되돌리는 것이다.

››› 사람과 법률 앞에 겸허하라

33. 나는 선배들로부터 재판에 임하는 법관이 갖추어야 할 자세로 다음 세 가지를 배웠다. 첫째는 "사람과 법률 앞에 겸허하라"는 것이다. 법관도 사람인 이상 모든 것을 알 수 없고, 실수도 할 수 있다. 그러므로 법관은 마땅히 겸손한 자세로 사람을 존중하며 관련 법리와 문제는 하나하나 남김없이 조사하고 확인하여야 한다는 가르침이다. 둘째는 "매사에 균형 감각이 필요하다"는 것이다. 우리는 항상 가치가 충돌하는 분쟁의 한 가운데 있기 때문이다. 셋째는 "본질적인 것과 비본질적인 것을 구분하라"는 것이다. 사물에는 항상 본질과 핵심이 있기 마련이다. 이에 집중하는 것이 문제를 바로 볼 수 있는 첩경이다. 그간의 경험으로 위와 같은 지침은 하나같이 중요한 덕목임이 모두 증명되었다.

››› 로고스, 에토스, 파토스

34. 재판은 로고스(logos)만으로는 부족하다. 파토스(pathos)와

에토스(ethos)가 있어야 한다. 결론에 이르는 논증과정에는 이성이 이끄는 로고스가 제 기능을 발휘하여야 한다. 그러나 사실의 동기와 그 배경이 되는 이해관계인의 숨은 파토스를 간과하여서도 아니 된다. 나아가 심판자로 활동하는 법관의 자세와 성품이 맑고 드높은 에토스에 뿌리를 두고 있어야 한다. 그리하여 이 세 가지 자질이 자연스럽게 서로 어울려 깊은 통찰력과 따뜻한 인간미를 두루 지니고 있어야 한다. 그런 뜻에서 오늘날의 법관상은 높고 넓은 지성, 맑고 부드러운 정서, 깊고 잔잔한 용기를 두루 갖춘 균형 있고 조화된 인간상이라고 지적한 분도 있다(한성수, '법창에서의 사색').

35. 사람과 사람의 일, 사람의 생각을 판단 대상으로 하는 재판은 그만큼 사람에 대한 이해가 선행되어야 한다. 사람을 이해하기 위하여 때로는 앞서 본 바와 같은 철학과 심리학 등의 이론 서적을 뒤적일 필요도 있겠지만, 인류의 빛나는 정신들이 상상력으로 빚은 불멸의 명작고전들을 읽어야 하는 것은 말할 것도 없다. 거기에 사람에 관한 일체의 이야기가 있기 때문이다.

››› 이완과 휴식

36. 긴장으로 점철된 법관의 삶은 정기적인 기분전환(distraction)이 필요하다. 바깥에서 중심으로 죄어드는 구심력을 이용하는 것이 일이라면, 중심에서 바깥으로 느슨하게 풀리는 원심력을 이용하는 것이 기분전환이다. 이는 곧 삶의 균형을 유지하는 한 방법이

다. 주말이면, 산책과 등산을 하거나 업무와 무관한 독서를 하는 것도 좋다. 때로는 좋은 영화나 드라마를 보는 것도 도움이 된다. 법관도 사람이다. 따라서 정기적인 이완(relaxation)과 휴식(recreation)이 필요하다. 그렇지 않으면 언젠가는 탈이 난다.

37. 법관의 업무량이 연일 야근을 할 수밖에 없다면, 이는 실로 심각한 문제다. 매사건마다 사실인정과 법률적용에 관련된 효율적인 자료검토와 정확한 판단은 물론이요, 여유 있는 재판을 진행하려면, 충분한 잠 등 넉넉한 휴식을 취한 맑은 머리와 쾌적한 건강상태가 요구된다. 전날의 야근으로 수면이 부족한 상태에서 다음날 재판에 임할 경우, 어떻게 편안하고 느긋한 마음으로 기록검토와 재판에 임할 수 있겠는가. 사건처리의 시간조정은 전적으로 법관에게 일임되어 있기에, 모든 것이 법관이 하기 나름이라고 하겠지만, 워낙 사건이 많다보면, 본인으로서는 어차피 쫓기는 심정이 될 수밖에 없고, 다른 법관의 사건처리 분량에 무심할 수 없는 것 또한 사실이다. 이와 같은 만성적인 피로누적상태에서 최선의 결론을 찾아 몰입하다보면, 급기야 법관은 자신도 모르게 사건에 떠밀려 다니는 느낌을 가질 수밖에 없다. 법관이 사건을 통제하는 것이 아니라 사건이 법관을 통제하는 것이다. 이 점에 유의할 필요가 있다.

››› 재판은 예술 활동이다

38. 다시 묻는다. 재판은 과학인가, 예술인가? 추상적인 법률

을 대전제로 하고, 구체적 사실관계를 소전제로 하여, 법적 삼단논법에 의한 가치판단을 행한다는 점에서, 재판은 논증을 위주로 하는 과학이다. 반면, 당사자와 법원이 한정된 공간에서 면대하여 변론을 하고, 그 결과, 교란된 법질서를 회복함으로써, 사물을 본래의 제자리로 되돌리는, 궁극적으로 사람들 사이의 불안을 해소하고 평화를 추구한다는 점에서, 재판은 예술이기도 하다. 예술이 감동을 추구하듯이 좋은 재판은 감동을 추구한다. 명품의 예술이 아름답듯이 명품의 재판 역시 아름답다. 요컨대, 재판은 과학의 옷을 입은 예술이다. 아니다. 예술의 옷을 입은 과학이기도 하다. 법정에 있는 법관은 무대 중앙에 버티고 앉은 예술 감독이자 배우이다. 그의 행동 하나하나가 관객들에게 그대로 노출된다는 점에서도 그렇다. 그의 언행과 결단은 명예롭고 당당하여야 할 것이지만, 또한 품위 있고 아름다워야 할 것이다. 그리고 믿을 만 하여야 할 것이다. 그래야만 예술이 사람들의 가슴속으로 파고들어 그 영혼을 뒤흔들듯이 재판 또한 법관의 표정과 행동, 그가 한 말과 그가 쓴 글을 통하여 수많은 사람을 살리거나 변화시킬 수 있을 것이다. (2010. 11. 30.)

우리 시대의 소수자는 누구인가

– 정의와 사랑의 평화로운 만남과 조화

1. 우리나라는 자유민주적 기본질서를 그 존립의 바탕으로 하는 국가이다. 자유민주주의는 본래 인간의 존엄성과 개인의 창의를 존중하되 중요한 의사결정과정은 다수의 지배를 원칙으로 한다. 이 경우에 소수자의 이익이 무시되거나 관심 밖으로 밀려날 때 그 사회는 진정한 의미에서의 균형발전과 조화로운 가치가 실현되는 수준 높은 단계에 이를 수 없다. 정치 분야에서는 이점을 강조하여 소수자의 다수자로의 전환가능성이 참다운 민주정치를 정착시키는 계기가 된다고 한다.

2. 헌법 제11조 제1항은, "모든 국민은 법 앞에 평등하다. 누구든지 성별, 종교 또는 사회적 신분에 의하여 정치적 · 경제적 · 사회적 · 문화적 생활의 모든 영역에 있어서 차별을 받지 아니 한다"고 규정하고 있다. 평등이란 개념은 자유라는 개념과는 달라서 국가가 개인의 삶에 개입하지 않는 소극적 조치만으로는 목표를 달성할 수 없다. 경우에 따라서는 국가가 적극적으로 개입하여 자력으로는 정상적인 삶을 영위하기 어려운 특정 국민을 부조하거나

배려함으로써 인간다운 삶과 가치를 실현할 수 있도록 하여야 한다. 그것이 분배적 정의를 추구하는 평등의 진정한 모습이다. 여러 분야에서 소수자를 끊임없이 양산하거나 그들의 주장을 거들떠보지 않는 사회는 건전한 사회가 아니다.

3. 소수자는 당대에 통용되는 그 사회의 주도적인 가치와 사상 또는 사람들이 누리는 보편적인 지위와 삶의 방식이나 형편과는 전혀 다른 처지에 있는, 중심 세력에서 일탈되고 소외된 특정 부류를 지칭하는 말이다. 불안정한 주거, 의존적이고 떠도는 생활, 불편한 정신적 · 심리적 상태, 자존감의 현저한 저하와 체념 등은 이들의 대체적인 여건이라고 말할 수 있다. 소수자는 이와 같이 본인의 의사와는 무관한 비정상적인 분리와 고립(separate and distinct)의 존재를 그 주된 개념 요소로 한다. 성전환자 등 성적 소수자, 중증 장애자, 특수 질환자(한센병 환자나 에이즈환자, 그 밖의 희귀질환자 등), 외국인 근로자, 결혼 이민자, 경제적 약자(극빈계층, 소년소녀 가장 등), 노숙자, 소수종파의 신도 또는 양심적 병역거부자 등 그 종별은 분야별로 다양하면서도 그들이 처한 구체적 사정 또한 한결 같지 않다. 이들은 수적으로도 열세일 뿐만 아니라 그들이 가진 문제를 해결할 능력이나 힘이 전혀 없는 사람들이다. 지위가 여전히 취약하다는 관점에서 지금도 여성을 소수자에 포함시키는 사람들이 많다. 여성의 권익신장이 역사적으로 눈물겨운 투쟁의 결과라는 점을 감안한다면, 그리고 국가가 나서서 더욱 배려하고 관심을 가져야 한다는 관점에서 보면 그렇게 보는 것이 무리가 아니

라고 하겠지만, 적어도 양성평등의 관념이 보편화된 국가나 사회에 있어서는 인구의 절반을 차지하는 그 수에 있어서나 다른 소수자가 처한 형편과의 균형을 고려할 때, 국가나 사회단체의 정책결정을 함에 있어서 굳이 여성을 소수자로 처우할 것까지는 없다고 본다. 다만 개개의 특정 분야에 있어서 여성의 지위는 상대성인 남성에 비하여 관념상으로나 실제로도 여전히 열후한 경우가 있을 수 있으므로, 이러한 사안에 있어서는 각각 별도의 배려와 관심을 가지고 문제에 임할 필요가 있을 것이다.

4. 사람들은 대체로 자신과 다른 생각과 행동, 다른 처지에 있는 사람을 기피하기 마련이다. 근거 없는 불안감이나 혐오감이 그 주된 이유로 여겨진다. 그럼에도 대개의 경우 사람들은 본능에 따라 움직이면서 다른 사람들을 이해하려는 노력을 하지 아니 한다. 따라서 자신의 가족이 소수자에 해당하는 경우에는 사람들의 몰이해를 뼈저리게 느끼면서 고통을 고스란히 감수하는 수밖에 달리 방법이 없는 경우가 대부분이다.

5. 성전환자의 예를 들어 이 점을 생각해 보자. 전형적인 성적 소수자인 이들은 이른바 성정체성장애라는 자신의 의지와는 상관없는 심각하고도 치유불가능의 고통에 시달리면서 살아간다. 무엇보다도 일반인들의 편견 때문에 견딜 수 없는 소외감과 불편한 삶을 영위할 수밖에 없다. 야간업소의 취업이 대부분인 이들의 삶은 유일한 치료방법인 수술을 위하여 소요되는 엄청난 비용 마련에

집중되어 있다. 심지어는 가족들로부터도 외면을 당하는 경우가 많다. 의사결정에 있어 다수결의 원칙이 지배하는 국회에서, 유병율이 극히 낮은 이들의 배려를 위한 법안이 통과되기를 기대하기 어렵다. 입법적인 근거가 마련되기 전에 행정부서에서는 이들 소수자를 위한 실질적인 지원을 행할 수가 없다. 법원에서, 요건을 구비한 성전환자의 성별정정을 허가하거나, 민 · 형법상 전환된 성을 전제로 그들이 원하는 삶을 영위할 수 있는 기반을 조성하는 것이 고작이다. 이만큼의 이해에 이르기까지 법원이 기울인 노력은 각별한 것이었다. 지난 2002년 지방의 한 가정지원은 성전환자를 위한 성별정정 허가결정을 하기에 앞서, 한 해 동안 세계 각 국의 자료를 조사하는 한편, 현안에 관한 찬반 의견을 듣기도 하고, 관심을 가진 국회의원에게 자료를 제공하기도 하였다. 그렇게 하여 수집한 자료를 100페이지 분량의 논문으로 정리하여 성전환자에 대한 사정을 공개하였으나, 국민들은 이에 관심을 기울이지 않았다. 심지어는 소수자를 위한 법원의 재판을 원색적으로 비난하는 사람들도 적지 않았다. 존경받는 어느 종교인이 그런 발언을 하였다는 사실에 깊은 절망감을 느끼지 않을 수 없었다. 편견과 다수가 지배하는 사회의 위력을 실감하였을 뿐이다. 성전환자의 성별정정에 관한 2006. 6. 22. 대법원 전원합의체 결정으로 세인들에게 다시 한 번 주의를 환기시켰으나 그와 같은 절박한 사정은 잠시 뉴스거리로 떴다가 금방 가라앉았을 뿐 이후 그에 관한 입법조치 등 더 나은 배려를 위한 이렇다 할 진전은 없다. 이와 같이 우리가 처한 여건은 소수자 보호를 위한 정책시행은 고사하고 일반인들의 관심을 환기시키는 일조차도 쉽지 않다. 자신과 다른 사람들을 전혀 이해하려고 하지 않는 이 소통부재의 사회가 우리가 사는 삶의 현장이고, 자신들의 이해관계와 먼 사안에 대하여는 전혀 관심 밖인 것이 또한 작금의 세태이다.

6. 헌법 제10조는, 모든 국민은 인간으로서의 존엄과 가치를 가지며, 행복을 추구할 권리를 가진다. 국가는 개인이 가지는 불가침의 기본적 인권을 확인하고 이를 보장할 의무를 진다고 규정하고 있다. 여기서 말하는 국민에 소수자가 포함됨은 의문의 여지가 없다. 민주국가가 아무리 대의정치를 표방하면서 다수의 이해와 다수의 행복을 추구한다고 하지만, 국민 중에 존엄한 인간으로서의 삶을 영위할 수 없는 사람이 일부라도 섞여 있다면, 이는 진정한 의미에 있어서 우리 헌법이 지향하는 복지국가와 그 정책목표인 국민생활의 균등한 향상을 기하는 것이 아니다. 소수자가 우리 사회를 '당신들의 천국'으로 보는 한, 그 소수자를 배제한 다수의 행복은 앞서 본 헌법정신의 완벽한 구현이 아니다.

7. 그러므로 소수자 보호 문제는 자원의 효율적인 배분의 문제가 아니다. 그보다는 인간의 존엄과 행복의 추구와 깊은 관련을 가진 인권의 문제이다. 발상의 전환으로 소수자 관련 문제에 임하여야 한다. 소수자 보호의 법리와 현실 사이에 존재하는 위와 같은 거리를 측정하고 이를 좁히는 노력을 쉬지 않을 때 비로소 우리는 모든 사람들이 더불어 살아가는 행복한 사회로 나아갈 수 있을 것

이다.

8. 소수자 보호와 그들을 위한 권익향상을 위하여 법원의 역할이 중요하다고 말할 수 있다. 법원은 한 개인이 처한 삶의 영역에서 법률과 사실이 충돌하는 생생한 현장에 있기 때문이다. 법관은 때로는 법적 안정성을, 때로는 구체적 타당성을 선택하면서도 항상 그 균형을 염두에 두고 사안의 형평을 따지는 직무를 수행한다. 다수자의 힘으로 다수자의 이익을 위하여 제정된 법률이 구체적인 경우에 사회정의와 형평에 반하는 결과로 귀결될 때, 법관은 헌법 정신을 고려하여 법창조적 해석을 시도하게 된다. 일찍이 이회창 전대법관은 사법적극주의를 주문하면서 후배 법관들에게 다음과 같은 글을 남겼다(법학 제28권 2호, 서울대법학연구소). "법관은 법을 해석, 적용함에 있어서 형식적이고 개념적인 자구해석에 얽매이지 말고 그 법이 담보하는 정의가 무엇인가를 헤아려서 그 정의실현의 방향으로 법의 의미를 부여하여야 하며, 정의실현을 위하여 필요한 한도 내에서 성문규정의 의미를 과감하게 확대해석하거나 축소 또는 제한 해석을 함으로써 실질적인 법 창조 기능을 발휘하여야 한다." 그러면서 대법원 판결 중 몇 개의 사례를 들어 구체적인 사정을 설명하는 한편, 개인의 기본권보장에 관한 적극적인 정의관과 용기를 법관의 중요한 덕목으로 제시하였다.

9. 위 글은 기본권보장과 관련한 것이어서 소수자 보호를 염두에 두고 그러한 언급을 한 것은 아니지만, 현안인 소수자 보호를

기본권의 문제로 인식하는 이상, 창조적인 법해석은 우리의 논제에 그대로 들어맞는 법리이다. 그러므로 우리는 위와 같은 의견을 귀담아 들어야 할 것이다. 소수자를 위한 문제해결은 거의 대부분 새로운 법해석을 필요로 하기 때문이다. 앞서 본 성전환자의 성별 정정에 있어서도 현행법으로 정정이 가능한가, 아니면 특별법의 입법으로만 정정이 가능한가, 호적공부에 기재된 출생신고를 착오로 보아야 하는가 하는 문제는 규정 자체의 문리해석만으로는 풀리지 아니 한다. 관련 결정에는 종전과는 다른 해석이 그 결론의 바탕에 자리 잡고 있다.

10. 소수자를 편드는 것은 바로 그 소수자가 되는 것이다. 이 말은 소수자를 깊이 이해하기 위하여는 심정적으로 소수자가 되어 현상을 체험해 보아야 한다는 말이기도 하고, 소수자가 겪고 있는 고립과 분리 상태 또한 자신의 것으로 감내할 수 있는 의지와 용기가 있어야 된다는 말이기도 하다. 왜냐하면 우리 사회는 아무리 그럴듯한 논리와 법리를 제시하더라도 자신의 의견과 생각에 반하는 경우에는 그 논리 등은 아랑곳없이 그렇게 주장하는 사람을 인격적으로 비난하면서 그 대상과 동일시하는 경향이 상당한 정도로 보편화되어 있기 때문이다. 용기가 필요한 것은 바로 그런 이유에서이다.

11. 소수자의 지위를 개선할 수 있는 위치에 있는 사람이 이를 포기하면 현상은 유지된다. 새로운 조치를 하게 되면 그는 상처를

입게 될 것이다. 그러나 소수자는 그로 인해 치유를 받게 될 것이다. 그런 관점에서 보면 소수자에 편에 선 사람은 헨리 나우웬(Henri Nouwen)신부가 말하는 이른바 '상처입은 치유자(wounded healer)'이다. 그가 상처를 입음으로 타인이 나음을 입는 것이다. 법관은 현실과 사정을 모르는 사람들이 어떤 수사를 동원하여 비난하더라도 이에 개의치 않고 헌법 정신에 입각한 정의 관념으로 소수자를 포함한 구체적 사안에서 문제된 특정 국민의 기본권보장을 위하여 명예롭고 당당하게 소신을 펼쳐야 한다. 이것이 국가가 법관에게 부여한 소명이고 또 그것이 존엄한 인간의 가치를 소중히 여기는 직업적 양심이다.

12. 우리 사회에는 여러 생활 영역과 분야를 통하여 다양한 종별과 형태의 소수자들이 있다. 그러나 그들의 모습은 보이지 아니하고 그들의 목소리는 들리지 아니 한다. 그것은 그들의 세력이 미미해서 이기도 하고, 다수자들이 그들에 대한 관심을 기울이지 않아서 이기도 하다. 그럼에도 우리 사회는 외관상 아무런 문제가 없어 보이기도 하고 그저 평온하기만 하다. 어떻게 보면 이 정도의 사회유지는 우리 사회의 국외자이자 '보이지 않는 인간들(invisible men)'인 그들의 희생 위에 가능한 것인지도 모른다. 왜냐하면, 어느 사회든 많든 적든 소수자들은 존재하기 마련이고, 다수자의 일부는 어느 순간 소수자가 될 위험을 항상 안고 있기 때문이다. 그러므로 우리는 당대의 소수자들을 공동체의 일원으로 받아들여야 한다. 이 점에 인식의 전환이 있어야 한다. 우리 사회의 구성원이

활동을 통하여 취득하는 과실과 이익은 그 정도의 차이는 있을지언정 전원이 향유할 수 있어야 한다. 구체적으로는 생활의 기본적 수요가 충족될 수 있어야 한다. 국가가 제 분야에서 여러 가지 입법과 정책결정을 통하여 국민들에게 공적 부조를 행하는 것은 바로 그와 같은 이유에서이다. 소수자들을 위하여는 더욱 적극적으로 취업알선, 생활부조, 의료구호 등의 배려가 긴요하다. 그러나 이러한 모든 조치에 앞서 비인도적인 편견을 떨쳐버리고 그들의 사정을 진지하게 이해하고 배려하고자 하는 마음가짐과 따뜻한 시선이 더욱 중요하다. 우리는 그들을 이 시대를 함께 살아가는 진정한 삶의 동반자로서 처우하여야 한다. 이것이 급선무다. 여기서부터 출발하여야 한다.

13. 헌법 전반부를 장식하는 권리장전은 누구를 위한 것인가? 표면상으로는 국민 다수를 위한 것이지만 현실 세계에서 그 기능을 발휘하는 것은 주로 소수자를 위한 경우이다. 힘이 있는 강자나 다수자에게는 구태여 기본권 보장을 문제 삼을 필요조차 없기 때문이다. 다수자에게는 법의 보호가, 소수자에게는 법의 적용이 있을 뿐이라는 냉소적인 풍자가 성행하는 사회 풍토에서는 자유 의지의 역사적 전개과정이 기본법의 형태로 발현된 헌법의 기본정신을 소수자의 이익을 위하여 해석하고 적용하여야 할 것이다.

14. 오늘날 우리 사회에서 문제해결능력을 가진 힘 있는 집단은 입법, 사법, 행정 등 제도적 권력, 국민의 알권리와 표현의 자유

에 기대어 엄청난 영향력을 과시하는 언론, 돈의 힘을 구사하는 재벌기업 등이다(안경환, 법과 사회 제12호, 창작과비평사). 그 중에서 소수자의 권익 향상을 위하여 실질적인 구제를 행할 수 있는 기관은 다수가 지배하는 입법부도, 다수 국민의 여론을 주도하는 언론도, 이윤 추구를 그 주된 목표로 하는 기업도 아니다. 오직 법원만이 개개의 구체적 사안에서 그들의 실상을 증거에 의하여 정확하게 밝혀 낸 다음, 인간성에 대한 깊은 이해를 바탕으로, 이 시대의 진정한 정의가 무엇인가를 과감하게 선언함으로써 다수자들로 하여금 현안에 대한 새로운 각성의 계기가 되게 하는 그런 과업을 수행할 수 있다. 그렇다. 법원만이 어떠한 세력의 간섭 없이 오직 헌법과 법률, 그리고 직업적 양심에 따라 그런 임무를 행할 수 있는 것이다. “사법부가 빛나는 순간은 사법적극주의에 입각한 획기적인 판결로 소수자의 인권보호에 용기 있게 나서는 때이다(임지봉, ‘소수자의 인권과 사법부’ 법률신문 3530호).” 그러자면 법관 개개인의 지혜와 용기 및 노력이 필요하다. 이 일이 쉬운 것은 아니지만 그러한 기대가 성취될 때 성경에 기록된 대로, “지혜 있는 자는 궁창의 빛과 같이 빛날 것이요, 많은 사람이 옳은 데로 돌아오게 한 자는 별과 같이 영원토록 비취리라(다니엘 12장 3절).” 우리 사법부는 그런 능력과 의지가 있다. 앞날이 기대된다. (2010. 11. 30.)

성전환 현상에 대한 몇 가지 소견

– 인간으로서의 존엄과 가치, 행복의 추구

1. 성전환자의 호적상 성별정정에 관한 논의는 대법원이 2006. 6. 22. 고지한 2004스42 개명, 호적정정 사건의 결정으로 일단락되었다. 이는 2002. 7. 3. 부산지방법원 가정지원의 2001호파 997,998 사건에서의 성전환허가결정으로 사회의 관심이 고조된 이래 4년만의 일이다. 그러나 관련 문제가 모두 해결된 것은 아니다. 구체적인 사건에 관한 대법원 전원합의체 재판부의 자세한 결정이유의 고지가 있었으나 우리 사회에는 아직도 사정을 제대로 이해하지 못하는 사람들이 많을 뿐 아니라 무엇보다도 긴요한, 성전환수술에 관한 의료계 공통의 지침이 아직 마련된 바도 없다. 성전환 수술에 대한 전국 공통의 엄밀한 기준을 정립하는 것이 시급하다. 안정성의 보장 없는 각자 판단의 수술은 때로 위험할 뿐 아니라 잘못되었을 때 야기되는 문제가 심각할 수도 있고, 이 경우 성별정정을 담당하고 있는 법원은 큰 부담을 안게 된다. 진성의 성전환자들을 위한 수술비 및 취업 지원 등 권익 보호를 위한 국가차원에서의 아무런 대책도 없다. 민 · 형사 등 관련 문제에 관한 추가 논의도 진행되어야 한다. 성적 소수자에 해당하는 이들의 특수한

지위에 관한 법리와 현실을 둘러싸고 앞으로 우리 사회가 해결하여야 할 과제는 적지 않다.

2. 성전환 현상은 자신의 성(性)에 관한 인식과 신체가 일치하지 아니하는 특이한 병리적 현상이다. 이와 같은 정의는 성 개념의 분화를 당연한 전세로 하는 것이며, 이 때, 자신의 성에 관한 인식을 사회적 · 정신적 성이라고 하며, 신체에 표현된 성과는 다른 것으로 받아들이고 있다. 성의학자들은 전자의 성을 젠더(gender)라고 하고, 후자의 성을 섹스(sex)라고 일컫는다. 대부분의 사람들은 위 양자가 일치하는 것이 보통이어서 아무런 갈등 없이 자신에게 부여된 성의 역할을 수행하면서 살아간다. 그러나 두 개의 성이 상호 일치하지 아니하는 소수의 경우에는 전자의 성이 후자의 성을 누르면서 신체적 성기의 변형을 통하여 양자를 일치시키려는 대단히 심각하고도 고통스러운 문제에 직면하게 된다.

3. 이와 같은 노력은 양자를 일치시키는 방법 외에는 별다른 치료방법이 없다고 여겨지기 때문이다. 호르몬 요법과 정신요법이 먼저 시행되지만 성전환 주장이 움직일 수 없는 것, 즉 진성으로 판명된 경우에는 성전환수술이 최종적인 해결방안이라는 것은 이들을 이해하고 돕는 자들 사이에 거의 이론의 여지가 없다. 그럴 수밖에 없는 것은 현재의 의술로서는 뇌를 신체의 외부성기에 일치시키는 방법을 생각할 수 없기 때문이다. 여기서 특히 유의할 것은 윌리엄 라이너(William Reiner)박사를 중심으로 한 일군의 성의

학자들이 지적한 바와 같이 "인간의 가장 중요한 성기는 외부생식기가 아니라 뇌"라는 사실이다.

4. 성전환 현상의 발생 원인은 선천적 요인과 후천적 요인을 들고 있으나 후천적 요인만으로 그러한 현상이 나타난다는 주장은 그다지 신빙성이 없는 것으로 밝혀졌다. 포경수술과정에서 음경을 상실한 후 미국 존스홉킨스 대학의 성심리학자 존 마니(John Money) 박사의 제의에 따라 여자로 성전환수술을 하고 나서 여자로 살아온 사람이 최근 원래의 성(性)인 남자로 복원하는 수술을 받은 사례가 있다(자세한 것은 다음 책 참조; 존 콜라핀토 저, 이은성 역, "타고난 성, 만들어진 성: 여자로 길러진 남자 이야기" 20002. 8. 바다출판사). 성정체성 또는 성의식은 후천적으로 쉽게 바뀌지 않는다는 사실이 입증된 셈이다. 이로써 후천적 요인을 강력하게 주장하던 존 마니의 이론은 그 명성과 이론적 기반의 상당부분을 잃은 것으로 전해지고 있다.

5. 진성의 성전환 현상의 가장 확실한 치료법인 성전환수술이 특히 문제되는 것은 두 가지인데, 그 하나는 남녀 성이 전환됨에 따라 야기되는 가족 간의 지위와 역할 전환이 그것이고, 또 하나는 성전환수술은 생식능력의 상실이 수반되는데 이에 따라 제기되는 생명윤리에 관한 문제이다. 전자는 수술 이후의 법률상 지위에 관한 문제이며, 후자는 수술을 윤리적인 측면에서 어떻게 볼 것이냐 하는 점을 논의의 대상으로 한다. 다시 말하면 수술의 적법성을 따

지게 되는 것이다. 논리적 순서로는 당연히 후자가 먼저이고, 전자는 그 이후에 따른 지위 재편에 따르는 논의이다.

6. 성전환자의 성별정정에 관한 찬반 논의는 무의미하고, 소모적이며, 때늦은 논쟁이다. 이는 지금 바로 우리 곁에서 사람이 죽어가고 있는데, 이 사람을 살릴 것이냐, 말 것이냐를 다투는 것이나 다름없다. 당연히 사람부터 살리고 보아야 하며, 논의는 어떤 방법으로 사람을 살리느냐 하는 것에 집중되어야 한다.

7. 찬반 논의를 하게 된다고 하더라도, 위와 같이, 성전환자들에 대한 성의학적 지식이나 임상경험 등 그들에 대한 충분하고도 자세한 정보를 검토한 연후에 이루어져야 한다. 성전환증에 관한 이해가 빈약한 상태에서 진행되는 논의는 문제해결에 전혀 도움이 될 수 없다.

8. 추상적인 인격을 상대로 논하거나 관념이나 이론만으로 논할 것이 아니다. 구체적인 인간을 만나보라고 권하고 싶다. 그들의 사정을 들어보고, 그들의 소망에 관하여도 귀를 기울여야 한다. 우리는 마땅히 그 고독한 영혼의 아픔 속으로 들어가야 한다.

9. 성전환 반대의 전면에 서 있는 단체는 주로 기독교 목사들로써 그들이 내세우는 이유는 하나님의 창조섭리에 반한다는 것이다. 그러나 그 주장대로라면, ① 선천성장애를 가지고 태어난 사람

들은 인간의 의료기술로 치료가 가능함에도 그대로 죽게 내버려두거나 평생 고통 속에 살게 하는 것이 하나님의 섭리인가? ② 성전환증의 원인과 증상 및 치료방법에 대하여 어떠한 자료를 가지고 있으며, 그와 같은 병적 현상을 얼마나 이해하고 있는가? ③ 만약 예수님이라면, 성전환자들을 어떻게 처우하리라고 생각하는가? 하나님의 섭리에 반하는 죄인들이라고 접근을 막고, 저주하리라고 보는가? 아니면, 그들의 고통을 어떤 방법으로든 치유하시리라고 보는가? 해답은 신약성서의 복음서에 나타난 예수님의 행적에 잘 드러나 있다.

10. 성전환자의 고유 권리를 막연하고 심정적으로 반대할 것이 아니라 성별정정이 어떤 점에서 사회혼란을 야기하고, 공동체에 어떤 해를 끼치며, 법제도에 어떻게 영향을 미치는 지를 구체적으로 제시하여야 한다. 반대견해의 근거자료를 제출하여야 한다.

11. 성별정정에 반대하는 견해의 논지는 다음과 같이 요약된다. 즉, ① 사람의 성은 불가변이고, 불가처분성의 것이다. ② 남녀 양성체제로 편성된 우리 사회에 혼란을 야기한다. ③ 충분한 논의가 이루어지지 않은 상태여서 정정허가는 시기상조이다.

12. 반대견해는 위와 같은 논거로 성전환 문제는 신중하게 접근하여야 한다고 주장한다. 신중한 접근에는 찬성 측의 견해도 마찬가지이다. 다만, 무엇을 신중하게 다루느냐 하는 점이 중요하다.

반대견해는 성전환자들에 대한 마땅하고도 당면한 처우를 머뭇거리고 미루는 것이 신중한 접근이라는 것이고, 찬성 측 견해는 그들의 주장을 수용함에 있어 요건설정과 그 판단을 신중하게 하자는 것이다.

13. 그간 우리 사회에서 충분한 논의가 없었다는 주장(따라서 시기상조라는 것)은 같은 주제에 관한 외국의 역사적 경험과 처우내용을 무시하고, 우리만의 독자적인 해법을 마련하여야 한다는 주장과 다를 바 없다. 그것이 그야말로 독자적인 해법이라면, 성전환자들에 대한 헌법이념에 반하는 것이 명백할 것이고, 외국과 같은 길로 간다면, 구태여 시간낭비를 할 것이 아니라 이미 작성된 처방에 따라 치유과정을 개시하면 족한 것이다.

14. 성전환 현상을 이해하기 위한 코드는 젠더(gender)라는 개념이다. 이 개념을 얼마나 알고 있는지, 어떻게 이해하고 있는지에 따라서 그 사람의 성전환에 관한 이해의 정도를 가늠할 수 있다.

15. 무릇 생명 있는 모든 것들은 대체로 자웅으로 구분된 양성체제의 틀 안에서 종족을 보존 · 계승하고, 목숨을 부지하게 된다. 자웅 2분법은 보편적인 자연 질서라고 할 수 있을 것이다. 그러나 정신적, 심리적 실체가 아닌 사람 이외의 다른 존재들은 위와 같은 생물학적 성을 천부의 성으로 삼아 자연스럽게 살아감에 아무런 문제가 없다. 유독 사람만이 자신의 성의 대한 인식이라고 하는 이

른바 성정체성이라는 것이 있어서 이와 같은 성의 정신적 자기 인지가 또 하나의 성별개념을 필요로 한다. 이것이 바로 젠더(gender)라는 개념이다. 우리는 이와 같은 성에 관한 새로운 개념을 올바로 이해하고, 사회의 그늘 속에서 고통 받으면서 힘들게 살고 있는 그들의 특수한 사정에 인내심을 가지고 귀를 기울여, 그들을 따뜻하게 포용함으로써 그들 또한 인간으로서의 존엄과 가치를 향유하면서, 행복을 추구할 수 있도록 적극적으로 지원하고 배려할 필요가 있다.

16. 우리나라에서 최초로 문제의 본질에 접근하여 해법의 단서를 제시한 것은 1996년의 대법원 판결이었다(1996. 9. 11. 선고 96도791 판결, 여성으로 성전환한 피해자가 강간죄의 객체가 되느냐 하는 것이 주된 쟁점이었다). 그때까지 하급심법원은 생물학적 결정론을 극복하지 못하고 있었다. 위 대법원판결에서 사람의 성을 이해함에 있어서 비로소 젠더라는 개념을 도입하여 바른 길로 들어서게 된 것이다.

17. 과거 허가결정을 한 4건의 사안도 새로운 관점에서 어려운 결단을 한 것으로 판단된다. 다만 자세한 이유 설시가 없어 국민들의 관심을 끌지 못하였던 것으로 여겨진다. 2002. 7. 3. 부산지방법원 가정지원은 이 문제의 사회공론화를 위하여 성전환을 허가하면서, 당시까지의 국내외의 선례와 이론을 모두 참조하여 굳이 자세한 이유를 작성 · 공개하였다. 이후 그 취지에 찬동하는 각급 법

원의 허가결정이 이어짐으로써 성전환자에 대하여 종래 법원이 가지고 있던 인식이 조금씩 바뀌게 되었다. 그럼에도 여전히 견해를 달리하는 법원에서 성전환자의 성별정정을 불허하는 결정을 받은 신청인이 이에 불복하여 항고와 재항고를 거쳐 앞서와 같은 대법원의 최종적인 결정을 얻게 된 것이다.

18. 국민들은 이제 성전환자들에 대한 호기심의 단계를 뛰어넘는 것이 필요하다. 한 단계 더 앞으로 나아갈 것이 요청된다.

19. 이 점에 관한 중요한 질문은 다음의 세 가지다. 첫째, 성전환자들은 우리 사회에 유해한 존재인가? 둘째, 그들의 고통 경감을 도울 방법이 있는가? 셋째, 그렇다면, 그들을 향한 도움의 정신적 토대는 무엇인가? 첫째 질문에 대한 대답은 "그렇지 않다"는 것이다. 둘째 질문에 대한 대답은 "그렇다"이다. 셋째 질문에 대한 대답은 "이해와 배려"라는 것이다.

20. 성전환 현상에 대한 이해, 그리고 성전환자에 대한 법적 인식과 처우에 관하여는 성의학과 생물학이 관여하는 자연과학분야와 법학과 심리학, 사회사업학 등이 관여하는 사회과학 분야의 전문가가 공동으로 참여하여 서로 협력하여 논의할 필요가 있는 학제적 사안이다. 의학계에 있어서도 비뇨기과, 산부인과, 정신과, 신경외과, 성형외과 등 각 분야의 전문가가 필요하고, 법학계에 있어서도 헌법, 민법, 호적법, 형법 등 제 법률분야에 관한 검토가 필

요하다. 그리고 이들의 치료 및 이후의 사회활동 지원 등을 위하여는 사회복지 분야에서의 전문가와 관련기관의 협력이 요구된다. 이와 같이 성전환자에 대한 처우는 국민 다수의 관심과 참여가 있을 때, 진정한 의미에서의 성적 소수자 보호라는 목표달성을 이룩할 수가 있을 것이다. (2006. 9. 20.)

미국 형사배심재판 참관기

– 참여재판 준비를 위한 국외 출장보고서

››› 2007년 9월, 미국 뉴욕의 가을 속에서

1. 우리 일행 다섯 명이 뉴욕에 도착한 것은 그곳 센트럴파크(Central Park)에 휜칠하고 아름다운 메이플단풍나무 잎이 서서히 붉게 물들기 시작하는 지난 9. 29. 오전 11시경이었다. 하늘은 높고 햇빛은 눈부셨으며, 자유의 여신상이 서있는 대서양과 이어진 뉴욕만에서 불어오는 바닷바람이 시원했다. 타임스퀘어 부근의 호텔에 여장을 풀고, 14시간의 동서 간 비행으로 인한 시차에 흔들리며 잠깐 밖으로 나와 수많은 인종과 허다한 국적의 세계인들로 구성된 뉴요커(NewYorker)에 섞여 마천루의 숲속을 걸으면서, 우리는 지금까지 우리가 가지고 있던 삶과 재판에 관한 기왕의 지식과 경험을 모두 잊으려 했다. 그래야만 하나라도 더 배워서 돌아갈 수 있을 것 같았다. 새로운 제도에 관한 한 우리는 각자 초임의 법관으로 이곳에 근무를 명받은 것이었다.

2. 법은 농부들의 태양이며, 어른들의 지혜이고, 젊은이의 감각이며, 사제의 설교단이고, 법관의 말이다. 그러나 법은 또한 일

상으로 입는 옷이며, 아침저녁으로 나누는 인사이다. 법은 우리의 운명이라고 누구는 말하고, 또 누구는 법은 이제 없다고 소리치고, 법은 죽었으니 우리가 법이라고 외친다. 사랑이여, 만약에 우리가 법이 무엇인지를 그들 이상 알지 못한다면, 법이란 이것이라고 단호하게 말할 수 없다면, 나는 차라리 법은 사랑 같다고 말하리라. 사랑처럼 어디 있는지 알 수도 없고, 사랑처럼 억지로는 아니 되고, 그 굴레를 벗어날 수도 없는 것. 사랑처럼 울기만 할 뿐 끝내 지킬 수 없는 것. 그것이 법이 아니더냐고.

3. 오든(W.H.Auden, 1907. 2. 11.- 1973. 9. 29.)의 시, "법은 사랑처럼(Law Like Love)"을 우리들 나름대로 재해석(paraphrasing)하면서 참으로 오랜만에 우리는 법이란 무엇이며, 재판이란 어떤 것인가를 묻는 근본적인 질문으로 회귀한 것이었다. 이에 대한 온전한 답은 아닐지라도 적어도 그 실마리라도 얻을 수 있다면, 우리가 나아가고 있는 방향이 잘못된 것이 아니라는 확신의 한 자락이라도 붙들 수 있다면 하는 기대와, 국내에서의 우여곡절에 의한 반성적 고려가 결코 무익한 것은 아니었다는 증거를 얻어 돌아가고 싶었다. 그러한 염원을 가지고 2007. 10. 1. 우리의 미국 법원 방문은 시작되었다. 그날 09:30 우리는 법원 현관입구에서 마침 전철을 내려 도보로 출근 중인 우리의 호스트(host)인 한국계 대니얼 경배 전 판사를 만났다.

››› 뉴욕주 지방법원(NewYork State supreme court), 판사실, 법정, 형사재판

4. 뉴욕주 지방법원은 현재 12개의 관할 지역으로 나뉘어 모두 63개의 법원(court house)이 있고, 우리가 방문한 법원은 뉴욕 주 제2관할지역에 있는 2개의 지방법원 중 1개소였다. 근무 중인 법관 수는 61명. 법원 청사는 브루클린의 한 전철역(Jay Street station)에 근접한 20층이 넘는, 2년 전 신축한 고층건물이었다. 판사실(judge chamber)은 주로 23층, 24층 등 최상층에 위치하여(honorable로 시작되는 판사의 명패가 부착되어 있었음) 뉴욕시의 마천루가 한눈에 내려다보이는 전망 좋은 경관이었고, 크기는 부산지방법원 부장판사의 집무실과 비슷하였다. 입구에 비서의 책상이, 그 뒤편으로는 로클락(law clerk)의 자그마한 방이 있었다. 우리가 최초로 찾아간 대니 전 판사의 집무실은 창을 등지고 니은(ㄴ)자형으로 된 크고 재질 좋은 책상 하나와 한쪽 벽에 붙박이식으로 된 서가 외에는 이렇다 할 집기가 없는 단순한 구조였다. 건물 입구에서 판사실까지는 육중한 철문으로 된 엘리베이터와 몇 개의 문을 통과하게 되어 있고, 판사의 신분증을 접촉하여야 층 번호가 지정되며 출입문이 개폐되고 있어 보안검색과 장치가 철저하였다.

5. 기간 중 대니 전 판사의 도움을 받아 배심원 선정을 비롯하여 형사배심재판을 참관한 법정이 ① 61세의 백인 남성인 앨런 디 매러스(Alan D. Marrus) 판사, ② 50대의 흑인 여성인 드보라 달링(Deborah Dowling) 판사, ③ 50대의 흑인 여성인 셰를 이 체임버스

(Cheryl E. Chambers) 판사, ④ 60대 후반의 백인 남성으로 퇴임을 앞둔 앨버트 토메이(Albert Tomei) 판사의 법정 등 4개 법정(court room)이었고, 배심전 또는 배심외 형사재판절차인 기소인부절차(Arraignment), 유죄협상절차(Plea bargaining), 판결선고절차(Sentencing), 공판 전 준비절차(Pretrial)가 진행되는 한국계 ⑤ 대니얼 케이 전(Daniel K. Chun) 판사의 법정을 참관하였다. 그중 위 ①, ③판사와는 1시간 이상의 배심재판에 관한 면담기회를 가진 바 있고, ②, ④판사로 부터는 배심원 선정절차에 관한 진행내용의 설명을 들었으며, 출장목적 수행을 위한 해당 판사와의 연락과 법정 안내는 주로 ⑤판사와 그 판사실 비서의 도움을 받았다.

6. 법정(court room)의 크기는 목측으로 50평 내지 60평 정도의 정방형으로 보였고, 법대와 탁자, 방청석(중앙 통로의 좌우 양측으로 대기 4열로 된 나무 의자) 등은 연한 갈색의 고상한 색상으로, 정면으로 법대, 좌측 또는 우측에 배심원석이 위치하고, 그쪽을 향하여 판사석보다 약간 낮은 곳에 증인석, 그 바로 아래 코트 클락(court clerk)의 좌석이, 방청석과 변론 공간을 가로지르는 경계에 인접하여 법대를 향하여 배심원석 가까이 검사석이, 그 상대 쪽에 피고인과 변호인이 나란히 앉는 의자와 탁자가 놓여 있었다. 조명상태와 음향시설이 대단히 양호하였고, 벽과 천정에는 매립형 프로젝터와 판사의 노트북으로 작동되는 스크린이 자동으로 내려와 곧바로 영상을 비추는 등으로 사용가능하게 되어 있었다. 판사가 앉아있는 뒷면 벽에는 양각의 큰 대문자로 IN GOD WE TRUST라는 구호

가 부착되어 있고, 판사석 우측에는 대형 성조기가 놓여 있어, 신비롭고 엄숙한 분위기를 조성하고 있었다. 배심원들은 앉은 자리에서 곧바로 걸어서 뒷문으로 출입하고 있었고, 판사는 그 반대쪽 문으로 드나들었다. 법정 구조가 아주 기능적이고 합리적으로 배치되어 있었다. 특히 인상적인 것은 증인석이 판사석에서 팔을 뻗으면 닿을 수 있는 위치에 있고, 바로 그쪽에 있는 배심원석을 바라보도록 설계되어 있어 배심원들은 근접한 거리에서 증인들의 증언 내용은 물론 증언시의 태도와 표정 등을 환히 볼 수 있도록 된 점이었다.

7. 형사배심재판은 ① 증거배제 및 합의서면(stipulation)의 인정 여부 논의를 위한 공판전 심리(pretrial hearing) 단계 ②배심원선정(jury selection) 절차 ③ 재판 진행 ④ 배심원의 평의와 평결 ⑤ 유죄인 경우 양형조사를 거쳐 별도 기일을 지정하여 형을 선고하는 등의 순서로 진행되었다. 그 중 특히 재판진행은 판사의 배심원들에 대한 사전 지시사항(instruction) 고지와 검사와 변호인의 모두 진술(opening statement), 증인 신문이 주가 되는 증거조사, 최종변론(closing argument)과 판사의 배심원들에 대한 사건 내용 요약과 사후 지시사항(instruction) 고지의 순으로 전개되었다.

››› 배심원 선정절차(Jury Selection)

8. 그중 우리가 집중적으로 관심을 가지고 참관한 것은 배심원 선정 절차와 증인신문 및 판사의 지시사항(instruction) 고지 내용

이었다. 배심원선정절차는 판사들마다 조금씩 그 진행방식이 달랐다. 소환된 배심원 후보자들은 대개 1개 법정 당 40명 정도 배당되었다. 매러스(Marrus) 판사의 경우는 전형적인 순차기피방식(이른바 jury box system)에 의한 운영으로, 먼저 추첨에 의하여 14명을 배심원석에 앉힌 다음, 판사가 한사람씩 이름을 불러가며, 질문표 등을 근거로 나이, 직업, 가족관계, 과거 배심에 참여한 경력 유무, 당시 평결이 있었는지의 여부 등 일반적인 사항을 묻고나서 이어 검사와 변호인이 순차 각자 자신에게 불리한 평결을 할 가능성이 있는 사람을 가려내기 위하여 필요한 질문을 집요하게 묻는 모습을 보였다. 예컨대, 검사는 목격자가 단 한 사람인 경우, 그 사람의 증언이 합리적 의문의 여지가 없다고 인정되는 경우, 유죄평결을 하겠느냐고 묻거나, 유죄 인정을 위하여는 100%의 증거를 요한다고 생각하느냐, 체포 경찰관의 증언을 믿을 수 있는 것으로 받아들이느냐는 등의 질문을 하였다. 한편, 변호인은 피고인은 무죄로 추정된다, 입증은 검사가 하여야 한다, 합리적 의문의 여지가 조금이라도 있으면 유죄라고 하여서는 아니 된다, 보통의 경우 알리바이를 주장하는 것이 변명이라고 보아야 하느냐 하는 등의 질문을 하였다. 질문이 끝나자 배심원들을 퇴장시키고, 검사와 변호인으로 하여금 이유부 기피(challenge for cause)와 전단적 기피(peremptory, 이유를 묻지 않고 권리로서 하는 기피)를 하게 한 다음, 5명에서 8명 정도를 뽑고, 다시 후보자들을 배심원석에 앉혀 같은 절차를 반복하였다.

9. 매러스(Marrus) 판사의 경우는 배심원들을 실명으로 부르고, 배심원들의 프라이버시에 관한 사항을 거리낌 없이 물었으나 후보자들은 이렇다 할 망설임 없이 솔직하게 답변하였다. 아마도, 판사는 그런 것을 물을 수 있다는 판사에 대한 존경과 신뢰에 기인한 것이 아닌가 느껴졌다. 그 점은 절차를 시작하면서 받은 인상으로도 확인되있다. 판사는 배심원 후보자들을 향하여, "안녕하십니까, 여러분(good morning, ladies and gentleman)?"하고, 정감이 넘치는 목소리로 인사를 하였고, 그러자 후보자들 또한 한목소리로 "안녕하십니까, 판사님(good morning, judge)"으로 화답하였다. 그러고나서 판사는 날씨에 관한 이야기와 여기까지 오느라고 고생하지 않았느냐면서 참여에 감사하는 인사말을 하였다. 대단히 부드럽고 따뜻한 목소리여서 노판사의 인격이 그 인사에 그대로 묻어났다. 그리고는 알기 쉽게 배심원선정에 관한 안내를 하였는데 환한 표정과 낮고도 다정한 목소리여서 듣기에 편안하였다.

10. 배심원 선정절차를 진행함에 있어 판사는 배심원후보자들의 명패가 꽂혀있는, 세로는 15cm 정도, 가로는 1m가 넘는 기다란 패널을 이용하였다. 기피신청이 시작되면 판사는 자리에서 일어나 그것을 들여다보면서 선정에서 제외되는 후보자들의 명패를 하나씩 뽑아냈다. 법정에서 일하는 판사, 검사, 변호인, 배심원 후보자, 법정 경위, 속기사, 법정 서기 등 모든 사람들이 자신의 소임을 감당함에 있어 각자 진지하고 열성적이되, 분위기는 대단히 안정적이었다. 특히 배심원 후보자들은 자신들이 판사와 검사 및 변

호인으로부터 존중을 받고 있다는 느낌을 가진 듯하였고, 하고 싶은 말을 자유롭게 이야기 하고 있었다. 판사는 그런 여건을 조성하려고 배려하고 있었다. 검사와 변호인은 배심원 선정을 위한 예비심문과정(voir dire)에서도 질문 내용에 대하여 상호 이의를 제기하고 판사는 이에 대하여 그때그때 결정을 고지하였다. 검사 등은 배심원석의 앞에 붙박이식으로 되어 있는 접이식의 나무판을 펼쳐 그 위에 문항을 놓고 질문하거나 질문지를 들고 배심원들 앞 1 - 2m 거리에서 배심원들과 눈을 맞추면서 하나하나 관심사항을 물었다. 질문이 종료되면, 배심원 후보자들을 일단 퇴정시킨 후 판사의 주재로 기피신청과 이에 대한 결정 과정을 진행하였다.

11. 특히 다행스러웠던 것은 매러스(Marrus) 판사의 경우, 배심원 선정에서부터 평결이 마무리될 때까지 한 사건을 일행이 온전히 참관할 수 있었다는 것이다. 그리하여 배심제도에 의한 형사재판이 미국 법정에서 과연 그 취지대로 정상적인 기능을 발휘하고 있는지의 여부와 그 운영 실태를 직접 눈으로 보고 몸으로 느낄 수 있었다는 점이다.

12. 배심원 선정절차 진행은 판사에 따라서 조금씩 운영방식을 달리 하였다. 달링(Dowling) 판사는 매러스(Marrus) 판사의 경우와는 달리 출석한 배심원 후보자 30명 내외의 전원을 우선 방청석에 앉힌 다음 사건의 내용을 고지하고 나서 이 사건 재판에 배심원으로 참여하기 곤란한 사정이 있는 사람을 앞으로 나오게 했더니 8

명이 일어났다. 판사는 자리에서 일어나 법대 아래로 내려와서, 검사와 변호인을 불러 세운 후, 선 자세에서, 한사람씩 앞으로 나오게 하여 사정을 설명하게 하였다. 앞에 나간 후보자들은 상당히 자세하게 자신의 설명을 하고, 판사 등은 그들의 이야기를 경청한 다음, 그중 6명에 대하여는 이유 있다고 인정하여 귀가시키고, 2명은 절차 진행에 계속 남아 있으리고 명하였다. 앞쪽에서 나누는 이야기는 방청석에서는 전혀 들리지 아니 하였다. 낮은 목소리로 판사, 검사, 변호인, 배심원 후보자가 선 채로 진지하게 대화를 하고 있었고, 속기사는 그 내용을 빠짐없이 타이핑하였다. 판사가 앉은 자리에서 법대 앞으로 그들을 부르지 아니하고, 직접 법대 아래로 내려와 나란히 서서 이야기에 귀를 기울이는 것이 대단히 인상적이었고, 감동적이었다. 이후 판사는 그 점에 대하여, 그 사건은 심각한 성범죄가 포함되어 있어서, 후보자들의 과거 그러한 사건 관련 사정을 듣느라고 프라이버시 보호를 위하여 그렇게 진행을 하였다고 우리에게 설명하였다. 이후 달링 판사는 다시 판사석에 앉아 배심원들의 직무 내용을 설명한 다음, 배심원 후보자들에게 이해하였느냐, 그렇게 하겠느냐는 등으로 그들의 의사를 거듭 확인하였다(Can you accept that? 또는 Can everyone do that?).

13. 달링(Dowling) 판사의 코트클럭은 방청석 앞으로 와서 우리에게 진행 내용을 자세하게 설명하면서 배심원 선정절차는 일정한 준칙은 있으나 판사에 따라서는 조금씩 그 방식이 다를 수 있으며, 전반적으로 배심원 선정절차는 지루하고 인내심을 요하는

(tedious and boring)과정이라고 지적하였고, 그러나 당해 사건의 승소를 이끌어 내기 위하여 자신들에게 불리한 평결을 할 가능성이 있는 사람들을 골라내려고 검사와 변호인은 이 절차에 상당한 정도의 정성과 노력을 기울인다고 언급하였다.

14. 배심원 선정과정에서 제외된 사람들에 대하여는 그 판단이 그들의 인격에 대한 판단이 아니라는 점을 달링(Dowling) 판사의 경우, 분명하고도 또렷하게 설명을 하였다. 선정에서 제외된 사람들이 실망을 하거나 불만을 가지는 경우는 전혀 볼 수 없었고, 오히려 그들은 그와 같은 부담스런 의무에서 면제를 받고자 여러 가지 이유를 제시하곤 하였다. 판사는 그러한 사정들에 대하여 때로는 공개적으로, 때로는 앞으로 부르거나 다른 사람을 퇴정시키고 꽤 오랫동안 사정을 들기고 하고, 설득을 하기도 하였다.

15. 체임버스(Chambers) 판사의 법정에서는 배심원 선정절차를 진행하기 전에 최종적으로 피고인에 대한 유죄협상이 1시간 가령 계속되었다. 피고인을 제외한 판사, 검사, 변호인이 법정 밖으로 나가, 협의를 하기도 하였고, 법대 앞으로 나가 3자가 논의하기도 하였다. 그 결과를 변호인은 곁에 앉은 피고인에게 진지하게 설명을 하였다. 결국 피고인이 검찰이 제시하는 조건을 수락하지 아니하자, 마지막 플리바기닝은 실패하고, 배심원 선정절차가 개시되었다.

>>> **배심재판(Trial By Jury)의 진행과정**

16. 매러스(Marrus) 판사의 법정에서 계속되는 모두진술 이후의 재판 진행은 총기에 의한 흑인 남성 살해사건으로, 첫날은 검찰로서는 가장 중요한 증인인, 총격 당시를 목격하였다는 자가 증언을 하였고, 이어, 사건 발생 후 현장에 도착하여 피해자를 병원에 후송한 경찰관, 총기분석전문요원, 사체를 검시한 의사를 비롯한 7명의 증인이 연 3일에 걸쳐 추가로 증언을 하였다. 피고인이 경찰에 도착하여 당해 사건에 관하여 진술한 내용은 시작 시각과 마치는 시각이 휴대폰으로 특정된 녹화 CD를 조작하여 검사가 천정에서 내려온 스크린에 화상과 음성을 방영하였다. 그 후 목격자의 증언에 대한 탄핵을 위하여 변호인이 2명의 증인을 신청하였다. 그들 또한 현장에 있었는데, 당시 그곳에는 검찰에서 피고인이 피해자를 총격하는 것을 보았다고 한 그 증인은 거기에 없었다고 진술하였다. 이 사건은 배심원 선정에서부터 평결(무죄)에 이르기까지 모두 6일이 소요되었다.

17. 판사는 선정된 배심원들에 대하여 재판을 시작함에 있어 간결명료한 지시사항(instruction)을 차분한 목소리로 설명하였다. 피고인은 무죄로 추정되고, 모든 혐의는 검사가 입증하여야 하며(그러나 100%의 증명은 아니라고 하였음), 그 증명은 합리적 의심이 없는(beyond reasonable doubt) 정도에 이르러야 한다는 점을 특히 강조하였다. 설명을 마친 다음, 내용을 이해하겠느냐고 되묻고는 추가 설명을 보충하기도 하였다. 배심원들의 편의를 위하여 재판

진행은 1시간 30분 정도에서 반드시 15분 이상의 휴식시간을 부여하였다. 오후 재판도 3시를 넘지 아니하였다. 한번 출석하면 사건이 끝날 때까지 귀가할 수 없었던 과거와는 달리 이제는 관련 법령의 개정으로 귀가할 수 있게 되어 배심원들로 하여금 하루에 너무 오랜 시간의 많은 증언 등으로 신체적, 심리적 부담감을 주지 않으려는 배려인 것으로도 보였다. 증인들을 비롯한 배심원들은 그 출석이나 질문에 대한 답변, 증언에 있어 매우 순종적이었고, 협력적이었다. 질문이 떨어지자마자 즉각적으로 예, 아니오 등으로 분명하게 답변하고 있어서, 어느 누구 한사람도 사실과 다른 진술을 한다는 느낌은 전혀 없었다. 배심원들 중 한 두 사람 간혹 조는 사람이 보이기는 하였으나 대부분 증언을 경청하고 있었고, 증언에 대한 집중을 위하여 필기도구는 제공되지 않았다. 배심원들이 증거조사 과정을 지루하게 느낀다고 여겨질 즈음에 이르면 어김없이 판사는 휴정을 선언함으로써 분위기를 일신하는 조치를 강구하였다.

18. 검사와 변호인의 증인에 대한 주신문과 반대신문은 그야말로 다이나믹하고, 입체적이었다. 신문사항을 사전에 준비하여 간간히 자료를 들여다보기는 하였으나, 질문은 완전하고 생생한 구술로 일문일답식의 스타카토로 이어졌다. 대답 또한 예, 아니오, 식으로 대단히 스피디하게 진행되었다. 배심원들에게 선명한 이미지를 심어주기 위하여 현장사진을 대형 패널에 복사하여 제시하면서, 바로 그곳에 문제되는 위치를 표시하게 하였고, 그 때마다 판

사는 "증인은 패널에 무어라고 표시하다"라는 방식으로 구술하여 속기사의 속기를 도왔다. 중요한 질문에 대한 답변에 대하여는 꼭 감사하다는 말을 덧붙였다(thank you, 또는 I appreciate that.을 번갈아 사용하고 있었다). 신문자인 검사와 변호인의 위치는 증인과는 상당한 정도의 거리가 있었다. 배심원들의 시야는 완전 히 개방되고 신문자가 그 영역에 들이가러면(예컨대 증거물을 지적하거나 보충자료를 제시하려는 경우), 판사의 허가를 받아야 했다. 검사와 변호인의 변론은 제스처를 동원하는 등 동작이 크고 움직임이 있었으나 판사는 조용히 이의신청(objection)에 대한 결정을 나지막한 목소리로 금방금방 고지하여 신문의 흐름을 끊지 아니하였다. 증인들 또한 이의신청이 있게 되면 답변을 중단하였다가, 판사의 기각결정이 있으면(overrule, you may answer), 답변을 하였고, 이의에 대한 허가가 있으면(sustain), 증인의 답변 없이 곧장 다음 질문으로 넘어갔다. 아주 잘 훈련된 팀플레이를 보는 듯하였다.

19. 검사와 변호인 등은 증인들의 성향과 신문 내용에 따라 신문방식을 달리 하였다. 예컨대, 현장에 있었다는 흑인 남성에 대한 질문과 답변은 쉽고도 짤막한 말로 토막토막 끊어 스타카토로 숨가쁘게 진행되었다. 조사 경찰관이라든가, 검시를 한 의사 등 전문가들에 대한 증언은 질문은 간단하게, 답변은 레가토로 길게 이어졌다. 속기사는 속기 도중 판사의 허가 없이도 자유로이 증언에 개입하여 그때그때 증언 내용을 확인하였다. 변호인과 검사의 최종변론(closing argument)이 끝난 이후 판사는 배심원들에게 다시 그

사건에 대하여 요점을 정리하여 지시사항(instruction)을 고지하였는데 이때도 모두진술에서와 마찬가지로 검사와 변호인에게 추가할 사항이 없느냐고 물었다.

⟩⟩⟩ 미국 판사들과의 면담

20. 평결이 끝난 후 23층에 있는 매러스(Marrus) 판사의 집무실에서 2007. 10. 6. 11:00-12:00 일행과 판사가 배심재판에 관한 문답을 하였다. 1971-1984년 까지 검사로서의 근무를 거쳐 그해 판사로 임명된 이래 23년째 판사로 근무 중인 61세의 매러스 씨는 잘 생긴 백인 남성으로 판사들과 직원들 사이에 베스트 중의 베스트로 알려져 있었다. 법정에서의 온화한 표정과 따뜻한 배려, 간명하고 유머가 넘치는 화술로 재판 진행이 가위 예술이라고 평가될 정도의 감동적이고, 인상적인 것이었다. 배심재판은 사회가 그 질을 결정한다고 믿으면서, 과거 경험에 비추어 사건에 대한 자신의 심증과 배심원의 평결이 5-10%정도의 불일치가 있었으나, 배심원들의 결정을 전적으로 존중하며, 평결의 이유에 오류가 있을 수 있으나 결론은 항상 옳다는 소신을 가지고 있었다. 증거가 불충분한 경우 재판 전에는 대체로 기소를 배척하지만, 일단 심리가 개시된 후에는, 같은 점을 들어 유죄 평결을 무죄로 바꾸는 경우는 있어도 배심원의 무죄평결을 유죄로 바꾼 적은 없고 바꿀 수도 없다고 하였다. 배심원들은 판사의 지시에 대체로 잘 따르고 있으며, 다만 문제가 되는 것은 언론보도와 인터넷으로 얻은 정보습득인데, 이 점에 관하여는 배심원 선정과정에서 이미 편견이 형성된 사

람은 골라내고, 이후에도 언론보도를 무시할 것을 강조하고 있어 크게 염려할 것은 없다고 말하였다. 유죄증명에 관한 중요한 개념인 "합리적 의심을 넘는(beyond reasonable doubt)"이라는 점을 설명하는 것은 그다지 어렵지 않으나 그보다 더 중요하고 어려운 것은 당해 사건의 중요 내용과 증명주제를 배심원들에게 명확하게 이해시키는 것이라고 하였다. 배심원들 중에는 종종 리더가 있어서 그들의 의견을 지배하거나 조종할 염려가 없는 것은 아니지만, 오히려 그보다는 어려운 법률용어와 그 사건에서의 쟁점을 동료들에게 그들의 말로 잘 이해시키는 경우가 많고, 대체로 미국인은 자신의 의견을 솔직하게 잘 표현하는 경향이어서 크게 걱정스러운 것은 아니라고 하였다. 배심제도는 민주주의 사회에 있어서 재판에 관한 한 최선의 제도이며, 1인의 법관이 아니라 사회 또는 시민(people이라는 용어를 사용)이 결정하기 때문에 그 결정은 힘이 있는(powerful) 것이라고 강조하였다.

21. 법조경력 36년의 로맨스그레이인 매러스(Marrus)판사는 판사에게 필요한 자질이 무엇이라고 생각하느냐는 우리의 질문에 대하여, 곧바로 ① 공정하여야 하고(fair), ② 신중하여야 하며(conscientious), ③ 식견이 풍부하여야 하고(knowledgeable), ④ 시간을 엄수하여야 하며(punctual), ⑤ 유머가 있어야 하고(humorous), ⑥ 정중하여야 한다(courteous)는 6개의 덕목을 제시하였다. 그리고 그 모든 덕목이 그 자신의 법정에서 그대로 실현되고 있음을 우리는 눈으로 보았다.

22. 일행이 방문당시 나이 일흔을 눈앞에 둔 이태리계의 멋진 법관 앨버트 토메이(Albert Tomei) 판사의 법정에서는 경찰관 두 사람이 살해된 사건의 배심재판이 진행되고 있었으나, 재판의 전 기간 중 경찰관이 방청석을 모두 점령하고 있어, 대니 전 판사로부터 부탁을 받은 토메이 판사가 우리에게 방청의 기회를 부여하려고 하였으나 그들은 끝내 우리에게 자리를 비켜주지 아니하였다. 미국 경찰관들의 권위와 위세를 실감하였다. 우리는 법정 입구에서 간간히 화상으로 보여주는 진행상황에 만족할 수밖에 없었다. 그 사건은 그와 같은 시위 덕분인지 검사는 유죄평결을 얻어냈다. 그 때문에 토메이 판사는 대니 전 판사를 통하여 특별히 판사실 옆에 위치한 회의실로 우리를 초청하여 2007. 10. 12. 12:10－13:15에 이르는 까다로운 우리의 질문에 자세하고 확신에 찬 어조로 성실하게 답변해 주었다. 판사의 심증과 배심원의 평결이 불일치할 경우가 있지 않았느냐고 물었던 바, 그는 말하기를, 나의 의견은 중요하지 않다는 것이었다. 판사의 의견이 아니라 공동체의 시민(people of community)의 의견이 더 중요하며, 지역사회의 의견을 판결에 반영할 수 있다는 점에서 이 제도가 우월하다는 것이었다. 배심재판제도는 민주주의 사회에서의 가장 이상적인 재판제도란 신뢰를 나타냈다. 굳이 배심제의 단점을 캐묻자, 평결에 있어서의 만장일치를 지적하였다. 그리고는 일본에서의 사례를 들어 그 사회와 같이 권위에 굴종하고, 자신의 의사표현능력이 부족한 경우에는 실패할 수 있다는 것이었다. 배심원들의 자질로 가장 중요한 것은 자신의 의사표현에 적극적이어야 한다는 것이었다. 나아가

시간과 비용이 많이 소요된다는 점이 문제라고 지적하였다. 미국의 경우는 교도소 재감인이 200만 명에 달하고, 범죄가 너무 많으며, 그리하여 국민 10명 중 4명이 범죄와 이런저런 방식으로 연관이 있다는 것이다. 그러나 그처럼 많은 범죄사건 중 단 5% 정도만 배심재판을 받게 되므로 큰 무리 없이 같은 재판을 운용하고 있다고 하였다. 한국의 사법부도 이 점을 고려하여야 할 것이라고 했다. "배심제도를 성공적으로 잘 운영하자면, 잘 준비된 교육프로그램을 만들어 젊은이들을 효과적으로 가르쳐야 한다. 이는 결국 미래의 배심원들에 대한 교육이 될 것이다. 물론 배심원 후보자들이 법원에 도착하면, 법원에 비치된 영상자료 등을 통하여 기초교육을 받게 하여야 하고, 이 경험은 그들의 삶에 좋은 경험이 될 것임을 고지하여 사명감을 갖고 재판에 임할 수 있도록 하여야 한다. 이 점에 있어서 미국의 배심원들은 상당한 정도의 훈련이 되어 있다." 소환을 받으면, 그들은 일단 법원에 출석하여 사유를 말하여야 한다고 믿고 있으며, 배심원 참여가 시민으로서의 의무라고 생각하고 있다는 것이었다. 그 한 예로, 배심재판에 참여한 어느 여성이 귀가를 못하고 숙식도중 샤워를 하다가 부상한 사고가 발생하여 판사는 그녀를 돌려보내려고 하였으나, 그녀는 "내 다리는 부러졌지만, 내 머리는 성하다"면서 끝까지 의무를 다하겠다고 하였다 한다.

23. 일반 시민들에게 낯선 형사소송절차상의 개념인 "합리적인 의심을 넘는 증명(the proof beyond reasonable doubt)"을 배심원들

에게 어떻게 이해시키느냐는 질문에 대하여, 토메이 판사는 긍정적 질문이 아니라 부정적 질문을 하여(범인이 아닐 수 있다는) 이유가 있으면 죄를 저지르지 않은 것이고, 그렇다고 하여 죄를 지었다고 절대적으로 믿어야(100%의 유죄의 증거가 있어야) 하는 것은 아니라는 취지로 이해시킨다고 설명한다는 것이었다. 설명을 들어도 어렵기는 마찬가지여서 영미법에서 창설된 이와 같은 개념을 우리나라의 평범한 시민들에게 설명하기란 결코 쉽지 아니하리라는 염려를 떨쳐버릴 수가 없었다. 대니 전 판사는 이 점에 대하여, 판사도 이해하기 어려운 것을 비법률가들에게 어떻게 설명할 것인가 하는 것이 가장 큰 난점이라고 말하였다. 우리 일행은 미국 연방대법원의 전 대법관인 올리버 웬델 홈즈(Oliver Wendell Holmes, Jr. 1841-1935)의 말을 빌어, "법률을 적용함에 있어 논리보다 경험이 중요하다는 것을 당신의 오랜 재판 경력을 통하여 확인하였느냐?"고 묻자, 토메이 판사는 단호하게 이성보다는 자신의 인생경험이 더 중요하고, 나아가 한 사람의 경험보다는 다수의 경험이 더 중요하다고 본다면서, 법률가는 경험을 통하여 더 많은 것을 배워야 하며, 상식을 무시하여서는 아니 된다고 말하였다. 끝으로, 우리가 가장 듣고 싶은 바, 판사로서의 중요한 자질은 무엇이냐고 물었다. 토메이 판사는 마지막 질문이라는 말에 반색을 하면서, 진지하고 확신에 찬 목소리로, ① 판사는 항상 문제 있는 사람을 만나게 된다. 따라서 무엇보다도 유머감각을 지녀야 한다. ② 듣는 능력(listening ability)이 중요하다. 오랜 시간 인내심을 가지고 잘 들어야 한다. 나는 선입관 없이 상대의 말을 듣는 능력을 평생에 걸쳐 오랜 기간 습득하여 왔다. ③ 공평하여야 한다(fair). 또 공평하게 보여야 한다(appearing fair). 검사나 피고인 및 변호인 등 법정에 출석하는 모든 사람들이 판사가 공평하다는 것을 말로, 표정으로, 행동으로 보여주어야 한다. ④ 사람은 누구나 실수한다. 이때 실수를 인정하고, 타인의 조언을 구한다. ⑤ 판사(judge)는 판단자라는 뜻이다. 판단자로서의 법관은 중심이 흔들려서는 아니 된다고 하였다. 이에 관해 그는 막 사건이 끝난 경찰관 살해사건을 그 한 예로 언급하면서, "피고인 측의 거듭된 신청을 내가 계속하여 기각하자 방청석에 있는 경찰관들이 박수를 쳤다. 그때, 나는 당신들을 위하여 일하는 것이 아니라 정의를 위하여 일한다"는 점을 환기시키면서 그들의 행동을 제지하였다는 것이다.

››› 미국 형사 배심재판의 버팀목과 우리의 장래

24. 토메이 판사와의 인터뷰를 마지막으로 우리의 미국 일정은 끝이 났다. 순간, "끝이 난다는 것은 홀가분한 휴식, 아니면 고요한 기도와도 같은 것"이라는 어느 시인의 시 한 구절이 떠올랐다. 한꺼번에 너무 많은 것을 보고, 너무 많은 것을 느꼈다고나 할까? 색다른 경험의 무게와 인상의 강렬함에 몸과 정신이 하나 같이 나른하였다. 그러나 그와 같은 나른함은 우리의 임무수행이 상당한 정도로 그 목적을 달성하였다는 안도감에 기인한 기분 좋은 편안함이었다. 일행들의 얼굴에 너무 늦게 찾아 온 선물과 뜻밖의 발견(Serendipity)으로 잔잔한 흥분과 일단의 만족스러움이 고여 있었다. 그러면서도 우리는 시간이 흐르면서 그러한 느낌이 자꾸만 빠

져나갈 것 같은 안타까움에 시달렸다. 우리들의 미흡한 언어로 그토록 눈부신 경험을 어떻게 붙잡아둘 수 있으랴.

25. 미국 법정, 판사의 좌석 뒷쪽 머리 위에 돋을새김의 대문자로 부착된 IN GOD WE TRUST라는 글귀가 주는 느낌이 예사롭지 않았다. 판사는 이를 등지고 앉아서 재판을 진행하지만 법정을 드나들면서 한 번씩 쳐다보았을 것이고, 절차에 참여하는 그밖의 모든 사람은 정면으로 바라보이는 그 강렬한 메시지를 가슴에 품지 않을 수 없으 리라. 말씀과 문자로 체화되어(요한복음 1장 1절) 그곳에 임재하는 신은 과연 어떠한 신일까를 생각하여 보았다. 신에 대한 신뢰와 의존은 그들의 국가적 정체성을 이루는 것으로 필시 "하나님은 사랑이심이라(요한1서 4장 8절)"는 성경말씀에서 그 연원을 찾을 수 있지 않을까 한다. 이와 같은 믿음은 그들의 정신세계는 물론이요, 물질세계를 함께 지배하면서(달러화 지폐의 이면을 보라), 그들에게 오늘날과 같은 풍요를 제공한 것으로 보였다. 사람을 최대한 존중하고 상대를 배려하는 사회, 정당한 권위를 인정하는 사회, 판사가 그 사회에서 합당한 존중을 받고, 그리고 그 판사는 자신의 직무수행을 통하여 법정 내 모든 사람을 마찬가지로 존중하는 사회, 그 모든 것이 존경스럽고 부러웠다.

26. 미국의 법관들은 자국의 배심재판에 대하여 확고부동한 신뢰를 가지고 있었다. 그리고 그 신뢰에 바탕을 두고 그들의 법정에서는 다소간 시간과 비용이 소요되기는 하였으나 대단히 기능적이

고 합리적으로 재판절차가 진행되고 있었다. 절차에 참여하는 배심원들은 사법운영의 한 축으로서 손색없는 역할을 거뜬히 감당하고 있었다. 한마디로 그 제도와 운영방식을 관통하는 기본 이념은 "인간에 대한 배려와 존중"이라는 민주주의 정신이었다. 모든 관계자는 전 재판과정을 통하여 법정에서 그 기능과 역할에 상응하는 존중을 받고 있었다. 이로써 상호 신뢰가 형성되고, 협력이 확보되고 있었다. 손과 머리와 가슴으로 하는 것은 예술이라는 말이 생각난다. 예술은 궁극적으로 감동을 추구하는 것이며, 재판 또한 당사자의 마음을 움직여야 한다는 점에서 예술이어야 하고, 그러자면 따뜻한 가슴으로 재판에 임하여야 할 것이다. 예순을 넘은 노법관들에 의한 겸손하되 품위 있고, 따뜻하며 편안한 재판이 진행되는 이 곳 법정에서 우리는 예술로서의 재판이 가능함을 온 몸으로 실감하였다. 이는 곧 "법학은 과학이라기보다는 예술에 가깝다는 미국 스탠퍼드대 로스쿨 학장 래리 크래머 박사의 언명과도 일맥상통하는 것이었다(2007. 9. 13. 한국경제). 이론은 있으나 실무능력은 없는 경우는 있으나 실무능력이 있으면 반드시 이론이 있다는 점 또한 사실임을 깨달았다. 예의발라야 하고, 잘 들어야 하며, 공정하여야 하고, 식견이 풍부하여야 한다는 매러스 판사와 토메이 판사의 재판에 관한 소신은 바로 자신의 평생에 걸친 법관 경력을 통하여 몸소 터득한 것이고, 또 그것을 우리로 하여금 현장에서 보여 주었다는 점에서 생생한 실물교육의 한 전범(典範)이 되었다. 그러나 이 모든 지식과 경험을 단 한마디로 요약한다면, 미국 배심제의 성공비결은 관념 속에 명멸하는 추상적인 인격이 아니라 현실계에 살아 움직이는 "구체적인 인간에 대한 사랑"이라고 단언할 수 있으리라. 이는 곧 앞서 소개한 "법은 사랑처럼"이란 시인 오든의 생각을 달리 표현한 것이라고도 할 수 있을 것이다.

27. 여기서, 다만 미국에서의 배심재판 시행 내용에 비추어 우리나라가 국민참여재판을 시행함에 있어 해결하여야 할 과제는 적지 않음을 생각한다. ① 국민들이 배심원으로서 기꺼이 참여할 수 있도록 어떠한 배려와 조치를 강구할 것인가? ② 배심재판의 연일 개정을 위한 관련 증인 출석의 확보와 전용법정이 없는 우리 법원의 법정 사정, 그리고 필요한 경우, 배심원들이 미국과 같이 1주 이상 계속 출석하는 문제 등을 어떻게 해결할 것인가? ③ 사실과 의견의 구분, "합리적 의심을 넘는 증명"이라는 낯설고 어려운 개념을 판사가 배심원들에게 어떻게 설명할 것인가? ④ 배심재판에 소요되는 시간과 비용의 추가부담 문제와, 배심재판이 늘어날 경우, 재판부의 사건 부담 증가를 과연 감당할 수 있을 것인가? ⑤ 절차 관여자들의 재판에 대한 비협력과 증인들의 위증 등으로 인한 배심원들의 오도된 사실 인정에 어떻게 대처할 것인가? ⑥ 완전 구술에 의한 일문일답식의 증인신문방식의 획기적인 전환을 어떻게 모색할 것인가? 등이 그것이다. 이 모든 현안을 일시에 깔끔하게 정돈한 연후에 제도를 시행하기는 어려울 것이다. 상당한 기간의 시행착오와 준비과정을 요할 것이다. 무엇보다도 우선할 것은 새로운 제도의 주재자인 법관의 인식전환이다. 아직 전부는 아니더라도 판사는 자신이 쥐고 있던 사실인정의 과정을 다수의 공

동체에 넘겨 줄 수도 있다는 발상의 전환에서 출발하여야 한다. 그런 연후에 다른 문제를 하나하나 바로잡아 나갈 필요가 있을 것이다. 미국재판을 보고나서 우리는 이 제도가 실패할 것이라는 비관적인 생각을 고쳐먹었다. 비록 온전한 모습을 갖추기까지는 상당한 정도의 세월을 요할 것이고, 그로 인한 시간과 비용이 만만치 않을 것이지만, 한번 시행해 볼 만한 가치가 있는 제도라는 점을 확신하게 되었다. 가령 장래에 불행하게도 어느 나라의 경우처럼 그 시행이 중단되는 한이 있더라도 그 과정에서 얻게 될 경험은 우리 국민들은 물론이요, 사법종사자들에게도 이런저런 많은 교훈을 남길 것이다.

28. 체제 중에 뉴욕은 화씨 90도를 넘나드는 인디언서머(Indian Summer)가 지나갔다. 그리고는 대서양의 염분을 머금은 강한 빗줄기가 빌딩의 숲속을 하루 종일 두들기더니 다시 전형적인 가을 날씨로 바뀌었고, 그 사이 센트럴파크의 나뭇잎은 더 붉어졌다. 청명한 저 하늘 끝 어디선가, 아니면, 이국땅에서 가을을 맞는 적막한 우리들의 마음 한가운데선가 브람스의 교향곡 제3번 제3악장의 애절하고도 감미로운 선율이 온 몸을 휘감았다. 그런데 웬일인지 그 선율의 틈을 비집고, 우리가 지난 2주간에 본 이곳 법원 풍경들, 그리고 우리에게 하나라도 더 설명하려고 애를 쓰던 판사들과 법원 직원들, 그들의 따뜻하고 다정한 표정들, 모두들 한 마음으로 품위 있고 존중받으며 재판하고 재판받는 안정된 모습들, 거기에 전날 일행들과 함께 찾아가 감동했던 현대미술관의 모네, 피

카소, 고흐, 클레, 세잔의, 이제는 가고 없는, 그리하여 아름다운 마음으로만 남은 그림들이 달려와 우리와 한데 어울렸다. 다양한 예술의 향연을 맛보는 지복의 기쁨을 잠깐 누렸다. 결국, 지금까지 우리, 어깨를 부딪치며 살아왔고, 앞으로도 살아가야 할 우리들에게 남겨진 이 지상에서의 삶이야말로 이른바 예술이 아니며, 또 예술이어야 하지 않겠는가?

29. 낯선 땅에서의 2주간에 걸친 임무를 종료하고, 뉴욕을 떠나, 고도(高度) 10,000미터의 상공을 시간당 980km의 항속으로 비행하는 자국적 항공기 안에서 우리는 다시 그 나라의 명망 있는 홈즈 판사의 다음과 같은 말을 생각하고 있었다. "중요한 것은 우리가 어디에 서있는가 하는 것이 아니라 우리가 어느 방향을 향하여 나아가고 있는가 하는 것이다. 때로는 순풍과 함께, 때로는 역풍과 함께 비행할 것이다. 그러나 우리는 그럼에도 불구하고 전진할 것이고 결코 표류하거나 계류장에 매어있지는 아니할 것이다(I find the great thing in this world is not so much where we stand, as in what direction we are moving -- we must sail sometimes with the wind and sometimes against it -- but we must sail, and not drift, nor lie at anchor)." 방향을 바로잡은 이상, 2008. 1. 1.자로 시행하는 우리나라 국민참여재판의 장래 또한 그러할 것임을 우리는 믿어 의심치 아니하였다. (2007. 10. 22.)

국민참여재판 원년의 회고와 전망

– 부산지방법원 2008년도 참여재판 보고서(2009. 1. 2.)

>>> 재판은 쟁점에 관한 의사소통의 과정이다

1. 재판은 분쟁의 대상인 구성요건사실을 중심으로 법원과 당사자들 사이에 전개되는 의사소통의 과정이다. 법정에서 만나는 위 3자가 사안의 내용을 이루는 사실관계와 법리를 충분히 이해하고 마음껏 표현할 때 문제된 사건은 원만하게 마무리되고 교란된 법질서는 일단 회복된다. 그러자면 모름지기 당사자의 지위와 능력은 대등하여야 하고, 논의의 현장은 자유롭고 편안하여야 하며(judge Francis McCarty, "Make everyone in your court feel comfortable and at ease."), 쌍방이 주고받는 언어는 쉽고 부드러워야 한다. 분쟁의 해결자로 나선 법관은 당사자의 변론을 듣는 자로서 한없는 인내와 관용으로 임할 필요가 있다. 그 중에서도 형사재판은 공익의 대변자인 검찰이 일방 당사자로서 범죄의 혐의가 있다고 여겨지는 사람을 상대로, 국가형벌권의 실현을 목적으로 한 소추를 한 연후에 이에 대한 입증을 하는 절차이므로, 더욱 주의를 요한다. 의사소통이 여의치 못한 경우에는 과도한 긴장관계가 조성되기 마련이고, 그 때문에 국민들로부터 불필요한 오해와 불신

을 받게도 된다. 그런 점에서 조금도 왜곡되거나 변질됨이 없는 실체의 진면목이 관련자들의 생생한 언어로 공판에 남김없이 현출되는 것이 바람직하다.

2. 우리나라 사법제도는 과거 60년간, 모든 국민은 헌법과 법률이 정한 법관에 의하여 법률에 의한 재판을 받을 권리를 가진다는 헌법 조항에 근거하여 훈련된 직업법관을 주축으로 운영되어 왔다. 그러나 사실의 인정과 법률의 적용을 내용으로 하는 법관의 역할 가운데 사실문제가 법률전문가의 배타적 소임이라고 단정할 수 없는 것은 이론적으로도 그렇고, 그 운영상의 성패를 떠나서 실제로 구미 각국의 예를 보더라도 그렇다. 이런 관점에서 우리나라 국민들은 상당기간 전부터 사법참여의 열망을 표출하여 왔다. 직업법관에 의한 재판과정에서의 의사소통이 과연 충분하였는가 하는 반성적 고려와 함께 사실 확정에 이 시대를 살아가는 보통사람들의 다양한 의견을 반영해보자는 주장이 움직일 수 없는 대세가 되어, 마침내 제한된 범위 내의 형사재판에 국민들이 배심원으로 참여하는 실험적 모델로서의 국민참여재판이 2008. 1. 1. 한시적으로 우리 사법제도에 도입되었다.

››› 참여재판, 이 실험은 성공할 것인가?

3. 그리하여 지난 1년 간, 이와 같이 우리에게 낯설고 특이한 형사재판방식인 국민참여재판이 전국 법원에서 일제히 시행되었다. 전국적으로 대상 사건 2,700건 중에 8%에 해당하는 223건이

신청되었고, 그 중 60건을 참여재판으로 진행하였다. 상당 건수가 배제되거나 철회되었으나 진행된 사건에 참여한 500여 배심원들의 만족도는 95.2%, 심리과정의 집중도 또한 90%를 넘었다. 배심원들의 평결과 재판부의 견해가 불일치 한 것은 4건 정도에 불과하다. 연말에 가까운 시점에 시행된 참여재판은 배심원후보자의 출석율이 40%에 가까웠다. 거의 모든 사람들이 다른 사람의 삶에 관여하거나 재판하기 싫다는 의견을 공개적으로 표명하였다는, 재판원제도 시행을 눈앞에 두고 있는 인근 일본의 경우와는 전혀 다른 호응도를 보여주었다. 소요시간이 오래 걸리고 증거 내용을 이해하는데 다소간 어려움이 있었다는 의견이 있기는 하나 대체적인 여론은 성공적인 출발로 평가하고 있다. 반면, 제도가 정착되기까지는 아직도 현안이 많다는 주장도 있다.

4. 부산지방법원은 같은 기간 중 9건의 참여재판을 시행하였다. 모든 사건이 하루에 종결되었고, 늦게로는 전 과정이 저녁 9:40을 넘기도 하였다. 100명 가까운 시민이 배심원으로 재판에 참여하였고, 그 밖의 많은 시민과 학생, 국내외 법조인은 물론 언론사의 취재기자들이 참여재판을 수차 방청하였다. 법원당국은 한 개의 대법정을 참여재판 전용의 전자법정으로 시설을 완비하고, 구술변론에 필요한 장비를 보충하는 한편, 피해자를 위한 차폐시설을 제작 · 이용하게 하고, 변론용 이동식 핀마이크를 제공하는가 하면, 법정 내 모든 음향과 조명장치를 재정비하였다. 담당재판부로서 그 중 살인, 특수강도강간 등 7개 사건을 진행한 우리에게,

"우리나라가 이 같은 참여재판의 실험적 운영을 시도한 것은 잘 한 일이었나? 그리고 그 실험을 통하여 이렇다 할 성과가 있었는가?"라고 묻는다면, 우리는 "그렇다"라고 확신을 가지고 말할 수 있다. 그렇다면, 현재 실험 중인 방식을 일부 보완하여 "우리나라 사법제도에 참여재판을 확정적으로 도입하는 것이 좋다고 보는가?" 라고 묻는다면, 아직 그 질문에 대답할 단계는 아니라는 점을 전제로, "그럴 수 있다"라고 답변하겠다. 이제, 그 이야기를 하려고 한다.

5. 국민참여재판은 세 가지 점에서 종래의 재판방식과는 판이하다. 첫째는 국민이 배심원으로 참여하여 사실인정에 대한 평결을 하고, 양형토론에서 의견을 진술한다는 것이다. 둘째는 피고인에 대한 인정신문에서 판결선고에 이르기까지 재판의 모든 과정이 법정에서 전적으로 구술로 진행된다는 것이다. 셋째는 재판의 모든 과정이 하루 또는 연속된 2-3일의 변론으로 종결된다는 것이다. ① 배심원의 참여는 모든 권력은 국민으로부터 나온다는 헌법 제1조 제2항의 이념적 기초위에서, 사법권의 주체인 국민을 재판 담당자로 참여시켜 절차에 관한 민주적 정당성과 재판결과에 대한 신뢰의 확보를 기하고자 하는 시대적 요청에 따른 것이다. ② 구술변론은 경찰, 검찰 등 수사기관이 피고인과 참고인 등의 진술을 받아 적은 조서를 법관이 눈으로 읽고 검토하는 종래의 사건 처리방식이 아니라 법관 등이 구술변론을 귀로 듣고 사안의 진상을 판단하는 새로운 사건 처리방식이다. 참여재판의 시행과 때를 같이 하

여 구술변론과 공판중심주의를 주된 내용으로 하는 개정된 형사소송법이 시행된 것은 관련 절차의 운용을 제도적으로 완벽하게 뒷받침한 시의적절한 조처였다고 할 수 있다. ③ 하루에 끝나는 재판은 다른 사건과의 병행심리로 진행되는 종래의 치과진료방식의 재판에서, 한 사건만을 집중하여 심리하는 외과진료방식의 계속심리로 법정운용방시을 획기직으로 선환한 것이다. 이는 곧 배심원들로 하여금 단시간에 집중적으로 사안의 내용을 듣고 기억이 선명하게 남아 있을 때 평의와 평결까지 마치자는 배려에서이다.

6. 위와 같이 세 가지 관점의 재판방식이 결합된 참여재판은 결국 법관, 검찰, 변호인 등 재판관여자가 법률가가 아닌 배심원들을 어떻게 구술로 사안의 쟁점과 법리를 효율적으로 설명하여 납득시키느냐 하는 과제에 그 성패가 달려있다고 해도 과언이 아니다. 그러자면 사안의 핵심을 간파한 쟁점이 뚜렷이 부각되어야 하고, 그 점에 집중하여 증거조사가 분명하고 알아듣기 쉬운 말로 진행되어야 한다. 거기다가 당해 공판기일에 대부분 하루 또는 연속된 수일에 재판이 마무리되어야 하므로, 사전에 철저한 준비가 있어야 한다. 공판준비기일의 적절한 운용이 그래서 더욱 중요하디.

››› 국민참여재판의 신청과 공판준비기일

7. 참여재판의 신청서가 접수되면 관련 절차의 준비과정이 개시된다. 공소사실의 내용과 피고인 의견서를 참조하여 즉각 국선변호인 2인을 선정하는 한편, 피고인 접견과 수사기록의 검토를

권유하고, 1주일 이후를 공판준비기일로 지정하여 검찰과 변호인에게 공판준비서면의 제출을 명한다. 준비기일에서는 쟁점을 명백히 하고, 우선 검사로 하여금 증거를 신청하게 한 후, 이에 대한 변호인 측의 의견을 듣는다. 증인신청이 있는 경우, 특히 성범죄의 피해자 등은 법정 출석을 원하지 아니하는 사례가 흔하므로, 우선 검찰로 하여금 증인의 소재지를 확인하고, 법정 출석의 가능성을 확인하되, 증언시 차폐시설의 설치와 가명의 사용 등, 피해자의 개인정보 보호를 위한 법원의 확고한 의지가 전달되게 한다. 검찰 측 사정으로는 피해자의 법정출석여부의 확인에 시일을 요하고, 변호인 측 사정으로는 피고인의 가족 등이 참여재판을 원하지 않는 경우도 있어, 이의 설득과 의견조정 문제로 공판준비기일이 1회 기일로 종료되기는 어렵다. 2-3회 기일이 연속 진행되는 경우가 대부분이다. 참여재판의 진행여부가 확정되면, 공판기일을 3주 이후의 월요일로 지정하고, 배심원과 예비배심원의 수와 소환을 요하는 배심원후보자의 수, 무이유부기피 인원과 각 절차상의 타임스케줄을 논의하여 확정한다.

》》 공판의 준비

8. 재판부 소속 직원들은 행정자치부의 명부에서 당해 재판에 필요한 인원수만큼 배심원후보자를 무작위로 추출, 소환을 하고, 그들로부터의 전화문의에 응하는 한편, 그 사이에 불출석 신고에 응하여 취소여부를 결정통지하고, 관내 경찰청 등에 후보자의 범죄경력조회를 실시한다. 주심판사는 당해 사건에 관련된 법리를

검토하고, 선정절차와 당해 사건에 필요한 공판기일의 시나리오를 작성했다. 참여재판 전주의 금요일 오후에는 통상재판이 종료된 후 재판부, 검찰, 변호인 등이 법정에서 만나 증인 소환문제, 공판 진행에 있어서의 절차적 유의사항 등을 최종 논의하고, 장비점검 등 준비상황을 살펴본다. 이 자리에서 우리는 배심원들을 상대로 한 효율적인 구술변론을 위하여 다음 점을 유의하자고 다짐하기도 한다. ① 먼저 주의를 집중시켜라(산만한 분위기를 전환하여 자신의 말에 귀를 기울이게 하는 인상적인 코멘트를 하라). ② 중요 메시지로 단순화하라(핵심 논점을 부각시켜라). ③ 그들의 언어로 말하되, 내가 하고 싶은 말이 아니라 그들이 듣고 싶은 말을 하라. 중요한 것은 당신이 무엇을 말하느냐가 아니라 사람들이 그것을 어떻게 듣느냐 하는 것이다(Frank Lunts, "Words That Work"). ④ 그림 그리듯이 말하라(이미지가 눈앞에 선명하게 떠오르게 하라). ⑤ 노래하듯이 말하라(말의 고저, 강약, 완급을 조절하여 음악적 리듬의 파도를 타라). 글 읽는 식의 진부함을 타파하고 다이내믹한 내러티브(narrative) 기술을 동원하여 듣는 사람의 관심과 흥미를 유발하자는 것이었다.

››› 배심원 선정 절차

9. 참여재판은 ① 배심원 선정절차, ② 공판기일의 진행, ③ 배심원의 평의와 평결, 양형토론 및 판결선고의 세단계로 진행된다. 우리는 오전 재판은 09:30-12:00, 오후재판을 13:30-18:00로 정한 다음, 각 단계 중 ①의 소요시간을 1시간 30분, ②의 소요시간을 4시간 30분, ③의 소요시간을 1시간으로 배정하였다. 검사 2명

과 변호인 2명에게 미리 준비된 각 핀마이크를 제공하였고, 이동식 연단을 준비함과 동시에, 실물화상기와 영상스크린을 설치하는 한편, 피해자의 요청에 따라 차폐장치를 이용하였다. 선정절차 진행 중 검찰, 변호인, 재판부가 법대에서 협의시 발생시킬 백색소음(주로 피아노 명곡 중 소품을 골랐다)을 테이프로 준비하였다.

10. 공판기일, 배심원후보자는 09:00 이전, 당원의 지정된 장소에 모여 사전에 준비된 시청각 자료 등으로 절차 진행에 관한 안내를 받은 뒤 09:30까지 법정 방청석으로 이동한다. 변호인들과 검사들(수사검사와 공판관여검사) 또한 위 시각 이전에 지정된 좌석에 앉아 대기한다. 피고인은 특별한 사정이 없는 한 선정절차에는 참여하지 아니 한다. 재판부는 입정과 동시에 당일 진행될 모든 과정에 대하여 배심원후보자들에게 간단한 설명을 한다. 이어 선정절차가 진행된다. 먼저 관련 법률의 규정에 따른 네 가지 질문을 하게 된다. 질문서로 확인한 바 있어 이때는 간단한 질문으로 끝난다. 개인적인 사정을 들어 면제를 원하는 후보자가 나설 경우, 법대 앞으로 불러 사정을 듣되, 되도록 이후 계속되는 절차에 참여시킴을 원칙으로 하고, 나이가 70세 이상인 경우와 건강 문제로 하루 종일 앉아 있을 수 없는 사람만 귀가하도록 조치한다. 그러나 건강상 아무런 문제없다고 활기차게 대답하는 90세에 이른 노인도 있었다. 추첨을 거쳐 배심원석에 앉은 후보자들을 상대로 재판장의 개별질문이 계속되고, 이어 검찰과 변호인 측에서 자신들에게 불리한 평결을 할 가능성이 있다고 판단되는 후보자들을 골라

내기 위한 질문과 대답이 있고 난 다음 이를 토대로 법대 앞에 모여 논의를 거쳐 결정을 한다. 법대 앞에서의 논의 시 사전에 준비한 클래식 선율이 백색소음 역할을 하며 논의내용의 전달을 차단한다. 재판장은 '기피'라는 용어 대신에 '제외 또는 의무면제'라는 용어로 바꾸어 고지하고, '무이유부기피신청'이라는 발음 곤란한 법령용어는 이를 '권한에 의한 신청 또는 권리신청'이란 말로 바꾸어 고지한다. 이유를 들어 기피조치를 하여야 할 만한 특이한 사정이 있는 경우는 거의 없었다. 따라서 대부분, 권리신청을 활용하여 3회의 질의응답과 결정으로 절차는 종결되었다. 배심원을 선발함에 있어서 남녀, 직업, 연령 등의 균형을 특별히 의도한 바는 없었으나 절차진행과정을 통하여 자연적으로 문제가 해결되었다. 추첨으로 배심원석에 앉았다가 배제되는 후보자들이 섭섭하거나 실망감을 느끼는 일이 없도록 충분한 배려의 코멘트를 빠뜨리지 않으려고 하였다. 간혹 특별한 사정이 발생한 배심원을 귀가시키고, 예비배심원을 참여시키는 사례도 있었다.

››› 공판기일의 진행

11. 배심원 선정절차가 끝나면, 법정정리가 마무리되는 10분후 공판절차가 개시된다. 대개 11시 10분－20분 전후가 된다. 피고인이 입정하고 배심원들이 들어오면, 재판장의 공판시작 선언에 이어 공판에 참여한 사람의 자기소개가 있고, 배심원의 선서 후 모두(冒頭)절차가 진행된다. 무슨 사건인가? 피해 정도는 어떠하고 증거는 무엇이며, 어떤 방식으로 증거조사가 진행될 것인가? 드디어

재판이 시작되는구나. 그렇게 높아보이던 검사와 변호사들이 우리를 상대로 사건을 설명한다는 등의 생각을 하면서, 궁금증과 호기심의 눈을 반짝이며 귀를 한껏 열어둔 배심원들을 상대로 검찰과 변호인의 결의에 찬 공방이 시작된다. 이때 어느 쪽의 변론이 과연 배심원들의 생각 속에 강렬한 인상을 심어주며 사안에 대한 그림을 자신들 측에 유리하게, 그리고 선명하게 그려주느냐에 따라 당일 결론의 향방에 상당한 정도로 영향을 미쳤던 것으로 여겨진다. 분명하고 또렷한 발음으로, 확신에 찬 어조로 배심원들이 알기 쉬운 용어를 구사하여, 스토리텔링(storytelling)기법을 동원하여 흥미를 유발하면서, 정서적으로 깊이 파고드는, 사전에 잘 준비된 변론을 전개하는 쪽이 당일의 공판을 주도하며 결정적으로 유리한 결과를 얻어내는 것은 충분히 예상할 수 있는 일이다. 그만큼 모두절차는 중요하다. 이 점의 인식에 소홀한 측은 당일의 변론에 있어 상대에게 끌려 다니며 고전을 면치 못할 뿐 아니라 배심원들의 평결에 있어서도 결코 유리한 결론을 얻어내지 못하였다. 그러므로 변론에 관여하는 자는 그 변론이 순수한 구술에 의하여 전개되는 이상, 공판 초기에 배심원들은 물론 재판부까지 관심의 향방을 사로잡을 필요가 있는 것이다. 증거조사가 끝나봐야 사실관계의 전모가 밝혀지겠지만, 증거의 내용을 쌍방은 이미 상당한 정도로 파악하고 있을 터이고, 초기에 드러나는 어느 일방의 확신은 그 증거의 증명력을 은연중에 드러내는 것이므로, 변론 과정에서도 그러한 확신은 유지되는 것이 보통이어서 결국 초기의 자신감은 배심원들의 마음을 그들 쪽으로 끌어당기기 마련이었다. 오후 재판은 피해자 등 당해 사건의 핵심 증인에 대한 신문으로 시작되는 것이 보통이다. 쌍방은 모든 역량을 이때의 증거조사에 투입한다. 그만큼 긴장도 고조되고, 증인의 한마디 한마디가 중요하다. 재판장은 배심원들에게 증언을 주의깊게 잘 들어야 한다고 강조한다. 특히 사실과 의견을 구분하여 사실에만 집중할 뿐 증인의 의견은 무시하라고 당부한다. 대개의 경우 이렇다 할 독립한 증거방법을 가지지 못한 변호인측은 검사가 신청한 증거의 증명력을 부수기 위하여 총력을 기울인다. 특히 주된 증거인 피해자의 증언은 공소사실의 입증에 결정적인 역할을 하는 것이므로, 이의 탄핵에 모든 방법을 동원하기 십상이다. 검찰과 신경전을 벌이기도 한다. 재판장은 이에 적절히 대응하여 신문절차의 흐름이 단절되는 일이 없도록 신속하게 조처하는 한편, 증언의 내용이 분명하지 않을 경우에는 그 취지를 그때그때 확인하여 오해가 없도록 기민하게 대처한다. 증인신문에 수사기관에서의 조서나 그 밖의 보조자료를 제시하여 배심원들의 이해를 돕기도 하지만, 자칫 관심의 방향이 엉뚱한 방향으로 빠져나가는 경우도 있어 효율적으로 이용하지 아니하면 오히려 역효과가 나기도 한다. 신문방법은 증인을 존중하면서도 추궁식이 아닌 편안하고 따뜻한 목소리로, 그때 무슨 일이 있었는지의 사실관계를 차분히 물어야만 원하는 것을 얻을 수 있었다. 변호인 측의 계산된 유도신문으로 검찰에 결정적으로 불리한 증언이 나온 사안에서, 검사가 당황하고 흥분하여 증인을 심하게 몰아붙이다가 더욱 걷잡을 수 없는 사태에 직면하는 경우도 있었다. 한 사건의 예를 보면, 당해 사건으로 중상을 입은 피해자(30세의 여성으로 제 이름만 겨우 쓰는 반 문맹상태의 힘들게 살아온 사람이었다)가 증언을 위한 출석이 쉽지 않았음에도 검찰은 보조기를 착용한 상태에서 보행조차 힘든 그를 겨우 설득하여 어렵게 법정에 세웠지만, 증언이 계속될수록 드러나는 사실관계는 검찰에 불리한 것뿐이었고, 변호인은 이에 효과적인 반대신문을 통하여 살인미수와 절도 및 불법 성매매 등의 모든 혐의사실에 대하여 타격을 가하기도 하였다. 이후 수사기관에서의 진술내용과 그 밖의 증거에 관한 조사가 계속되었으나 사안의 성패는 주요 증인의 증언으로 거의 윤곽이 밝혀지는 것이 대부분이었다. 결국 그 사건의 변론결과는 전부 무죄의 변호인 측 완승으로 마감되었다.

12. 공판의 진행 중 1시간 내지 1시간 반이 지난 다음 10분 정도의 휴식시간을 가졌다. 집중력의 저하를 막기 위함이다. 한 자리에 앉아 하루 종일 익숙하지 아니한 방식의 이야기를 듣는 것은 쉬운 일이 아니다. 지치기 마련이다. 오랜 시간의 절차 진행을 마무리하는 최종변론절차는 그래서 더욱 중요하다. 4-5 시간에 걸친 많은 변론내용을 얼마나 효과적으로 잘 요약하여 배심원들의 머릿속에 각인시키느냐 하는 것이 관건이며, 결과적으로 이 마지막 순간에 온종일의 변론결과를 유지하느냐, 불리한 사정을 뒤집느냐 하는 중대한 기로에 서있기 때문이다. 재판부로서도 그때까지 형성된 심증을 뒤엎는 예상외의 변론이 전개되는 경우를 여러 번 보았고, 그 영향은 고스란히 배심원의 평의결과와 양형의견 진술을 좌우하였다. 최종변론의 강력한 힘을 실감하였다. 자신감을 가지

고, 거침없이, 쉽고도 명료한 어조로, "한 소녀가 있었습니다" 하는 방식의 정서적으로 파고드는 변론은 가히 폭발적인 힘을 지니고 있었다. 최종 변론에서 밀리고도 원하는 결과를 얻은 경우는 거의 없었다고 하여도 과언이 아니다. 그 후에 하는 재판장의 인스트럭션(instruction)은 최종변론의 큰 틀을 훼손하지 않는 범위 내에서 짧게 쌍방의 공방에 대한 핵심만 요약하는 선에서 그쳤다. 재판장의 목소리에 너무 힘이 실리다보면, 최종변론 내용이 희석되고, 그러다가 어느 한 부분이 강조되는 경우, 배심원들이 재판부의 심중을 헤아려 이를 판단에 참고하는 바람직하지 못한 사태가 나타날 수 있기 때문이다.

››› 배심원들의 평의

13. 변론이 종결된 후 배심원들이 평의실로 들어가면 재판부는 대기실로 자리를 옮겨 곧바로 공소사실과 증거조사결과 및 쌍방의 주장을 검토하고 토론을 거쳐 결론을 놓고 합의에 착수한다. 사안에 따라서는 배심원들이 재판부에 의견을 구하는 경우가 있으나 대부분 독자적인 논의를 거쳐 결론에 도달하게 된다. 전원일치의 의견이 나오는 경우는 평의시간이 1시간 이내에 끝나지만 시간이 길어지는 때에는 의견이 나뉜다고 예상할 수 있다. 그런 경우에는 다수의견이 재판부와 견해를 달리하는 것인지 긴장하게 된다. 그럴 경우에는 배심원들의 평결을 받아들일지 재판부의 견해를 정해두어야 한다. 의심의 여지가 없는 명백한 결론을 얻었을 경우에는 양보할 수는 없다는 원칙을 세워두었으나 그런 충돌은 없었다. 견

해가 다를 경우에는 배심원들의 의견을 들은 연후에 다수의견이 현저히 정의에 반하지 않는 경우에는 받아들일 수도 있다는 우선의 방침을 정하였다. 그러나 당원의 경우, 의견이 달라 크게 문제되는 경우는 단 한 번도 없었다. 특히 살인미수와 절도, 성매매 등의 죄명으로 기소된 5호 사건의 경우, 재판부는 전부 무죄의 결론을 가지고 있어 내심 걱정을 하고 있었는데, 2시간이 넘는 오랜 시간의 평의결과 살인미수의 점에 관하여는 1:8, 절도죄에 관하여는 2:7, 성매매에 관하여는 1:8의 다수결로 전부 무죄평결을 하는 놀라움을 보여주었다. 더구나 당해 사건의 피고인은 수차에 걸쳐 폭력 등으로 실형선고를 받고 복역한 전력이 있을 뿐 아니라 온 몸에 문신을 하고 있어 검찰은 이 점을 변론과정에서 특별히 강조한 바 있고, 그 언행이나 평소의 성행이 대단히 불량한 사람이고, 공소사실의 내용도 피해자와 함께 있으면서 발생한 것이어서 그런 점을 염두에 두고 사건을 들여다보면, 유죄의 심증이 강하게 드는 사건이어서 그 귀추가 주목되었으나 대부분의 배심원은 그와 같은 피고인의 개인적인 사정을 전혀 고려함이 없이 사건 자체만을 엄밀히 판단했다는 점에서 대단히 경이롭고 고무적인 결과였다. 재판부가 일부 무죄의 결론을 가지고 있는 경우에도 배심원들의 평결 또한 전원 또는 다수 의견이 같은 결론이어서 재판에 참여한 시민들의 사실인정에 대한 수준이 전혀 문제가 없을 뿐 아니라 때로는 재판부가 생각한 바 있으나 굳이 그 점까지 배심원들에게 부담을 줄 것은 아니라고 마음을 정한 부분까지 의문을 제기하는 치밀함도 보여 거듭 감탄을 한 바도 있다. 위 사건의 피고인을 살인미수로 처벌할 수 없다고 하더라도 그의 폭력적인 행동 때문에 피신하여 주거용 건물의 발코니 앵글에 매달려 있다가 그것도 손을 잡았다가 놓음으로써 아래로 추락하여 피해자가 크게 다쳤다면 어떤 방법으로든 책임을 부담하여야 하는 것이 아니냐고 의문을 제기한 것이 그 경우이다. 이때, 재판부는 부작위에 의한 살인미수죄의 성립가능성이 있으나 피고인이 지닌 방어권의 관점에서 무리가 있음을 설명하였다. 배심원들은 그렇다면 검사가 기소를 잘못한 것이 아니냐는 의견을 제시하면서, 현 단계에서 피고인을 처벌할 수 없음을 안타까워하면서도 무죄의 결론을 유지함에는 대부분 생각의 변함이 없었다.

››› 재판부와 배심원들과의 양형토론

14. 양형토론에 있어서는 먼저 재판에 관여한 법관이 당해 사건에 적용할 죄의 법정형과 최저 및 최고형만 고지하고 전적으로 배심원들에게 일임하여 그 의견과 양형의 분포를 들어본 다음, 그들이 관련 부분의 오해에 기인한 의견이 아닌 이상, 토론 과정에서의 양형 의견과 그 이유 등을 청취하고 나서, 되도록 자신들이 유지하고자 하는 양형의견을 그대로 받아 적었다. 구술로 진행되는 변론의 공방에 크게 영향을 받아 그 형이 지나치게 낮거나 높은 경우가 간혹 있었으나, 이는 예외적인 사례였다. 전반적으로는 예상했던 것보다, 재판부의 양형의견보다는 다소간 낮은 경향이 있었다. 법원의 형이 너무 낮다는 일반 여론과는 달리 그들은 구체적인 사건의 재판에 직접 참여하여 나약하고 힘없는 존재로서의 피고인

을 하루 종일 면전에서 보면서, 거기다가 법정에 현출된 그 밖의 유리한 정상 등에 접해서인지, 중형 선고에 대한 상당한 정도의 심리적 부담을 가지고 있는 것이 분명하였다.

15. 특수강도강간죄에 있어서, 그 형이 10년 이상이라는 점에 놀라면서, 그 사실관계가 두 명이 범행에 관여하였으나, 문제된 피고인은 성매매를 하다가 중단한 상태에서 금품을 절취한 다음, 자신의 말로는 "그 연장선상에서" 피해자를 가볍게 1회 추행한 것임을 환기시키면서 이를 감경하더라도 5년 이상의 형을 선고할 수밖에 없다는 것을 믿을 수 없어 하였다. 그들은 이를 도저히 수용하기 어려운 형이라고 강조하였다. 그리고는 그 피고인에게 적당한 형은 아무리 많아도 2년 내지 3년이어야 하지 않겠느냐는 의견을 제시하였다. 그 주장이 구체적 타당성에 합당한 것이어서 경탄을 금치 못하였으며, 주취감경을 할 수가 없는 사안이라 우리는 부득이, 법리상 무리를 무릅쓰고, 약물흡입으로 인한 심신미약감경으로 배심원들이 희망하는 형(재판부 또한 그 형량에 전적으로 공감하였으므로)을 정하였다. 살인죄 등으로 기소된 정신 병력이 있는 피고인의 심신미약 부분에 대하여 배심원들은 토론을 거쳐 나름대로 70% 정상, 30% 비정상, 또는 30% 정상, 70% 비정상 등으로 수치에 의한 계량을 한 다음, 재판부에 대하여, 그 경우를 정상으로 보아야 하는지, 비정상으로 보아야 하는지를 묻기도 하였다. 우리로서는 전혀 예상치 아니한 판단근거였다. 당일 공판에 심신미약으로 감정한 치료감호소 소속 의사가 증인으로 출석하고, 신문당시

그 점에 대한 배심원의 질문요청이 있은 경우 전문가로부터 참고가 될 만한 진술을 들을 수도 있었을 것이나 당일은 사정이 그렇지 못하여 못내 안타까웠다. 재판부의 설명을 듣고 그들은 결국 심신미약이라는 결론에 도달했지만, 판단이나 증명주제에 대하여 배심원들은 그 정도로 치열하고도 진지한 논의와 검토를 아끼지 않았다.

16. 배심원들이 늦은 시간까지 저녁식사도 거르면서 그렇게 진지하게 본연의 소임을 성실하게 감당하는 것을 보고, 그리고 제대로 된 결정을 위하여 양보하고, 타협하면서, 우여곡절 끝에, 그것도 그와 같은 폐쇄된 공간에 갇혀서 장시간 토론을 거듭하면서도 짜증을 내거나 불평 한마디 없이 자연스럽게 최선의 결론에 도달하는 과정을 곁에서 지켜보면서, 토론에 필요한 상대 주장에 대한 경청과 양보 및 타협은 우리 문화에는 익숙지 아니 하며, 이것은 곧 국민성 탓이라는 종래의 일부 견해가 그다지 신빙성 있거나 보편적인 것은 아니라는 점을 깨달았다. 나아가, 배심원으로 참여한 우리 국민들의 사실에 대한 평가와 판단수준은 직업 법관과 크게 차이가 없을 뿐 아니라 새로운 착안점도 제시한다는 점에서 당초의 기대를 넘었고 이 때문에 우리는 크게 고무되기도 하였다.

17. 인간의 죄와 벌에 관한 참담하고 서글픈 사실관계와 정황이 적나라하고 질펀하게 드러나는 법정에서, 검찰과 변호인의 치열한 공방을 듣고 보면서, 배심원들은 일생일대에 결코 잊지 못할 독특한 체험과 수많은 생각을 하게 될 것이다. 고통 받는 자가 있

는 곳, 바로 그곳이 세상의 중심이 아니던가? 도스토예프스키는 "법정 기록이야말로 생의 긴장이 충만한 것이며, 예술이 관여하기를 회피하거나 기껏해야 피상적으로 스쳐 지나기 쉬운 이 기록들 속에 인간 영혼의 암실을 비추는 빛이 있다"고 말한 바 있다. 형사법정은 우리 주변에 있는 보통사람들의 삶의 애환이 극명하게 교차하거나 눈물겹고 가슴 아픈 허다한 사연들을 만날 수 있는 공간이다. 그런 의미에서 법정은 세상의 중심이며 생의 학교이다. 예술이 추구하는 것이 고급의 와인 같은 향기로운 감동이라면, 재판이 추구하는 것은 법정에 드나드는 우리 이웃들의 깊은 속 심금을 어루만지는, 그리하여 메마른 삶에 활력과 기쁨을 더하는, 들꽃을 회생시키는 봄비와 같은 감동이어야 할 것이다. 삶이 예술이라면 그 삶을 다루는 재판 또한 예술이어야 한다는 것이다. 피고인은 물론 피해자 등 사건 관련자들의 사연을 잘 듣고, 그들의 아픔을 따뜻이 우리의 가슴에 품는 것, 결론이 어떠하든 법정에 드나드는 모든 사람들은 누구나 똑같이 존중받는다는 것, 특히 그런 사실을 재판받는 모든 사람들이 알 수 있어야 할 것이다. 예술로서의 재판이 쉬운 일은 아니지만 궁극의 목표와 방향은 마땅히 그러해야 한다. 그런 점에서 우리는 배심원들이 심판자로서 참여하는 구술위주의 이 새로운 방식의 드라마틱한 형사재판에 기대하고 있으며, 그리고 그 기대는 재판관여자들의 노력에 힘입어 점차 충족될 것으로 보인다.

>>> 판결선고 절차

18. 배심원 대표가 작성한 평결서가 제출되고 양형토론이 끝나면, 판결 선고가 있게 된다. 즉일선고를 원칙으로 하였고, 예외 없이 그 원칙을 준수하였다. 양형토론이 종료된 순간에는 사전에 있은 재판부의 합의 내용과 대조하여 최종 결론을 확정한 다음, 판결 이유를 구성한다. 피고인이나 피해자 등의 수사기관에서의 진술조서가 제출된 경우라도 그 내용은 이미 공판과정에서 지시 설명이 있었으므로, 특별한 사정이 없는 한 다시 들여다보는 예는 거의 없다. 순전히 구술로 진행된 증거조사 내용 등 법정에서 직접 보고 듣고 느낀 바에 따라 판단 내용을 간단히 메모하는 정도로 선고시의 설명과 고지 내용을 정리한 다음 법정으로 들어간다. 전부 또는 일부 무죄의 경우에는 그 이유를, 유죄 특히 그 중에서도 중형을 선고하는 경우에는 양형이유를 되도록 자세히 설명하도록 유념한다. 배심원들이 하루 종일의 고생과 고심 끝에 내린 자신들의 판단 결과가 판결에 어떻게 반영되었으며 어떤 평가를 받았는지 크게 궁금해 하고 있으므로, 이때 시간이 늦었음을 이유로 간단히 고지해버리고 말면 자신들의 의견을 소홀하게 취급한다고 실망할 수도 있으므로 이 점에 유의한다. 판결문의 작성 없이 자세한 이유의 고지가 가능한가? 서면을 읽고 이해한 다음 이를 깊이 생각하면서 차근차근 문서로 작성하는 방식의 업무수행에 길이 든 법관으로서는 일견 즉석에서의 구두에 의한 판결선고가 쉬운 일이 아닐 것으로 생각할 수 있으나, 쟁점이 분명하고, 증거조사 내용이 뚜렷하다면, 쌍방의 주장을 항목별로 나누어 30분 이상 그 판단 이유를 조

목조목 고지하는 것도 그다지 큰 어려움이 없는 것으로 드러났다. 수사기관의 조서에 의존했던 종전 재판방식의 허실을 몸으로 깨닫는 순간이었다. 이것은 구술로 잘 정돈된 변론에 의하여 형성된 실체에 대한 인상이 그만큼 강력한 것이고, 해당 부분의 선명한 이미지가 살아있는 상태에서의 결론 고지는 설득력이 있기 때문에 가능한 것이리라고 본다. 선고 이후 5일 이내에 제출하여야 하는 판결문을 작성함에 있어서도 공소장만 곁에 두고 다른 아무 자료를 들여다보지 않고도 20장이 넘는 분량의 서면을 채움에 그다지 힘이 든다는 것을 못 느꼈다. 당일 공판정에서 살아 움직이는 언어로 요동친 모든 증거조사 내용이 뇌리에 선명하게 각인되어 있었기 때문이다.

19. 그렇다. 태초에 언어가 있었다. 그 언어가 원래 가지고 있는 구두(口頭)의 성격, 그 살아있는 음성, 사람의 입에서 나와 듣는 귀와 믿는 마음을 통해서 남자의 여자의 삶 속으로 들어간 그 말을 염두에 두는 것이 중요하다. 기록된 언어는 그것대로 중요하지만 음성과는 상당한 간극이 있다. 그저 서면(書面)에 기록된 말을 바라보고 연구하는 것이 아니라, 그 살아있는 음성을 듣고 거기에 집중하기 위하여는 의지적인 노력이 반드시 필요하다. 언어는 신이 우리 인간에게 부여한 자기표현의 일차적 수단이다. 말을 통해서 우리는 상대방에게 자신을 드러낸다(Eugene H. Peterson, “Tell It Slant”, 2008. Wm. B. Eerdmans Publishing Co.). 구두변론을 통해서 우리는 사안의 실체에 좀 더 가까이 다가갈 수 있다.

1년간의 회고 – 유익하고 뜻깊은 실험이었다

20. 부산지방법원에서는 2008년 한 해 총 32건의 신청이 있었다. 이는 전국 법원 신청건수 223건의 14.35%에 달하는 신청이다. 이유는 정확히 알 수 없다. 그중 배제결정 18건, 철회, 5건, 참여재판 시행 9건이었다. 배제결정을 할 수밖에 없었던 사건은 사안이 경미하거나(강노미수와 가벼운 상해, 강간미수와 경미한 상해가 결합된 범죄 등) 자백하는 사건이 주종이었고, 1건의 강도살인 사건은 공판준비기일에 18명의 증인이 신청됨으로써 3일 이상의 공판이 소요되고 법정 사정이 여의치 아니한 이유를 들어 그 사건을 배제한 바 있다. 참여재판에 가장 적합하고 마땅히 그래야만 할 사건이었으나 여건 불비로 통상재판으로 돌린 것이 못내 아쉽다. 일단 신청이 있은 사건은 즉시 전관(前官)변호사 등 경력이 많은 변호사 2인을 국선 변호인으로 선정함과 동시에 공판준비기일을 열어 사정을 설명함으로써 최선의 조력을 받는다는 심리적 안정을 취하도록 함으로써 신청 철회를 줄였다. 2006년과 2007년의 2회에 걸친 모의재판에 있어서 배심원후보자의 출석률은 10% 정도였으나 과태료 부과의 경고문이 부가된 소환장이 송달된 본 재판에서는 당초 20%에서 점차 상승하여 최종적으로는 35%를 넘었다. 취소통지를 한 후보자를 제외한 실질출석률은 65%에 달하여 이제 상당한 정도로 배심원의 권한과 의무에 관한 인식이 널리 확산된 것으로 여겨진다.

21. 그간 당원이 시행한 참여재판 중 공소사실을 전부 또는 일

부 부인하여 유무죄 판단이 쟁점이 되었던 사건이 7건이고, 순수한 양형심리만으로 진행된 사건이 2건(4회, 8회)이었다. 재판결과, 전부 무죄가 1건(5회), 일부 무죄가 3건(1회, 6회, 9회), 나머지 5건이 유죄로 평결 되어 같은 취지의 판결이 선고되었다. 양형심리가 주가 된 사건에서는 징역 17년 내지 20년의 중형이 선고되었다. 국선 변호인이 참여한 사건이 6건, 사선 변호인이 참여한 사건이 3건이었으며, 그 중 2건은 법률구조공단 소속 공익법무관 3인이 관여한 사건(7회, 9회)이었다. 1건은 순수한 사선변호인 2인(4회)이었다. 국선변호인은 재판부가 특별히 관내 변호사회에 요청하여 선별한 전관 및 경력 변호사로 구성한 변호인단이 참여한 사건이 2건(3회, 5회)이었고, 나머지 4건은 국선전담변호인 및 재판부에 지정된 국선변호인 각 2인이 참여하였다. 특이점은 법조 경력 9년 및 20년의 변호사 2인이 국선변호인으로 참여하여 3개항의 공소사실 전부에 대한 무죄평결을 얻고 같은 취지로 판결을 선고한 사례(5회)가 있다. 당원이 시행한 9건의 참여재판 사건 중 1건이 항소포기 등으로 확정(7회)된 바 있고, 나머지 8건은 항소하였다.

22. 우선 턱없이 시간이 부족했음을 말하고 싶다. 증인이 4, 5명인 경우뿐만 아니라 1, 2명에 불과한 경우도 여전히 저녁 7시에 이르러 절차가 종결되었다. 검찰과 변호인들이 쟁점 중심의 간결명료한 변론에 익숙지 아니하고, 때로는 배심원들의 평의시간이 2시간을 넘는 사례도 있었다. 늦게로는 저녁 10시가 가까워서야 판결 선고까지의 모든 절차가 끝나기도 하였다. 이 때문에 공판에 참

여한 배심원들의 가장 큰 불만이 장시간의 재판이었다. 절차 진행 중 1시간-1시간 30분 만에 휴식시간을 넣었지만, 최종 종료시간의 지체는 해결하여야 할 문제로 대두되었다.

23. 평의와 양형토론 과정에서 확인한 배심원들의 사안에 대한 이해와 표현 수준은 기대 이상이었으며, 대체로 자신들의 의견개진에 거침이 없었다. 사안에 따라서는 관여한 재판부 소속 법관들을 놀라게 하였다. 장시간의 직무수행을 내심 불만스러워하면서도 모든 배심원들이 당일의 체험을 대단히 보람 있어 했고, 가족들이 여럿 나와 재판에 참여한 가족 중 1인의 임무가 끝날 때까지 방청석에서 전 과정을 지켜보며, 이후 결론을 두고 토론을 하는 광경도 목격하였다. 그들은 특히 자신들과는 달리 일상적으로 그같은 재판업무에 종사하여야 하는 법관들의 직무부담에 크게 놀라워했다.

》》 참여재판에 대한 국내외 관심의 정도와 재판관여자

24. 기간 중 대구 TBC 방송이 참여재판의 주요 장면을 촬영하여 유레카 프로그램으로 제작하여 15분 간 방영한 바 있고, KBS 부산방송이 재판 과정 일부와 결과를 취재 방영하였다(제3회). 일본 후쿠오카 변호사회 소속 변호사 30명이 재판과정을 참관한 바 있으며(제3회), 일본국 교토 소재의 한 영자신문사 기자가 재판의 전 과정을 방청하면서 취재한 바도 있다(제9회). 부산지방법원과 업무협약을 맺은 바 있는 동아대학교 등의 법대생과 교수 등이 재판을 수회 참관하였다.

25. 당원의 2개 재판부 소속 법관과 법원 직원, 수사검사와 공판담당검사의 공동관여, 사선 및 국선으로 다수의 변호인들이 참여한 9회의 참여재판을 통하여 개정된 형사소송법에 의한 공판중심주의의 취지가 완벽하게 구현되는 이상적인 공판 모델의 성공적인 실험을 거쳤다. 그간 공판의 전 과정에 참여한 100여명의 배심원들로부터 사실인정과 양형에 관한 국민의 판단능력과 의견은 물론 그들의 법감정을 체험하였고, 그들로 하여금 사법절차에 관한 이해와 협력을 제고하는 계기가 되었다. 죄명으로는 강도살인, 살인 및 살인미수, 강도상해, 강도강간, 강간상해 등 주요사건을 당해 사건에 적합한 형태의 재판 진행과 변론을 모색하는 기회를 가졌고, 결과 또한 사안에 따라 유죄와 전부 무죄 및 일부 무죄 등으로 대체로 합리적인 결론에 도달할 수 있었다. 사실판단과 양형에 있어서, 국민들의 의견은 언론보도나 주변에서 접하는 우려스러운 불신과 일반화의 경향과는 달리 대단히 신중하고 세심하였으며, 오랜 재판경험을 가진 법원과의 판단과 크게 차이가 있는 것이 아니었음을 확인하였다.

》》 시정이나 보완을 요하는 사항 및 향후의 전망

26. 배심원후보자의 소환에 소요되는 기간과 그들에 대한 기초자료조사, 질문서의 발송과 도착 후의 소환 취소 결정 및 재판부의 공판준비기일 시행과 형사과의 재판 준비 등 모든 사정을 종합하면, 1개 재판부당 월 1회 정도(연간 10건 내외)의 참여재판 시행이 적정한 것으로 판단된다. 그러자면 무엇보다도 대상 사건의 신청

건수가 안정적으로 유지되어야 하고, 일단 신청이 된 사건은 특별한 사정이 없는 한 피고인의 의사를 존중하여 되도록 배제결정이나 신청의 철회 없이 참여재판을 시행토록 한다. 배심원후보자의 소환 등 준비에 소요되는 기간을 감안하면 공판준비기일이 종료된 후 빠르면 3주, 늦어도 4주 이내에 공판기일이 지정되는 것이 좋으리라고 본다. 배심원후보자의 소환인원은 배심원과 예비배심원 12명을 선정한다고 할 때, 그 2.5 배 내지 3배수의 인원을 소환하는 것이 적정하고, 현재의 출석율이 유지된다면, 80명 내지 100명 정도의 소환으로도 필요한 인원은 확보할 수 있을 것으로 예상된다.

27. 참여재판의 신청이 공소장 부본 송달 후 전적으로 피고인과 변호인의 의사에 따르는 것이므로, 변호인 접견실에 국민참여재판 안내문을 비치하여 영장심문을 받는 피의자가 사전에 그 내용을 인지하도록 하고, 공소장 부본의 송달과 동시에 국선변호인을 선정하는 한편, 국선변호인이 조속히 피고인을 접견하되 필요한 경우 담당 재판부가 공소장의 내용을 확인하여 적정 사건으로 판단되면 국선변호인을 통하여 참여재판을 권유하는 것도 하나의 방안이다. 참여재판 진행에 국선 또는 사선 변호인으로 참여한 바 있는 변호사들을 중심으로 경험(참여재판의 준비과정과 변론방법 등)과 결과(사실판단이나 양형에 참여재판이 결코 피고인에게 불리하지 아니 하다)를 동료 변호사들에게 널리 전달하게 하거나, 법원과 변호사회간 업무협의를 통하여 참여재판에 대한 부정적인 인식을 바꾸

게 할 필요가 있을 것이다.

28. 1건 2인의 피고인 중 1인만이 참여재판을 원할 경우, 이를 이유로 배제결정을 할 것이 아니라 즉시 공판준비기일이나 의사확인을 위한 심문기일을 열어 나머지 1인으로 하여금 참여재판의 신청을 하게 하는 것이 바람직하다. 신청이 있는 경우, 금방 공판준비기일에 회부하되 사선변호인의 선임이 없으면 형사변론에 경험이 많은 유능한 변호인 2인을 재판부가 선임하여 피고인으로 하여금 자신이 절차적으로 최선의 조력을 받는다는 심리적 안정감을 부여함으로써 재판의 결과에 대한 불안감에 신청을 철회하는 일이 없도록 할 필요가 있다.

29. 사실을 부인하는 살인강도 사건으로 참여재판이 신청된 사건이 있었다. 그러나 준비기일에서 증거신청을 받아본 결과 증인이 18인 등으로 그 수가 너무 많고 연일개정의 법정이 확보되지 아니하여 부득이 배제결정을 할 수 밖에 없었다. 이 경우에도, 2 - 3일 연속 진행의 참여재판을 계획하여 배심원 후보자 소환 시에 그 점을 미리 고지하고, 선정기일에 연일 출석이 어려운 사람을 골라내는 한편, 참여재판 한 달 이전에 각 재판부와 협의하여 법정을 확보하고, 당일 재판을 각 오후 5시 정도에 종료하는 것 등으로 적정한 시간계획을 수립하여 시행한다면, 크게 무리없이 시행이 가능하였으리라고 본다. 형사재판에는 재판부 소속 법관 뿐 아니라 검사와 피고인 및 변호인, 참여관, 실무관, 속기사, 법정경위 등

법원 직원, 법무부 소속 구치소 직원, 배심원 등 수많은 사람이 참여하게 된다. 이들이 모두 정상적인 일과를 영위할 수 있도록 시간적으로 충분한 배려를 하여야 한다(캘리포니아주의 판사를 지낸 Francis McCarty의 다음 말이 생각난다; Let others keep a normal, decent schedule.). 현재, 재판시간이 너무 길고, 끝나는 시간이 너무 늦다는 지적을 고려하여 향후, 2일 이상의 재판을 예상하고 준비를 하여야 할 것이다. 같은 시기에 참여재판신청이 있고, 각 사건이 모두 참여재판을 요한다고 판단되는 경우에도, 동시에 두 사건을 재판할 수 없는 관계상, 곧바로 절차 준비에 들어간 사건 외 다른 사건은 최소한 3주 이상을 대기하여야 한다는 문제가 발생할 수 있다. 이 경우에는 제2의 재판부에 배당을 다시 하여 그 사건을 처리하게 한다면, 제 1 사건의 1~2 주 후에 참여재판을 시행할 수 있을 것이다.

30. 참여재판 시행의 원년이 마감된 후 각급 법원의 시행결과를 분석, 종합하여 이를 홍보함으로써 재판에 임하는 피고인들이 참여재판이 통상재판에 비하여 자신에게 불리하리라는 막연한 불안감을 해소하는 계기가 될 수 있을 것이다(재판에 참여한 변호인들의 의견을 종합하면, 그간 시행된 9건의 참여재판에 있어서 사실판단이나 양형 모두 피고인에게 상대적으로 불리한 경우는 단 1건도 없었다고 한다. 배심원들은 유죄 인정에 재판부보다 더욱 엄격한 증거를 요구하고, 양형토론에 나타난 배심원들의 의견은 중형에 대단히 신중했다는 것이 대체적인 중론이다). 사실을 부인하는 중한 사건의 참여재판이 이상

적이나, 살인강도 등의 중형의 선고가 예상되는 사건은 사안에 따라서는 양형심리 그 자체만으로도 의미가 있으므로, 자백하는 사건이라는 이유만으로 배제결정을 할 것은 아니라고 판단된다.

31. 입법론으로는, 국민참여재판의 신청방식을 미국과 같이, 배심재판을 원칙으로 하고 피고인이 배심재판을 포기하거나 희망하지 않는 경우 일반재판으로 진행하는 방법(이른바 opt-out 방식)으로 변경하여, 대상사건은 원칙적으로 국민참여재판으로 진행하되, 피고인이 원하지 않고 법원이 동의하면, 통상 재판으로 진행하는 방식의 법률개정 의견이 있다. 그러나 이렇게 되면 너무 많은 수의 사건을 국민참여재판으로 진행하여야 하는 문제가 발생할 수 있다. 따라서 절충안으로, 예컨대, 법정형이 사형 또는 무기형만으로 규정된 살인강도 등의 사건 등 형사법률에 가장 중한 형으로 규정된 몇 개의 사건을 골라 opt-out 방식의 신청으로 바꾸어 시행하는 것은 가능하리라고 본다. 국민이 참여하는 재판을 시행하면서도, 정작, 중형이 선고되는 사건의 사실판단이나 형의 양정을, 피고인의 신청이 없었다는 이유만으로 배심원의 관여를 인정하지 않는다는 것은 관련 법률의 제정 취지에 맞지 않는 것으로 여겨진다.

32. 헌법학자 앨버트 다이시(Albert Venn Dicey)는, "법이 지배한다는 것은 국민의 건전한 상식이 그 사회의 보편적인 법의식으로 자리 잡고 있음을 의미하는 것"이라고 말하였다. 전 국민의 관심 하에 '절반의 기대와 절반의 우려'라는 적지 않은 부담을 안고

시작한 이 제도는 원년의 시행경험에 비추어, 그 성공에 대한 기대는 커지고 우려는 상당부분 감소하였다고 단언할 수 있다. 우리나라 보통사람들의 법의식이 건전한 상식에 바탕을 둔 상태에서 상당한 정도로 균형을 유지하고 있음을 보았기 때문이다. 적정 사건을 안정적으로 확보하고, 공판 과정에서 재판부와 검찰 및 변호인들이 배심원들에게 사건에 관한 정확하고 구체적인 정보와 법리를 이해하기 쉽게 생생하게 잘 전달한다면, 새로운 운영방식으로 시도되는 이 제도는 반드시 성공적으로 정착될 것이다. 작가 스티븐 킹(Stephen King)은 말한다. "모든 위대한 업적은 불만족에서 출발했다. 위대한 문명을 만드는 촉매제는 더 잘하고 싶은, 더 깊게 탐구하고 싶은 인간의 욕망이다(All great achievement arose from dissatisfaction. It is the desire to do better, to dig deeper, that propels civilization to greatness.)." 우리는 더 잘하고 싶다. 또 마땅히 그래야만 한다. 개선과 발전의 의지와 욕망이 우리를 밀고 있으므로 이 제도는 시행을 거듭함으로써 더욱 안정적이고 만족스러운 모습으로 그 틀을 갖추어 갈 것이다.

››› 변론에 참여한 변호인들의 소감

33. 구두 또는 서면으로 확인한 변호인들의 대체적인 소견은 한결같이 대단히 보람스러웠으며, 이후의 민형사사건의 구술변론에 자신감을 갖게 되었다는 것이다. 좀 더 좋은 변론을 할 수 있었는데, 준비가 부실하여 변론내용이 내심 불만스러웠으나 그럼에도 배심원들의 평결은 크게 실망스러운 것이 아니어서 우리 국민들의

사실판단 능력과 양형의견에 경의를 표한다는 견해를 제시하였다. 한 변호인은 ① 국민참여재판 선택권 행사기간이 너무 짧다. 이를 국선변호인 선정통지 후 7일 이내로 개정할 필요가 있고, 참여재판 진행여부를 결정하기 위한 필요성을 소명할 경우 검찰에서는 소송기록을 신속하게 열람 · 등사할 수 있게 하는 등의 지원이 요망된다. ② 배심원 참여율이 저조하고, 배심원들이 국민의 대표성을 지녔는지에 대한 문제가 있다. ③ 유무죄 판결 절차 와 양형판단 절차를 구분할 필요가 있다. ④ 국민참여재판으로 진행하는 것이 결코 불리하지 않다는 인식의 확산과 제도적 장치 마련이 필요하다는 등의 의견을 제시하였다.

34. 또 한 변호인은 ① 배심원들의 전혀 편견 없는 평결 결과에 놀라웠고, 대단히 고무적이었다. ② 국선변호인으로 선정된 공동변호인의 역할 분담이 적절치 못하여 진행이 순조롭지 못하였다. ③ 성별, 연령, 직업 등이 고루 안배되어 편견 없는 공정한 배심원단 구성이 중요함을 절실히 느꼈다. ④ 필요한 경우 참여재판에서도 현장검증 등 법정 밖에서의 증거조사도 시행할 수 있었으면 한다. ⑤ 검찰의 주장에 충분한 반박을 못하여 내심 불안하였으나 직업 법관의 적절한 개입과 배심원단의 열정적이고 사심없는 판단으로 원하는 결론을 얻어 공판중심주의에 입각한 구술변론의 덕을 톡톡히 본 느낌이었다고 하였다.

35. 다른 변호인은 ① 국선변호인의 보수를 현실화하는 것도

한 방안이지만(당원은 이미 100만원 내외의 보수를 지급한 바 있다), 그보다는 변호인이 흥미와 열정을 가질 수 있는 사건을 골라 맡기는 것이 바람직하다. ② 공판준비기일의 지정이 너무 빠르다. 필요한 경우 준비기일의 속행을 요한다. ③ 참여재판에 관여하는 변호인은 반드시 2인 이상이어야 한다 ④ 배심원을 상대로 한 변론에 시각자료의 활용이 노움된다. ⑤ 변호인의 주장이 마치 백지에 물감이 배어들어가는 듯한 느낌을 받았을 때는 무상의 기쁨과 자부심을 느꼈다는 등의 소견을 제시하기도 하였다.

36. 국선변호인으로 참여한 한 공익법무관은 ① 참여재판 준비가 무척 부담스러웠다. 강간상해의 점에 대한 조회건수가 많아 늦은 회신에 당황스러웠다. 질문서 없이 당일에 추가되는 배심원후보자의 수를 줄이는 것이 필요하다. 변호인으로서는 선정을 위한 질문준비에 많은 시간을 요한다. ② 배심원들을 효과적으로 설득하는 구술변론의 즉시성과 순발력이 필요함을 깨달았다. ③ 배심원들의 사실인정과 양형의견이 기속력이 없음에도 이를 존중하는 재판부의 태도는 바람직하다고 여겼다는 등의 소감을 피력하였다. 국민참여재판의 변론에 관여한 바 있는 변호인들이 향후 이상과 같은 견해의 바탕이 되는 지식과 경험을 각 동료 변호사나 소속 공단의 법무관 등과 공유하거나 이를 홍보함으로써 이 제도에 더 많이 참여할 것을 권면하는 한편, 이로써 관련 법률이 지향하는 국민참여재판에 대한 이해와 발전을 적극적으로 돕는 주역이 될 수 있으리라고 믿는다.

국민참여재판을 어떻게 진행할 것인가

– 법원행정처 주관 전국 참여재판장 간담회(2009. 2. 27.)

〉〉〉 참여재판의 운용을 위한 기초자료

1. 국민참여재판의 모델은 구미각국 특히, 미국의 배심재판이다. 연혁과 운용방법, 문제점 등에 관하여 잘 정리된 자료를 우선 일독할 필요가 있다. 김상준 사법정책실장의 저서인 “미국배심재판제도의 연구”와 역서인 “세계의 배심제도”가 있다. 그리고 2007년 가을, 일부 법관들의 출장결과를 정리한 미국 샌프란시스코 법원과 뉴욕 주 법원의 배심재판 참관기가 있다. 그밖에 배심원으로 참여한 바 있는 미국의 한 지식인이 그 경험을 책으로 쓴 것이 있다(미국 프린스턴 대학교의 역사학 교수인 D. Graham Burnett의 “A Trial By Jury”). 외국의 경우이긴 하지만, 법원이 직접 관여할 수 없는 평결과정에 나타난 배심원들의 의견대립과 조정과정을 흥미롭게 읽을 수 있을 것이다. 이 책은 미국 뉴욕 주 법원의 판사인 대니얼 경배 전 판사가 자신의 책상위에 비치하고 있는 것으로 우리나라에서도 세월이 지나면 이런 책이 출간되리라고 본다. 국민참여재판 운용을 위한 모든 자료는 사법정책실에서 관련 법률의 해설서는 물론, 각급 법원의 재판진행 내용을 백서 형식으로 보고받

아 이를 검토한 다음, 필요한 착안점을 거의 완벽하게 추출하여 여러 가지 매뉴얼과 보조자료로 제공하였다. 이 자료를 숙독하여 그대로만 운용한다면 원만하고 성공적인 진행을 할 수 있으리라고 장담한다.

2. 그간 현장에서 참여재판을 직접 지휘한 재판장들이 작성한 보고서 형식의 자료들이 다수 발표된 바 있다. 울산지법의 곽병훈 부장판사, 수원지법의 최재혁 부장판사, 인천지법의 장상균 부장판사 등의 논문이 있는데 찾아서 일독할 필요가 있으리라고 본다. 참여재판 진행 중에 실제로 발생한 여러 가지 문제점 들을 지적하고 이의 시정방안까지 제시하고 있어 향후의 운영에 도움이 될 것이다. 그밖에 사법참여연구회에서 주최한 간담회와 토론회의 자료, 형사정책연구원에서 제공한 논문과 자료, 민간단체에서 작성한 참여재판 방청기 등 많은 참고자료가 있다.

3. 여기서 앞으로 제시할 의견은 대체로 거시적인 관점에서 개인 경험을 정리한 것에 불과하다. 한계가 있을 수밖에 없고, 또 그 생각이 반드시 옳다고 주장하는 것은 아니다. 다만, 이와 같은 1인의 경험과 생각이 앞으로 더 좋은 운용방안을 마련하는데 작은 보탬이 되기를 기대할 뿐이다.

››› 국민참여재판의 시대적 소명과 특징

4. 먼저 이 시대에 국민참여재판이 우리에게 어떤 의미가 있는

지를 생각해 볼 필요가 있다. 우리 사회에 만연한 사법에 대한 불신이, 그 대응책으로서의 사법참여에 대한 국민의 열망과 결합하여 우리에게는 전혀 낯선 제도인 변형된 배심재판제도가 일부 형사재판에 도입되기에 이르렀다. 여기서 두 가지 질문이 제기된다. ① 이 새로운 방식의 재판제도가 문제가 된 사법 불신 해소의 대안이 될 수 있느냐 하는 것이 그 하나이다. ② 국민의 사법참여가 당초 입법자가 의도한 대로 만족스럽게 작동할 것이냐 하는 것이 그 하나이다. 전자의 질문과 관련하여, 우리는 사법을 통한 진실발견의 메카니즘을 속속들이 보여주어야 한다. 사실인정과 법률적용 과정이 헌법과 법률의 큰 테두리 내에서 합리적으로 운용되고 있음을 참여자들에게 남김없이 보여주어야 한다. 신뢰확보의 좋은 기회이다. 후자의 질문과 관련하여, 5년간 한시적 실험 운용을 통하여 배심원들의 권고의견 제시가 과연 어떤 수준에 있는지를 정밀하게 검증하여야 한다. 이 두 가지 책무가 전국의 국민참여재판 재판장에게 부여된 주된 임무이다.

5. 국민참여재판은 절차적으로는 ① 구술변론주의, ② 공판중심주의, ③ 계속심리주의가 결합된 재판이다. 사실에 대한 주장과 증거조사가 법정에서 집중적으로 완벽한 구술로 진행되어야 하고, 결론 또한 한 건의 계속심리로 최단 시간 내에 마무리되어야 한다. 이 재판은 결국 구술에 의한 법정 중심의 신속한 재판을 지향한다는 점에서 우리 사법부가 목표로 하는 이상적인 재판 모델에 해당한다. 따라서 실험적으로 운용되는 이 재판의 성공과 그 운영과정

에서 얻은 경험과 지식은 다른 민, 형사 재판에 원용될 수 있으리라고 본다. 이 점 또한 우리 사법부가 이 재판에 깊은 관심을 기울이는 이유이다.

››› 참여재판장의 역할과 기본적 점검사항

6. 구술변론의 성공적인 수행을 위하여는 재판장의 탁월한 진행능력이 요청된다. 국민참여재판이 진행되는 형사법정은 중한 결과가 야기된 대단히 심각한 내용의 드라마가 전개되는 무대라고 보면 된다. 재판장은 무대 중앙에 버티고 앉은 예술감독이다. 극의 성패를 배후에서 지휘하는 것이 아니라 무대 전면에서 통제하기 때문에(마치 멜깁슨이 감독 겸 주연배우로 출연하는 영화에서처럼) 그의 일거수일투족이 그대로 관객들에게 노출될 수밖에 없다. 재판장으로서는 법정의 완전장악이 제1의 과제이다.

7. 재판장은 공판에 임하기 전, 준비기일 등을 통하여 효율적인 구술변론방식에 관한 논의를 하여야 한다. 국선변호인의 경우는 재판부가 통상 재판에서의 변론능력을 고려하여 지정토록 한다. 경우에 따라서는 변호사회에 요청하여 유능하고 관심 있는 경력 변호사들을 추천토록 하여 그들을 동원하기도 한다. 지정된 변호인에 대하여는 배심원들의 수준에 맞는 변론을 주문하면서, 내러티브(narrative) 기술 개발을 위한 노력을 권면한다. 과도한 영상자료나, 실물화상기 사용이 효율적이지 못할 때는 오히려 역효과가 발생한다는 사실을 주지시킨다. 설득의 승부는 순전히 구술에

의한 변론에 있음을 강조한다. 최근, 미 경제주간지 비즈니스위크는 연설솜씨에 있어서 스티브 잡스에게 항상 밀리던 빌 게이츠가 마침내 상대를 따라잡았다면서 그의 연설비법 6개 항목을 소개하였다. 그 중 4개는 다음과 같다. ① 어젠다(agenda, 재판의 경우로 말하면 쟁점이 될 것이다)는 말로 설명하라. ② 파워포인트는 단순화하여 시각에 호소하게 하라. ③ 청중을 놀라게 하라. ④ 통계수치는 문맥 속에 녹여 넣어라. 등이 그것이다. 말하자면 복잡한 영상자료를 동원하여 청중을 혼란시킬 것이 아니라 핵심 논점을 말로써 간결명료하게 인상적으로 듣는 사람의 뇌리에 심어줄 필요가 있다는 것이다. 참고할 필요가 있는 지적이다.

››› 편안한 법정 분위기 조성과 충분한 정보제공

8. 법정 분위기가 너무 경직되지 않도록 함으로써, 말하는 사람과, 듣는 사람 모두 편안하게 자신의 역량을 최대한으로 발휘할 수 있도록 배려한다. 법정에 있는 모든 사람, 배심원, 방청객은 물론, 증인으로 출석한 피해자와 피고인 또한 자신들이 이 재판과정에서 존중받고 있으며, 하고 싶은 말을 최대한으로 자유로이 진술할 수 있다는 안도감을 갖도록 조처하여야 한다.

9. 배심원들에게 정확하고 충분한 정보를 제공하여야 한다. 알고 있으리라고 추측하고 생략하면 안 되는 경우가 있을 수 있다. 예를 들면, 보통사람들은 절도 이후의 체포면탈을 위한 폭행이 강도상해가 된다는 점을 이해하지 못한다. 이 점의 고지와 설명에 소

홀하면, 재판부의 심증과 배심원의 평결이 다를 수 있다. 특히 우리 사회에서 자주 문제가 되는 "사실과 의견"의 혼동이 없도록 주의 깊은 안내가 있어야 한다. 구미각국에 비하여 우리 국민은 이의 구분에 관한 철저함이 미흡한 듯하다. 국민참여재판의 절차에 관여함으로써 이 점에 관한 훈련기회가 될 수 있으리라고 본다. 2009. 2. 9. 자 변협신문에 인하대 원혜욱 교수의 법률시평에 이런 내용이 있었다. 강도상해죄로 기소된 어느 국민참여재판에 학생들과 함께 참관한 바 있었는데, 새벽 2시에 자행된 범행의 현장이 녹화된 CCTV 필름이 증거로 제출되었다고 한다. 배심원들은 금품강취의 분명한 장면을 법정에 현출된 증거를 보고서도 9명 중 3명이 무죄의견을 제시하였다는 것이다. 이는 필시 일부 배심원들이 유무죄 판단과 양형을 구분하지 못한 것 같다고 판단하였다. 깊이 새겨야 할 말이라고 생각한다. 재판진행 중 불쌍하고 딱하다고 해서 무죄가 되는 것이 아니라는 분명한 언급이 필요하다고 본다.

››› 변론방식의 통제와 휴식시간의 설정

10. 공판기일이 지루하지 않고, 깔끔하게 쟁점에 집중하여 증거조사를 실시하고, 변론을 간명하게 진행하기 위하여는 공판준비기일에 3자가 철저한 점검과 협의를 거쳐야 한다. 불필요하고 지엽적인 것을 모두 걷어내고, 가지를 잘라냄으로써, 산만하고 방만한 변론이 되지 않도록 유념하면서, 각 절차상 시간제한을 설정하고, 검찰, 변호인은 사전의 리허설을 통하여 시간측정을 시도하여 가급적 지정된 시간을 준수하도록 노력한다. 특히 증거서류 설명

을 요령부득으로 하다보면, 핵심이 희석되거나, 중요 증거의 내용이 그렇지 못한 것과 뒤섞여 배심원들이 혼란을 겪을 수 있음을 알아야 한다.

11. 사람의 집중력은 여간 흥미 있는 스토리텔링이 아니고는 경험상 짧게로는 30분, 길어도 1시간 정도를 넘지 못한다. 중간 휴식이 반드시 필요하다. 휴식의 타이밍 설정 또한 대단히 중요하다. 중요 변론의 직전 또는 직후에 휴식을 취하는 것이 좋다. 배심원들이 강렬한 인상을 내부적으로 되새김할 시간적 여유를 준다는 의미이다. 중요한 단계마다 자신들 나름대로 생각과 의견을 정리하면서 사안의 전개과정을 청취하는 것이 유익할 것으로 보인다. 예를 들면, 핵심증인인 피해자의 증인신문 직후, 최종 변론 직전은 휴식시간을 두는 것이 좋다. 유능한 연사가 클라이맥스, 즉 결정적인 발언 직전에 잠시 숨을 고르는 것과 마찬가지이다. 휴식시간에 소음 발생을 막으려면, 백색소음으로 이를 차단하는 것도 한 방법이다. 그러나 선곡은 대단히 신중하여야 한다. 사건의 성격상 적당치 아니한 음악이 있을 수 있다. 선정절차 진행시 미국의 법정에서는 배심원들의 개인정보 보호를 위하여 배심원들의 퇴정이라는 번거로움을 피하여 소음을 발생시키기도 한다. 참여재판 법정에서도 이 경우에, 법대 앞에서 3자 협의를 할 때, 백색소음을 이용하면 무난할 것이다. 그러나 재판장이 하나하나 직접 선곡하여야 한다.

12. 검찰과 변호인의 변론 중 가장 공들여 준비하여야 할 부분

은 모두진술과 최종변론이다. 모두진술은 피차, 짧고 강력하게 주된 쟁점을 선명하게 부각시키도록 유도할 필요가 있다. 서두가 너무 장황해 지면 재판장이 이를 적절히 통제하여야 한다. 사전에 미리 주의를 주는 것이 좋다. 모두절차가 끝나는 순간, 재판장은 쟁점을 적절하게 요약하여 배심원들의 생각 속에 확고하게 자리 잡도록 해 주는 것이 바람직하다. 반면에 최종변론은 당일 재판의 정점이자 에센스에 해당한다고 해도 과언이 아니다. 사전에 쌍방의 쟁점과 입증내용은 물론 본인들이 직접 법정에서 변론을 진행한 관계로 사전 준비 없이 그냥 기억 속에서 필요한 변론내용이 술술 풀려나오리라고 생각하면 이는 중대한 착각이다. 대부분의 경우는 절대로 그렇게는 되지 않는다는 것을 여러 번 경험하였다. 쉽게 생각하고 준비 없이 임하는 경우는 탁월한 연설능력과 여간 출중한 연기력 없이는 그런 긴장된 순간을 성공적으로 건너가기 어렵고, 대개 우왕좌왕, 중언부언, 머뭇거리기 마련이다. 거기다가 배심원들은 그들의 사정을 정확하게 감지한다. 이는 곧 자신감의 결여와 억지 논리에 기인한 무리한 변론임을 배심원들에 의하여 간파 당하게 되고, 불가피하게 평결에 영향을 미치게 된다. 그러므로 재판장은 원활한 재판진행과 정당한 결과 획득을 위하여 변론에 참여하는 자들로 하여금 중요부분은 원고를 작성하게 하되, 원고를 보지 말고 배심원들을 바라보면서 변론하도록 권유하는 것이 좋다. 재판부 또한 사전에 진행과정에 대한 충실한 시나리오를 준비하되, 그때그때 현장 사정에 따라 내용을 수정, 가감하면서 탄력적으로 운용하도록 한다. 원고가 있는 것과 없는 것은 큰 차이가 있다.

원칙은 이렇다. 원고를 준비하되, 원고를 읽지는 말라.

››› 평결과 양형토론의 지휘

13. 재판장으로서는 변론이 종결된 후 배심원들의 평결을 기다리는 시간이 가장 힘들다. 당일, 진행으로 인한 긴장이 풀리면서, 특히 유무죄의 공방이 치열했을 경우에는 결과에 대한 궁금증 때문에 피로가 한꺼번에 몰려오는 시간이다. 재판부는 이미 합의를 마친 터라 평결이 늦어질수록 혹시라도 다른 결론이 나오는 것이 아닌가 하여 또다시 잔뜩 긴장하게 된다. 특히 염려되는 것은 재판부가 유죄의 심증을 가지고 있는데 무죄의 만장일치나 다수의견이 나올 경우이다. 그 원인은 재판관여자들의 부실한 정보제공일 수도 있고, 검찰과 변호인들의 변론방식이나 공방의 역학관계에서 어느 일방이 사안의 논리적 인과관계나 증거법칙을 넘어 과도하게 정서적으로 접근하였거나 사실과 의견의 혼재를 재판부가 명백하게 가려내는데 성공하지 못했음을 드러내는 것이어서 대단히 실망스럽고 우울할 수밖에 없다. 가장 바람직스럽지 못한 사태이다. 재판부로서는 하루 종일 최선을 다하고도 맥이 빠지는 순간에 직면하게 되는 것이다.

14. 재판부와 양형토론을 함에 있어서는 우선 법정형을 고지하고, 최저형과 최고형을 설명하여야 할 것이다. 이 때, 그 폭을 너무 넓게도 너무 좁게도 제시하면 아니 될 것이다. 경우에 따라서는 양형의 중요 선례를 예시할 필요도 있을 것이고, 최고형이 검사의 구

형량이 되기도 하고, 최저형을 작량감경과 법률상 감경까지 한 형으로 제시할 수도 있다. 그러나 되도록 배심원들이 자유롭게 자신들의 양형의견을 제시할 수 있도록 과도하게 토론을 주도하는 일이 없어야 한다. 때로는 재판부가 법정형 등을 전혀 말하지 않고, 소박하게 이 사건의 피고인에 대하여 어떤 형으루 다스리는 것이 적정한 지를 단도직입적으로 물어 볼 수도 있다. 법이 무르다는 세평으로 일반화된 국민들의 대체적인 양형의견을 들을 수 있는 좋은 기회이기 때문이다. 언론보도나 소문을 통하여 듣는 사건에 대한 반응과, 구체적 사건의 변론을 듣고 난 후의 사건에 대한 반응에 어떤 차이가 있는지를 비교할 수 있는 기회일 수 있다. 이와 같이 양형토론 방식을 다양화하여 종래 사법 불신의 근원이 어디에 있었는지를 탐색하여 보는 것도 흥미로운 과제가 될 것이다.

⟫ 배석판사들의 역할 분담

15. 배석판사들의 역할이 문제가 된다. 미국 뉴욕 주 판사인 대니얼 경배 전은 합의부가 참여재판을 진행함은 이해할 수 없고, 자원의 낭비라고 지적한 바 있다. 그러나 우리 법제상, 중요사건이 참여재판 대상으로 지정된 이상 합의부가 참여재판을 주재함은 피할 수 없다. 주심판사는 공판기일 전, 진행의 시나리오를 작성하면서, 당해 사건에 고유한 법리를 검토하고, 사건의 증거조사 방향을 예상하여 이에 대응한 준비를 하고, 증인 등의 당일 출석 가능성을 검찰에 협의하여 필요하면, 피해자에게 직접 전화하여 예컨대, 성범죄 피해자의 경우, 원하는 보호조치 등을 청취하는 등의 역할을

분담시킨다. 선정절차에서는 배심원들의 좌석표를 정리하고, 공판 진행시 피고인이나, 증인 등 관계자 등의 태도 등을 면밀하게 관찰하는 등의 역할을 수행하고, 수시로 변론의 중요 내용을 메모하여 결심 후 합의를 거쳐 판결을 선고할 때, 고지 내용의 중요부분을 사전에 정리해 두어야 한다. 기일이 종료된 후 관련 자료를 종합 정리하여 당해 참여재판에 대한 백서를 작성하여 행정처에 보고하거나 법원에 비치 · 보존하게 한다.

››› 재판의 타임스케줄 재조정

16. 재판의 1일 종료를 목표로 재판시작 시간을 09:30으로 하고, 오후 시작시간을 13:30으로 한 다음, 오전에 선정절차와 모두절차를 모두 마치고자하는 시간 계획은 너무 빠듯한 듯하다. 오전 시작 시간을 10:00로 하고, 오전에는 선정절차만을 진행하고, 오후 시작 시간을 14:00로 하되, 하절기에는 18:00에, 동절기에는 17:00에 판결 선고까지 모든 절차가 종료될 수 있도록 하는 것이 바람직하다. 그러자면 원칙적으로 최소한 2-3일 정도의 재판을 예상하여야 한다. 배심원 후보자 출석률이 40%에 달한 이상, 80명 소환으로 필요한 배심원의 3배수 확보는 가능하므로, 추가 소요 예산의 증액은 크게 문제되지 아니 한다. 2일 연속 개정이 가능한 법정을 확보하고, 배심원 후보자 소환시 선정절차 시행 전에 연일 계속 복무사실을 고지하는 한편, 선정절차에서는 연일 출석이 어려운 사람을 가려내는 정도로 현재의 운영방식을 바꿀 수 있다. (2009. 3. 3.)

제 2 부

판결 문장론

재판에 대한 표현방식의 전환과 모색

평화를 담는 아름다운 그릇, 판결

– 그 전언(傳言)의 원활한 소통을 위하여

››› 삶은 곧 이해와 표현이다

1. 인간은 세상을 이해하고 표현하면서 살아간다. 이 경우의 세상은 무엇을 말하는가? 사람과 사물이다. 인간의 삶은 이와 같이 사람과 사물에 대한 이해와 표현의 연쇄적인 고리로 이어진다. 기본적으로는 일대일의 관계에서 출발하지만 점차 다수간의 관계로 확산된다. 초등교육의 국어 과목을 읽기, 듣기, 쓰기, 말하기의 네 개 분과로 나누어 가르치는 현실은 바로 그러한 사정을 반영한 것이다. 읽기와 듣기는 이해의 관점으로, 쓰기와 말하기는 표현의 관점으로 다시 묶을 수 있다. 매체가 언어냐 문자냐에 따라서 듣기와 말하기는 전자를 수단으로, 읽기와 쓰기는 후자를 수단으로 한다. 사람들 사이의 의사소통은 이와 같이 말과 글을 이용한 이해와 표현으로 전개된다. 이는 곧 삶의 양면이기도 하다.

2. 법관의 직무는 사건을 이해하고 표현하는 것이다. 법정에서의 변론이나 기록검토가 이해과정에 해당하고, 판결작성과 선고가 표현과정에 해당한다. 그것을 문서에 기록한 것이 판결문이다. 당

사자들은 구두변론이나 서면제출을 통하여 법관을 이해시키려 하고 법관은 판결문을 통하여 당사자를 이해시키려 한다. 이해와 표현은 이렇게 서로 맞물려 있다. 이와 같이 사건에 대한 이해와 표현을 구성요소로 하는 재판은 인간의 삶이 세상에 대한 이해와 표현을 구성요소로 하는 것과 마찬가지로 서로간의 의사소통을 매개로 하여 구체적인 현안을 하나씩 해결해 나간다.

3. 재판은 추상적인 법규를 대전제로 하고 구체적인 사실을 소전제로 하여 법적 가치판단에 의한 삼단논법으로 결론에 도달하는 과정이다. 이론적으로는 그렇지만 현장에서는 증거에 의한 사실인정이 주로 문제되고 법령해석이 분쟁의 대상으로 되는 경우는 그다지 많지 않다. 어느 경우든 정확한 진실발견과 명석한 논증을 목표로 한다. 재판의 결과를 담은 판결문은 우선 그 자체로 자기완결성을 갖추어야 한다. 이것이 영구보존문서인 판결문이 구비하여야 할 최소한의 요구사항이다. 다음으로는 제출된 소송자료와 증거자료, 즉 주장과 입증에 비추어 적합성을 갖추어야 한다. 이것이 절차법적 완결성으로 이는 상급심의 요구사항이다. 마지막으로 과거의 역사적 사실에 비추어 적합성을 갖추어야 한다. 이것이 실체법적 완결성으로 이는 사실을 체험한 당사자의 요구사항이다. 그러나 이와 같이 완벽한 진실을 발견하여 철저한 정의를 실현하는 것은 재판의 영원한 이상이자 목표일뿐 그 요구사항이 언제나 충족되는 것은 아니다. 때로는 절차적 정의의 실현으로 만족할 수밖에 없는 경우도 없지 않다.

>>> **판결이 추구하는 정의와 진실, 그리고 평화**

4. 그러나 이 글이 논의의 대상으로 삼고자 하는 것은 판결문의 내용에 관한 것이 아니다. 그보다는 내용을 전하는 판결문의 문장과 어휘, 어법, 논증의 방식과 난이도 등 그 전언(傳言)의 구성문제, 즉 형식을 검토 대상으로 하였다. 판결문의 내용이 진실에 부합하여야 하고 결과적으로 당사자를 설득함에 있어 부족함이 없어야 한다는 것은 의문의 여지가 없다. 이를 목표로 한 사실인정이나 법리해석 등에 관하여는 평석이란 이름 등으로 전개되는 별도의 논의가 있다. 여기서는 그 점을 논외로 한다. 판결은 재판의 꽃이자 열매로서 절차적 정의와 실체적 진실을 담는다. 궁극적으로는 평화를 소담스럽게 담아내고자 하는 강렬한 열망을 가진 아름다운 그릇이다. 그러나 판결문에 실은 법관의 메시지가 의도대로 정확하게 당사자와 제3자에게 전달되느냐 하는 것은 별개의 문제이며, 그것이 여의치 못할 때 여러 가지 문제가 발생한다. 우리는 그 원인이 어디 있는지 찬찬히 살펴보고 이를 마땅히 해소하여야 한다. 그런 책무가 우리에게 있다. 의사소통이 원활하지 못하면 공연한 불만과 무익한 불복은 말할 것도 없고, 이로 인한 분쟁의 계속으로 사회비용이 증가하게 된다. 경우에 따라서는 사법부에 대한 불신으로 이어지기도 한다.

5. 판결문은 힘이 세다. 사람이 작성한 문서 중에서 국가의 강제력이 뒷받침하는 이만한 힘을 가진 그 어떤 문서가 또 있는가? 거기다가 대개의 문서가 1회용으로 그 기능과 사명을 다하지만,

판결문은 영구히 보존되면서, 이후에 발생한 관련 사건에, 이미 종결 처리된 과거 사실과 의견이 새삼스럽게 원용되기도 한다. 바로 그 때문에 판결문은 모름지기 자기완결성을 갖추어야 하지만, 이는 내용뿐만 아니라 그 작성방식으로도 그렇다. 판결문은 생성의 원인이 된 재판의 이해관계인은 말할 것도 없거니와 관심 있는 모든 국민들 또한 글로써 표현된 법원의 의사를 정확하게 이해하여야 한다. 힘을 가진 문서로서 그 내용의 전달은 당연한 전제이다. 이 점을 먼저 염두에 두어야 한다. 판결을 통하여 기대되는 소통이 원활하지 않거나 달리 이해되는 등으로 오해가 발생한다면 이는 대부분 그 작성방식의 미숙함이나 독자에 대한 배려가 부족한 탓이다.

››› 판결문이 어렵다

6. 판결문이 어렵다는 말은 어제 오늘의 이야기가 아니다. 많은 사람들로부터 그간 귀가 따갑도록 지속적으로 들어왔고, 국어학자들로부터는, 법관들은 제나라 글을 어법에 맞게 제대로 쓸 줄 모른다는 오명을 뒤집어쓰기도 하였다.[1] 글쓰기의 기본이 안 된 사람들이라는 원색적인 비난의 십자포화를 맞기도 하였다. 이후

---

1) 김광해, '법원판결의 문장', 새국어소식(1999. 12. 통권 17호, 국립국어원). "우리가 판결문을 제대로 이해하지 못했던 진정한 이유는 판결문의 문장들이 법리의 난해성 때문이 아니라 오히려 정상적인 한국어 문장, 간결하면서도 바른 한국어 문장이 아니기 때문이었다. 21세기에 이르러서도 여전히 이런 문장이 작성되고 있는 것은 결국 우리 법조계의 문장 생산 능력이 전근대적 수준에 머물고 있기 때문이다. 초보적인 국어작문능력의 미숙에 기인한, 이런 완성도가 미진한 글로 해서 어떤 독자라도 안개 낀 들판을 헤매는 경험을 해야 한다."

법원이나 법관들은 수차 산발적으로 판결 쉽게 쓰기와 판결 간이화 등을 논의하거나 연구논문을 발표하기도 하였다.[2] 그러나 정확하게 말하면 판결간이화는 논점을 우회하거나 피해가는 느낌이 있어 정면으로 문제를 바라보는 시각이 아니라는 생각을 지울 수 없다. 그리고 어휘를 쉬운 단어로 고쳐 쓰자는 일시적인 노력만으로 문제가 완전히 해결될 수 없다. 우리의 판결문이 오늘과 같은 이런 틀을 갖추게 된 원인과 과정의 검토는 물론 판결문의 구성에서부터 시작하여 논증방식과 어법에 맞는 문장 작성과 더불어 단락의 전개와 결론제시 방법의 전환 등 판결문 구성의 틀을 근본적으로 혁신하여야 할 필요가 있다.[3] 과감한 개혁이 요구되는 시점이다. 더 이상 미룰 수 없는 과제이기도 하다.

7. 판결문을 읽을 수 없다는 주장은 여러 분야에서 제기되었다. 우선 사건의 당사자들이 자신들에 대한 판결문을 이해할 수 없다는 불만이 가장 크다. 심지어는 어떤 사건의 경우, 법률전문가인 변호사들조차 판결 내용을 도무지 이해할 수가 없어 쌍방 대리인이 재판을 한 법관을 찾아가 간신히 그 뜻을 파악하였다는 말까지 있을 정도이다. 판결문이 표현매체로서의 기능을 제대로 하지 못하였다는 가장 단적인 예이다. 다음으로는 취재를 위하여 관심 있

---

2) 이회창 전 대법관, 조대현 헌법재판소 재판관, 김용호 전 서울고등법원 부장판사, 이원범 부장판사(재판연구관), 최진수 부장판사(서울중앙지법), 오경미 판사(사법연수원), 정재훈 판사(서울고등법원), 홍진호 판사(법원도서관), 송명호 판사(서울남부지법)등 법관들과 광주고등법원, 서울남부지방법원 등 법원의 진지한 노력이 있었다.

3) 일찍이 '새 법률문장 시대를 열자'라는 제목으로 판결문의 현상(現狀)을 진단하고 그 대책을 제시한 글이 있었다(문장연구가 장재성, 1992. 4. 23. 법률신문 2117호, 11면).

는 판결문을 찾아 읽는 법원 출입기자들의 생각이다. 이 때문에 잘못된 보도가 있게 되고, 더 딱한 것은 그 기자가 당사자로부터 정정보도와 손해배상청구를 당한 사례도 있었다고 한다. 판결문을 꼼꼼하게 읽지 아니하거나 법률지식의 부족이 그 주된 이유이겠지만, 관련 재판서의 기재 내용이 명료하지 못한 것도 그 한 원인이 되지 않았을까 하는 걱정이 든다. 이어 우리말과 글의 이해와 표현에 관한 연구를 주로 하는 국내 국어학 전공교수들이 하는 비판이다.[4] 이들은 법관들의 작문실력에 대한 심각한 우려를 표명하고 있다. 그밖에 이런 저런 경위로 특정 판결을 읽어 본 국민들로부터 인터넷 등의 블로그나 뉴스기사의 댓글에 올라오는 자조적이고 희화적인 비난들이 있다. 내부적으로도 반성적 고려에 기인한 다수의 단편적인 연구 자료가 법원 전산망(courtnet)에 게시되거나 법원 단위로 연구토론 모임이 열리기도 하였다.

››› 긴 문장, 어려운 말, 어색한 표현, 답답한 구성

8. 판결문이 어렵다는 주장을 들여다보면 다음과 같은 몇 가지의 세부적인 원인을 포함하고 있다. 첫째로는 문장이 너무 길다는 것이다. 둘째로는 어휘가 일상의 언어생활에서 전혀 사용하지 않는 너무 전문적이고 어려운 용어라는 것이다.[5] 셋째로는 문장 구

4) 김광해 교수(서울대 국어교육학), 조두상 교수(부산대 언어학), 홍사만 교수(경북대 국어국문학), 황정익 교수(탐라대 경찰행정학과), 김박 조교수(서울 디지털대학교). 그 밖에 이명숙 변호사, 박동섭 변호사, 고영신 변호사 등이 이 분야에 관심을 표명하였다.

5) 법원 또한 이러한 사실을 오래 전에 이미 인식하고 대책을 제시한 바 있다. 이에 관한 1991. 2. 7. 제정된 재판예규 316호 첫 번째 내용은 다음과 같다. "판결서는 당사자를 위한 것이기도 하므로 법률전문가가 아닌 당사자도 이해하기 쉽도록 판결서에는 되도록 쉬운 단어를 사용하고, 문장은 되도록 짧게 세분하여 간명하게 작성하도록 한다."

성의 기본이 되는 어법이 우리말의 것이 아니어서 그 느낌이 생소하고 부자연스럽다는 것이다. 넷째로는 단락구분이나 소제목 등 독자들을 위한 배려가 전혀 없이 거대한 문장의 덩어리가 몇 장씩이나 계속되어 도무지 읽을 엄두를 낼 수 없다는 것이다. 크게 나누면 위에서 열거한 네 가지가 우리나라 판결문의 가독성을 저해하는 불만과 비난 요인의 주된 것이다.[6)]

9. 대체적인 사정을 살펴보면 지금 우리가 쓰고 있는 각 심급의 판결문이 어렵다는 점을 우리 스스로도 부인할 수 없는 형편이다. 어쩌다가 이렇게 되었는가? 이에 대답하려면 통용되고 있는 현재의 판결작성방식이 어떤 경로를 거쳐 우리에게 이르렀는가를 더듬어 볼 필요가 있을 것이다.

10. 판결의 재판규범은 법령이다. 법령은 각개 조문의 규정 형식이 요건과 효과의 체계로 구성되어 있다. 법관은 재판을 통하여 요건 사실이 증거로 인정된다면 당해 법령에서 규정한 효과를 선언한다. 그러므로 재판에 사용되는 말과 글은 기본적으로 법령의 큰 틀을 벗어날 수 없는 것이며, 이 때 법령이 사용한 이른바 문어

6) 장재성 씨는 위 글에서 현대문장의 세 가지 방향으로, ① 쉽게, ② 짧게, ③ 보기 좋게를 제시한 다음, 구체적으로는 (표현 면에서) 쉬운 낱말과 구문, 主旨가 분명하고, 앞에 놓여 있으며(頭括式), 단락의 끊김이 분명하고, 그 이음새가 선명하며, 긴 수식어나 종속절이 없어야 한다. 나아가 (표기 면에서는) 구두점의 표기가 친절하고, 시각적으로 단락이 알맞게 설정되어야 하며, 문자 · 기호 · 그림 · 도표 등 변화와 다양성이 깃들여 있으며, 소제목으로 주제를 먼저 보이고, 번호를 달아 독자를 배려하여야 한다고 자세하게 설명하였다. 대단히 선구적이고 인상적인 제언이었다.

로서의 어휘가 언중(言衆)이 사용하는 구어와 별개의 것으로 전혀 낯선 것이라면 법령을 재판규범으로 삼아 작성한 판결문 역시 어려울 수밖에 없는 것은 당연한 이치이다. 난해한 법률문장을 언중의 편에 서서 이의 이해를 돕기 위하여 별도의 해석이나 설명을 보탤 수는 있을 것이지만 이 또한 한계가 있을 수밖에 없다. 따라서 우선 일차적으로는 법률문장이 지나치게 국민의 일상생활과 유리되어서는 아니 된다.

››› 왜 이렇게 되었는가

11. 광복이후 우리나라가 현행법 체계를 계수함에 있어서 서구의 법률을 직접 우리말로 번역하여 민법, 형법을 비롯한 우리나라의 중요한 법률로 차용한 것이 아니다. 일본이 명치유신 이후 서구의 근대법 체계를 일본어로 번역하여 자국의 법제도로 차용한 것을 우리가 재차 차용한 것이다. 당시 일본은 언어와 사회 및 문화적 환경이 다른 서구의 법률용어를 번역하였다. 동양고전 등 수많은 전거를 동원하여 이들을 빌려 쓰거나 새로이 말을 만듦에 있어 지도층 관료와 학자들의 권위주의가 작용하였으리라고 본다. 그들은 대부분의 용어를 한자로 적었으나 많은 단어가 훈독의 방식으로 처리하는 일본어의 고유어가 되었다. 그런데 우리는 그것을 음독하여 수용하게 되었다. 일제 강점기가 이어지면서 이와 같은 법체계의 이식은 비자발적으로 이루어졌고, 법령에 등장한 용어는 국민들의 언어생활에 전혀 동화되지 못하고 법전 속의 낯선 낱말로 존치되었다. 현재도 남아 있는 과다한 일본식 한자어의 사용과

일본어의 간섭 등이 그 흔적이다. 그 중에는 그와 같은 법률용어가 우리의 일상 속에 정착되어버린 경우도 있다.[7)]

12. 사정이 그렇다보니 우리나라 사법부 역사 초창기 선배 법관들은 이렇다 할 선례나 참고서가 없는 상태에서, 법령의 해석을 위해서는 주로 일본의 주석서와 판례를 참고할 수밖에 없었다. 그러한 자료에서 얻은 정보는 그대로 판결문에 반영되었으리라고 본다. 몇 페이지나 되는 줄글 형태의 긴 문장과 난해한 그 어휘하며 모든 것이 고스란히 사실은 일본의 것인데도 우리글의 옷을 입고 우리 그릇에 버젓이 담겨 있게 된 것이다. 그러나 위와 같은 척박한 여건에도 불구하고 우리의 선배들은 순차적으로, 판결문의 세로쓰기에서 가로쓰기로, 한자 혼용에서 한글 전용으로, 당사자의 주장과 증거의 열거를 과감하게 생략하고 판단만을 판결에 표시하거나, 증거의 표목의 기재를 아예 없애고, 일본식 용어를 배제하고 쉽게 써야 한다는 등의 권고를 하거나, 쟁점 중심으로 이유 설시를 하는 등으로 그간 다양하고 폭넓은 노력을 기울여 왔다. 앞서 본 바와 같은 태생적인 한계를 안고 시작한 우리나라 판결문 작성의 변천은 어떻게 보면 일본의 영향권을 벗어나려는 일종의 몸부림이었다고 하여도 과언이 아니다. 그러나 그동안의 계속된 노력에도

---

7) 가족, 지분, 신병(身柄), 인도, 입장, 단지(團地), 축제, 납득, 거래선, 세면, 옥외, 승합차, 수취인, 입구, 할증금, 담합, 입회(立會), 일응 등 이루 헤아릴 수 없는 많은 말들이 우리말이 아니라 일제 한자어로(비단 그것뿐이겠는가), 주로 그들이 우리나라를 강점한 시기를 거쳐 우리말에 깊이 침투하였다. 취입, 미소, 그녀, 애매하다 등 일상용어는 또 어떠한가? 이 대책 없는 쓰라린 역사의 유물이 너무나도 안타깝고 서글프다. 이오덕, 우리글 바로쓰기(현암사, 1989), 167-182면.

불구하고, 60년 가까이 민법 등 중요 법률에 사용된 어휘의 근본적인 개정이 없는 상태에서 판결문에 사용되는 어휘를 일상의 구어로 바꾸는 등의 획기적인 변모는 여전히 쉽지 않았던 것으로 보인다.

13. 거기다가 최근에 이르러 서양의 소설과 수필 및 인문, 사회과학 서적의 대량 번역 출간이 잇따르면서 우리말답지 않은 서구 언어의 표현방식이 언중에 광범위하게 유포되었다. 이 또한 당사자의 변론을 통하여 은연중에 판결에 반영되는 현상도 나타나게 되었다. 이상과 같은 복합적 요인으로 우리 판결문은 국민들이 일상적으로 사용하는 언어와는 사뭇 다른, 특이하고 난해한 어휘와 길고 답답한 문장으로 구성됨으로써 그간 관심 있는 사람들로부터 집중적인 비난의 대상이 되어왔다.

14. 어려운 한자어를 용어로 하여 띄어쓰기도 없이 끝없는 내리닫이로 이어지는 저 길고도 긴 줄글을 기본 틀로 하는 일본 법령, 대심원과 최고재판소 판결, 동경이나 오사카 등 중요 고등재판소의 판결, 그러한 작성방식의 우리나라에 대한 적용과정으로 선고되었던 일정시의 조선고등법원의 판결 등을 읽으면서 우리 판결문은 자연스럽게 그들과 동일한 형태를 취하게 되었다. 이후 수차에 걸친 판결작성 방식의 개혁으로 일본의 것과는 상당히 다른 모습으로 전환됨으로써 면모를 일신하는 쾌거를 이룩하긴 하였으나 아직도 옛날의 상흔과 잔재가 일소되었다고 보기에는 미흡하다고

할 수밖에 없다. 법원의 판결문과 검찰의 공소장과 함께 최근에는 헌법재판소의 결정문에 관하여도 많은 사람들이 입을 모아 문장이 이상하다고 이야기 하고 있다.[8)] 역사적으로 볼 때 헌법재판소는 이웃나라 일본과는 아무런 인연이 없음에도, 마찬가지로 그 결정문이 비난의 대상이 되는 것은 문장구성의 방식이 법원의 판결문에서 유래된 것이라는 점에서 똑같은 검토와 고려의 대상이 된다고 아니 할 수 없다.

››› 긴 문장, 읽다가 숨넘어간다는 우리의 판결문

15. 지금은 많이 개선되었지만, 우리 판결문은 한때 숨 막히는 긴 문장으로 인구에 회자되었다. ~하고, ~하며, ~하는 바, ~하는 점, ~사실 등으로 끝없이 이어지는 문장의 행렬이 긴 강줄기가 들판과 산자락을 굽이굽이 감돌아 흘러 바다에 이르듯이 여러장씩 계속되기도 하였다. 이 때문에, 판결을 읽다가 숨넘어간다느니, 고며고며 타령이라는 비난이 일기도 하였다.[9)] 그런 문장이 때로는

8) 국립국어원에서 발간한 '새국어소식', 통권 12호(1999. 7), 13호(1999. 8), 14호(1999. 9), 16호(1999. 11)에 문제점의 집중적인 분석과 우리말답게 수정한 사례가 수차례 제시된 바 있다. 어느 지방신문의 한 교열기자는 헌법재판소가 고지한 어떤 위헌 결정의 문장을 언급하면서 어색한 말, 잘못된 어법, 오용된 용어와 거기에 드러난 역사인식을 구체적으로 지적하고, 말을 다루며 먹고 사는 법률가들이 말을 제대로 쓰지 못한다면 그건 직업에 대한 예의가 아니며, 당연히 국민에 대한 예의도 아니라고 하였다(2004. 10. 26.자 부산일보).

9) 이와 같이 우리 판결문이 길어진 이유와 긴 문장의 문제점을 적시하고 대책을 제시한 글로는, 정재훈 판사가 2007. 11. 28. 코트넷에 게시한 '잡언, 간결한 글을 위하여'가 있다. 문장이 길어진 이유로는 일본 문체의 영향, 접속사를 쓰지 않으려고, 문장이 고급스러워 보인다는 생각 때문에 등의 점을 제시했다. 그리고 문장이 길어지면, 뜻이 불분명해지고, 무리한 논리가 끼어 들며, 어법에 어긋나는 문장이 생기는 문제점을 지적하였다. 이에 대한 대책으로는 긴 문장을 여러 개의 문장으로 나누고, 주어가 바뀌면 문장을 끝내야 하며, 세 줄을 넘으면 마침표를 찍고 새로 문장을 시작하고, 두괄식으로 글을 쓰자고 제의하였다.

장중하고 도도한 법리를 품위 있게 제시하는 면도 없지는 않았으나 이는 그와 같은 문체와 발상법에 익숙한 사람들의 평가일 뿐 일반 대중에게는 소통이 차단된 난해한 문서였다.[10] 판결문은 사건에 대한 전 단계의 이해를 표현한 매체로서, 다음 단계의 이해를 전제로 한다. 받아 읽고자 하는 사람들이 그 내용을 이해하지 못한다면 판결문은 그 기능을 다하지 못한 셈이다. 상대방이 읽기를 원하는 문서는 반드시 읽을 수 있는 문장으로 표현하여야 한다. 문장 하나는 생각 하나를 담아야 한다는 것이 글쓰기의 기본원칙이다. 판결문 역시 글쓰기의 결과임이 분명한 이상 이 원칙에서 자유로울 수 없다.

››› 우주에 가득찬 리듬, 문장도 숨을 쉬어야 한다

16. 지구의 자전, 달의 차고 기욺, 바닷물의 들고 남 등 우주 만물은 일정한 리듬이 있다. 인간의 들숨과 날숨은 위와 같은 우주의 리듬과 기본적으로 조응한다. 말과 글을 도구로 한 인간의 이해와 표현은 타고난 발성기관을 통하여 우주에 깔려있는 리듬에 맞추는 것이 가장 자연스러운 것이다. 고래의 우리 시가에서 발견할 수 있는 3음보, 4음보 등의 율격은 바로 이와 같은 사람의 자연스러운 호흡에 맞춘 것으로 따라서 읽게 되면 저절로 리듬이 생겨난다. 산

10) 판결문의 난해성 문제에 관한 논의로는 서울남부지방법원의 송명호 판사가 2009. 10. 9.자 코트넷의 지식광장에 게시하여 우수지식으로 선정된 동명의 논문이 있다. 이 글은 방대한 인터넷 자료를 검색하여 그 내용을 소개하고, 국어학자들의 연구논문과 특히 김광해 교수의 판결문장 비판에 관한 자세한 검토, 홍사만 교수의 우리 민법에 남아 있는 일본어식 용어와 문체에 관한 방대한 연구 문헌을 소개하고 있어 이 분야의 자료로 중요한 가치가 있다. 순화된 쉬운 우리말도 많이 제시하고 있어 크게 도움이 되리라고 본다.

문이라고 다르지 않다. 쉼표는 반박의, 마침표는 일박의, 단락은 2박의 각 휴지를 필요로 하는 리듬이 문장 전개과정에서 편안하게 생겨나는 것이 좋다. 걸음걸음이 흐트러지지 않고 질서정연하게 나아가고자 한다면 되도록 짧은 문장 중심으로 목적지를 향하여 차근차근 접근하여야 한다. 잘만 구사한다면, 그러나, 그러므로, 그리하여, 그런즉, 그리고 등의 접속사 하나 없이도 상목수가 못 하나 치지 않고서도 집 한 채를 짓듯이 깔끔한 문장들을 배열할 수 있다. 문제는 긴 문장과 짧은 문장의 균형이다. 문장 하나가 두 줄 또는 세 줄을 넘는 것은 좋지 않다고 일률적으로 단정할 수는 없다. 두 줄이나 세 줄을 넘더라도 그 사이에 짧은 문장 하나가 양쪽의 두 문장을 받치는 쐐기처럼 하나 끼어 있다면 읽는 사람의 호흡 조절에 크게 무리가 없으리라고 본다. 바로 이것이 문장에 숨이 통하게 하는, 읽는 사람을 위한 글쓰는 사람의 배려이다. 거기다가 중간에 낀 그 짧은 문장은 강력한 느낌을 제공한다.

17. 문장이 길어지면 우선 주어와 술어의 호응이 어긋나는 경우가 곧잘 생겨난다. 한 문장 안에 두 개의 주어가 자신의 운동방식을 제시하는 술어를 서로 다투는 경우도 발생할 수 있다. 그렇게 되면 법관이 제시하고자 하는 메시지는 문장 요소들이 다툼을 시작하는 그 현장에 드리운 안개 뒤로 숨어버리게 된다. 다음으로 긴 문장은 너무 답답하다. “짧게 쓰자. 글은 시각적이다. 독자의 머릿속에 도달하기 전에 눈에 먼저 가 닿는다. 짧은 글은 문장에 바람이 잘 통하게 해주고, 글을 시각적으로 매력 있게 만들어 준다. 반

면에 글이 긴 덩어리로 되어 있다면, 독자가 읽을 엄두를 내지 못할 수도 있다."[11] 생각을 표현하는 가장 적합한 단어를 골라 간결하게 쓰면 뜻은 분명해지고 문장의 길이는 자연히 짧아진다. 군더더기를 걷어내고, 막연한 수동 구문을 바로잡으며, 불필요한 수식어를 배제하고, 일본어와 서양어의 번역 투 표현을 자연스러운 우리말 어법에 맞게 고치면 굳이 긴 문장을 걱정할 염려가 없다. 관행에 따라 의식에 떠오르는 긴 문장의 행렬을 여러 개의 짧은 문장으로 나누고, 전후 문장의 관련 단어로 저절로 상호간에 연결고리가 생겨 접속사 없이도 편안하게 이어지게 하는 것이 한 요령이다. 그렇게 쓴 문장을 읽으면서 일정 기간 숙련을 계속하다보면 그다지 어려울 것도 없다고 본다.

››› 그러나 너무 짧은 문장이 줄을 서도 안 된다

18. 짧은 문장이라고 다 좋은 것인가? 그렇지는 않다. 어느 신문사의 기자가 제시한 한 문장의 경우를 보자.[12] "싱가포르는 소국이다. 면적 639㎢. 서울만 하다. 인구는 310만 명. 대구보다 많고 부산보다 적다. 콩만 하구만…." 가상의 극단적인 사례지만, 이런 것은 정상적이고 품위 있는 글이 아니다. 문장이라기보다는 생각의 파편을 모은 것이라고 할까. 우리말의 평서문 어미가 '다'로만 끝나는 단점이 그대로 드러나 한마디로 경박단소(輕薄短小)한 글이 되었다.[13] 판결문은 요점을 간추려 도해한 브리핑 자료도 아

---

11) 윌리엄 진서, 글쓰기 생각쓰기(On Writing Well, 돌베개, 2007), 318면.

12) 송명호 판사가 앞에 든 논문에서 소개한 사례이다.

13) 1996년도에 법원을 출입한 바 있다는 어느 기자는 최근의 읽기 편해진 판결에 놀라

니고 일회성 보고 자료나 잠깐 들여다보고 마는 글이 아니다. 국가의 강제력이 뒷받침하는 중요한 문서이자 기본적으로 당사자를 설득하는, 이야기 형식의 읽는 자료이다. 특정 사건에 관하여 설시한 법리는 비슷한 사건의 선례가 되기도 한다. 판결문은 독자가 읽으면서 글이 말이 되고, 이런 말은 우리가 어린 시절, 어른들의 무릎에 기대 옛이야기를 들으면서 그랬듯이 개개의 장면이 선명하게 떠올라야 한다. 진행과정과 끝을 이해할 수 있어야 한다. 그러자면 문장이 꼬리에 꼬리를 물고 아주 자연스럽게 이어지는 부드럽고 편안한 흐름으로 독자들의 가슴에서 물결쳐야 한다. 긴 문장이 계속되는 것이 좋지 않은 것과 마찬가지로 연달아 짧은 문장으로 이어지는 것 역시 좋지 못하다. 문장은 유유히 흘러가면서 듣기 좋은 음악처럼 장단이 맞아야 한다. 판결문은 대개 눈으로 읽지만 귀로 읽는 사람도 많다.

››› 어려운 용어 사용은 불가피한 것인가

19. 생소하거나 어려운 용어를 알기 쉬운 우리말로 바꾸어 쓰고자하는 노력은 법원 안팎에서 오래 전부터 진행되어 왔다.[14] 문

워하면서도, 그 같은 일목요연한 자료보고식의 판결로 법관의 학식과 깊은 사색을 담은 명문의 판결문을 만나기 어려워졌다고 아쉬워한다. 송명호 판사, 앞의 논문 중에서 인용.

14) 법원행정처가 1995. 11. 29. 법제처에 제시한 '법령용어의 순화에 관한 의견'이 있고, 2002년도에 발간한 책자인 '민사재판운영실무'의 부록에 실린 쉬운 용어의 정리 자료가 있다. 국립국어원에서 2003년에 발간한 연구보고서 중 '쉽게 고쳐 쓴 우리 민법'에서 제시한 순화어가 있고, 경찰청에서 발간한 '법의부검용어집'도 있다. 최진수 부장판사가 정리한 '판결서 바로쓰기 참고자료' 중 인체 각 부위의 쉬운 용어 소개가 있다. 그밖에 많은 분들이 정리한 자료가 있지만 가장 방대하고 자세한 조사 자료는 경북대 홍사만 교수의 '우리 민법에 남아 있는 일본어식 용어와 문체'이다.

제가 있다고 생각되는 단어를 광범위하게 수집하여 이를 일일이 쉬운 단어와 대응시키는 방식의 자료도 제공되었다. 법제처와 법무부를 중심으로 하여 법령의 용어를 바꾸려고 노력하고 있고, 법원행정처에서도 우리말 맞춤법과 쉬운 우리말 사용을 위한 두툼한 책자를 발간하였다. 그밖에 국립국어원, 경찰청도 자료집을 냈고, 국어학자, 법관도 개별적으로 자료를 수집, 제시하기도 하였다. 문제는 이와 같은 보조 자료들을 얼마나 효율적으로 판결문 작성에 활용하느냐 하는 것이다. 간간히 쉬운 말을 쓴 노력이 드러나는 판결문을 더러 만날 수는 있으나 아직은 환골탈태라는 표현을 할 수 있을 정도의 전혀 다른 모습의 판결은 쉽게 찾아볼 수 없는 것도 사실이다. 여전히 쉽게 쓰려는 노력이 미흡하다고 아니할 수 없다.

20. 우리나라 판결에 문제가 있다고 지적되는 사항의 거의 대부분은 일본 법령과 그 나라 판결문의 문장구성방식에 기인한다고 해도 과언이 아니다. 언어 생성의 사회풍토와 그 전개과정을 살펴보면, 일본어와 우리말은 어법과 음운체계를 달리하는 엄연한 외국어이다. 그럼에도 상당기간의 일제강점기를 거치면서 일본어가 국내에서도 널리 사용되었고, 한자를 사용한다는 점과 어순이 같다는 점만 중시하여 다른 점이 경시되면서 우리의 일상생활과 문서에 분별없이 이를 차용함으로써 어색하고 생경한 어법의 일본식 표현이 우리 어문에 뒤섞이게 되었다.

21. 그 중 가장 사용빈도가 높으면서 문장구성력에 막강한 힘을 발휘하는 것이 우리 말 '의'로 번역되는 일본어 '노(の)'라는 조사다. 단음절의 이 조사 하나만 잘 다스려도 웬만큼은 자연스런 우리말을 되찾을 수 있으리라고 생각한다. 이 단어는 '나의 살던 고향'이라든가 '나의 사랑히는 생활', 그리고 '임차인의 지출한 금액', '도급인의 제공한 자료' 등으로 주격 조사(-가, -이)를 대신한다. 거기다가 '기한의 이익의 상실', '최고 · 검색의 해태의 효과', '무능력자의 상대방의 최고권' 등으로 반복 사용함으로써 문장의 흐름과 선명한 의미의 전달을 방해한다. 그뿐만 아니라 '법률행위의 당시', '시기의 약정이 없는 경우에는' 등으로 전혀 불필요한 경우에 끼어들기도 한다. 더욱 좋지 못한 것은 이 단어가 한자어로 된 명사구를 대량으로 출산하면서 동사 중심으로 살아 온 우리 문장의 힘을 떨어뜨리고 딱딱하고 추상적이며 무거운 느낌을 문장에 싣는다. '소유의 의사로 점유한 자', '공작물의 설치 · 보존의 비용', '대리인의 부지를 주장하지 못한다', '지역권의 행사를 위하여' 등의 경우에 보는 바와 같이 단 한 음절로 된 조사 하나를 중심으로 두개의 명사를 전후좌우로 엮어 구를 형성하면서 바로 그 덩어리가 문장의 중심에 턱 버티고 앉게 된다. 이러한 경우에는 명사구를 해체하여 동사 중심으로 다시 풀어씀으로써 우리 어법에 맞는 말로 돌아올 수 있다.

22. 문제는 그 정도로 그치는 것이 아니다. 동사 중심으로 서술

이 가능한데도 굳이 그 동사의 명사형으로 바꾸어 표현함으로써 우리말답지 않은 어색한 문장을 만들기도 하였다. '법률행위를 함에는', '감금 치료함에는', '규정에 의함이 아니면', '물건이라 함은', '대리권 없음을 안 때에는' 등으로 말이다. 나아가 단음절의 한자를 어근으로 하여 거기에 하다를 붙여 숱한 단어를 제조하였다. '發하다', '供하다', '臨하다', '處하다', '重하다', '除하다', '要하다', '害하다', '反하다', '加하다' 등이 그것이다. 일본에서는 단음절의 한자를 훈독(訓讀)하는 경우가 많아 조어법상 문제가 없을지 모르나 이런 말은 우리의 언중들은 잘 쓰지 않을 뿐만 아니라 난해하고 권위적이며 이해도 어려워 우리말 체계의 질서와 균형을 깨뜨린다. 그밖에 능동과 피동의 혼동, 주격조사 등 중요 격조사의 오용과 잘못된 생략, 가정법 관련 용어의 어색한 사용, 문장의 끝부분에 등장하는 무용한 이중부정은 말할 것도 없고, 긍정인지 부정인지를 혼동하게 만드는 모호한 처리 등 문제점을 열거하자면 끝도 한도 없다.[15] 우리가 쓰는 판결문에 이상과 같은 문제가 위에서 본 경로를 거쳐 은연중에 숨어 들어와 전후좌우에서 꿈틀거리고 있다는 사실 자체를 인식하는 점만으로도 그런 표현방식에서 벗어나는 하나의 계기가 되리라고 본다.

››› 그들 어법에 맞춘 서양어 번역, 이것이 문제다

23. 최근 통계를 보면, 연간 4만 1,000종, 부수로는 1억 3,250만권의 도서를 출간하는 우리나라는 세계 10대 출판대국이다. 그

15) 이상의 지적에 대한 자세한 분석은 홍사만 교수의 논문에 항목별로 잘 정리되어 있다.

중 번역서 비율은 29%로 체코와 함께 공동으로 세계 1위를 차지하고 있다. 베스트셀러 30위 중에 드는 번역서는 2005년부터 2007년까지 3년 계속 매년 16권이다. 일본의 경우를 보면, 2005년은 2권, 2006년은 1권, 2007년은 단 한 권도 없다. 우리나라 국민들이 외국의 번역서를 얼마나 즐겨 읽는지 알 수 있을 것이다. 그만큼 외국어 번역문장에 일상적으로 노출되어 있다. 외국어를 우리말로 번역한 사람이 그 책이 번역서가 아닌 것처럼 완벽하게 우리 어법에 맞고 우리가 통용하는 자연스러운 말로 우리나라 사람이 쓴 것처럼 옮길 수 있다면 얼마나 좋을까? 그러나 실정은 그렇지 못하다. 우리말 어휘가 부족하거나 국문법에 대한 지식과 훈련이 미흡한 사람이 외국어 특히 서양어를 번역하는 경우에는 그 나라의 표현방식을 뚜렷한 의식 없이 그대로 차용하게 되고, 그러다보면 어쩔 수 없이 아주 낯설고 이상한 문장이 생겨날 수밖에 없다. 처음에는 그런 표현을 이상하다고 느끼던 독자들도 일정기간 반복하여 부딪치게 되면 마침내 이를 자신의 독특한 표현방식으로 수용, 습득하게 된다. 이런 경로를 통하여 우리말에 점점 이상한 번역 투의 문장이 끼어들어 아름다운 우리 고유어의 순수성을 훼손하게 되는 것이다. 예를 들면, '아무리 강조해도 지나치지 않다',[16] '확인해 줄 수 없다',[17] '가장 훌륭한 분 중의 한 분'[18]이라는 등으로, 우리

16) cannot ~ too의 구문. 건강문제라면, '건강은 조심할수록 좋다.'라든지 '거듭 강조하거니와 건강은 중요하다.'라고 번역하는 것이 무난하다. '건강은 아무리 강조해도 지나치지 않다'는 아무래도 부자연스럽다.

17) It is one of possibilities. But we cannot verify that.의 경우이다. '사실여부를 확답할 수 없다.', '사실여부를 분명하게 말씀드리기 어렵다.', '확실한 증거를 제시할 수 없다.'라고 번역하여야 한다. 어문의 전후 맥락을 고려하지 않고 영한사전의 제1 역어만을 차용

로서는 지극히 부자연스러운 구절들이 많은 사람들의 입술에서 점차 자리를 잡아가고 있는 현실이 바로 그 비근한 예이다.

››› 그들은 명사 중심, 우리는 동사중심으로 말한다

24. 번역대상인 서양어의 특징은 크게 말하면 두 가지다. 하나는 사물주어가 흔하다는 것이고, 또 하나는 명사 중심의 구문을 즐겨 쓴다는 것이다. 사고방식의 차이는 곧 주어의 다른 설정방식으로 나타나기 마련이다. 우리나라 사람들은 그 사고방식이 사람이 관련된 사건 또는 현상에 있어서는 언제나 사람을 중심으로 전개된다. 그러나 영어 등 서양어는 표현하고자 하는 생각 속에 사람이 포함되어 있는 경우에도 무생물 또는 추상적 개념을 주어로 내세우는 문장이 허다하다. 이 경우에는 사고와 품사를 우리말 어법에 맞추어 옮겨야 우리에게 익숙하고 자연스러운 문장이 된다. 예컨대, Time changed him.이라는 영어 문장을 '시간이 그를 변화시켰다.'라고 직역하면 어색하고 이해가 더디다. 이 경우에는 사람 중심으로, 명사인 주어의 품사를 부사로 전환하여, '세월이 가자 그는 사람이 변했다.'라고 하여야 우리말다운 번역이 된다. Wet weather always depresses her.라는 문장은, '비가 오면 그 여자는 항상 울적해 진다.'라고 옮기는 것이 자연스럽다. 그러나 우리

한, '확인해 줄 수 없다'는 것은 우리말 어법에 어색하기도 하지만 상대에 대한 배려가 없는 무례한 표현으로 오해할 소지도 있는 잘못된 번역이다.

18) He is one of the finest men I have ever known. '그는 내가 아는 가장 훌륭한 사람 중의 한 분'이 아니라 '그는 내가 아는 아주 훌륭한 사람 중의 한 분'으로 번역하여야 한다. Longman 사전은, 이와 같이 話者의 개인적인 느낌이나 의견을 나타내는 경우에는 most 등 최상급이 very의 뜻으로 쓰인다고 설명한다.

가 읽는 많은 번역서는 그렇지 못하다.[19] 사물주어를 그대로 번역함으로써 우리의 사고방식과는 전혀 다른 생경한 발상의 문장을 양산한 책들이 시중에 적지 않다. 그런 독특한 표현이 신선하다고 생각하는 사람들도 있다. 우리말에 대거 잠입한 이상한 구문의 그런 표현들이 실상은 언어순화의 적이다.

25. 한국인은 '한 잔의 술'보다는 '술 한 잔'을 더 편하게 여긴다. '경제위기 탈출에는 더 많은 성실함을 필요로 한다'고 하지 않고 '경제위기를 탈출하려면 더 성실해야 한다'고 말하는 것이 보통이다. 말을 할 때는, '제 블로그에 오심을 환영합니다'보다는 '제 블로그에 와 주셔서 고맙습니다'라고 한다. 마찬가지로, '무분별한 개발은 자연파괴를 낳는다'가 아니라 '분별없이 개발하면 자연이 파괴된다'가 우리말답다. 전자는 영어 등 서양어의 번역 투다. 우리말은 동사 중심으로 사물을 표현한다. 그러나 영어 등은 명사 중심으로 말한다. 그러므로 그런 명사 중심의 외국어를 제대로 번역하려면 동사 중심의 우리 어법으로 고쳐서 문장을 작성하여야 부드럽게 읽히고 의사전달도 명료하다. 주는 언어와 받는 언어 사이에 존재하는, 해당 언어가 가진 표현상의 특징을 고려하지 아니하면 번역은 어색해질 수밖에 없고, 그 결과 번역문장에서 정확한 의미를 터득할 수 없다.

---

19) 좋은 역자를 선택하는 것은 그래서 중요하다. 필자로서는 영어의 경우는 이윤기, 안정효, 이종인, 이휘재, 정영목, 김석희, 윤규상, 윤종덕 씨 등이 번역한 책, 프랑스어 같으면, 김화영, 백선희, 함유선, 윤영애 씨 등이 번역한 책, 독일어의 경우는 김재혁, 차경아 씨 등이 번역한 책은 일단 안심하고 읽는다. 주로 해당 분야의 전공자거나 작가들이기도 하다.

26. 예를 조금 더 들면 다음과 같은 경우이다.[20] 영어는, A careful comparison of them will show you the difference.라고 명사 중심으로 표현한다. 그러나 우리는, '그것들을 자세히 비교하면 차이점이 드러날 것이다'라고 동사 중심으로 표현한다. 영어는, The president had a sudden fall in his popularity.라고 명사 중심으로 쓰지만, 우리는 그것을, '대통령은 지지도의 갑작스런 하락을 경험했다'고 쓰지 않는다. '대통령 인기가 뚝 떨어졌다'고 나타낸다. 이처럼 같은 내용이라도 명사가 중요 자리를 차지하고 있으면 문장이 정적이고 딱딱해진다. 동사 중심으로 표현하여야 문장의 흐름이 부드럽고 이미지가 살아서 움직인다. 우리말 표현방식이 훨씬 더 문장에 생동감을 더한다. 그런데 왜 굳이 영어식의 발상과 표현을 따라가야 하겠는가.

››› 수동태는 힘이 없다

27. 영어 번역 문장이 대거 우리 사회에 유포되면서 그들이 많이 쓰는 수동태가 요즈음 부쩍 언중의 말이나 글에 흔하게 등장한다. 이런 용례는 사물주어의 차용과 더불어 사람 중심으로 생각하는 우리의 언어 관념에 반하는 것인데다가 능동태에 비하여 훨씬 문장의 힘과 활력이 떨어질 뿐 아니라, 그 뜻까지도 모호하게 만들어 버린다. '보여진다', '생각되어진다', '한국에서 만들어진 상품', '주민에 의해서 다스려진다', '(등기가) 마쳐졌다' 등이 그런 사례이다. 이는 말하는 사람을 겉으로 드러내지 않으려는 고육지책이 작

---

20) 이희재, 번역의 탄생(교양인, 2009), 45면.

용하는 것으로 볼 여지도 있으나, '본다 또는 보인다, 생각한다, 한국에서 만든 상품, 주민이 다스린다, (등기를) 마쳤다', 아니면, '(등기를) 하였다'라고 표현하는 경우와 비교하면 현저하게 그 힘이 약하다. '맥주는 보리로 만든다'고 하면 그만일 것을 원문인, Beer is made from barley.의 번역에 충실을 기한다고, '맥주는 보리로 만들어진다'고 하면 우리 어법에 안 맞는 아주 부자연스런 문장이 되고 만다. 영문 수동태는 국문 능동태로 바꾸어야 우리말답다.

››› 글쓰기의 삼대 적, – 있다, 것, 수

28. '있다, 것, 수'의 사용이 자연스런 우리말 글쓰기의 삼대 적(敵)이라고 하는 사람도 있다.[21] '간다, 본다, 온다, 한다'라고만 하면 될 것을 굳이, '가고 있다, 보고 있다, 오고 있다, 하고 있다'라고 쓰는 병폐가 심하다고 한다. 이는 영어의 현재 진행형에 길이 들거나 일본인이 자주 쓰는 어떤 어미(…ている)의 영향이 아닌가 추측한다. '것'이라는 단어도 그렇다. 지나친 예이긴 하지만, '몸에 좋은 것이 시장에 잘 팔린다는 것은 세상이 다 아는 것이다'라는 표현을 보라. 이런 경우는 아예 문장을 새로 쓰는 편이 낫다. '몸에 좋다 하면 무엇이나 다 잘 팔린다'라는 식으로. '수'는 어떠한가. '누전을 일으킬 수도 있습니다'라거나 '광우병에 걸릴 수도 있습니다'라거나 '유대가 깨져 파탄을 가져 올 수도 있습니다'라는 표기가 문제된다. 이때는, '누전을 일으키기도 합니다, 광우병에 걸릴지도 모릅니다, 파탄을 가져오는 경우도 적지 않습니다'라는 식으

21) 안정효, 글쓰기 만보(모멘토, 2006), 31면-32면.

로 다양하게 표현하면 우리말답지 않은 어색함이 사라진다.

››› 발음도 어려운, -에 의하여, -에 있어서, -에의

29. 법령이나 판결 문장에 흔히 나타나는 용어 중에 '…에 의하여'가 있다. 이는 본래 '…에 의거(依據)한다'는 오래된 한자어를 줄인 형태라고 하는데, 영어 문장 중 흔히 눈에 띄는 단어 'by'를 이용한 구문의 번역에 즐겨 차용하면서 너도나도 분별없이 쓰게 되면서 문제가 야기되었다.[22] 그러나 이 단어는 발음하기도 쉽지 않고 뜻도 반드시 옳다고만 할 수 없어 사용이 꺼려진다. '모든 국민은 헌법과 법률이 정한 법관에 의하여 법률에 의한 재판을 받을 권리를 가진다(헌법 제27조 제1항).' 이는, '모든 국민에게 헌법과 법률이 정한 법관이 법률에 따라 하는 재판을 받을 권리가 있다.'라고 바꿀 수 있다. '금고 이상의 형에 의하지 아니하고는(헌법 제114조 제5항)…'은 '금고 이상의 형 선고를 받지 않으면…'으로 자연스럽게 쓸 수 있다. '이에 의하면…'은 '이를 보면…'으로 써서 이렇다 할 무리가 없고, '이에 의하여…'는 '이것으로…, 이로써…, 이 점으로…' 옮겨 표현하는데 무슨 문제가 없다. 단지 습관상 그렇게 써왔을 뿐이다. '…에 있어서'도 그렇다. 일본어에서 그 용법을 따왔을 것으로 짐작되는 이 용례(…に於て)는 '공무원이 그 직무집행에 있어서…', '생활의 모든 영역에 있어서…', '…함에 있어서…' 등으로 널리 사용되고 있다. 이 또한, '공무원이 직무를 집행하면서…', '생활의 모든 영역에서…', '하면서…'나 '할 때는…' 등으로

22) 이수열, 우리가 정말 알아야 할 대한민국 헌법(현암사, 1999), 14면.

고쳐 쓰는 것이 좋다. '…에의(への)'라는 일본어 투 조사는 헌법의 다음 표현을 보면 더욱 좋지 않다. '국군의 외국에의 파견 또는(헌법 제60조 제2항)…'이 그것인데, 이는, '국군을 외국에 보내거나…'로 얼마든지 정돈할 수 있다.

››› 또는, 및, 이란 용어 사용은 괜찮은가

30. '또는'이란 말은 본래 우리말이 아니다. 일본어의 また(又)は를 본 따 영어 단어 or의 번역용으로 널리 쓰이면서 우리 문장 중에 퍼져나갔다. 오늘은 '비 또는 눈이 오겠다'라고 우리는 말하지 않는다. '오늘은 비나 눈이 오겠다'라고 말한다. 마찬가지로, '군인 또는 군무원이 아닌 국민(헌법 제27조 제2항)'은 '군인이나 군무원이 아닌 국민'이 맞고, '헌법 또는 법률에 특별한 규정이 없는 한(헌법 제49조)'은 '헌법이나 법률에 특별한 규정이 없는 한'으로 써야 한다. '및'이란 단어는 어디서 왔는가? '是日害喪予及汝偕亡(이 해가 언제 없어지나? 나는 너와 함께 죽으리라)'이란 맹자의 양혜왕장구(梁惠王章句)에 있는, 予及汝에서 及은 予와 汝를 잇는 조사이므로 '와'로 번역해야 옳다. 그런데 한문에 길든 사람들이 이를 그 본래 뜻인 미치다를 변형하여 '및'으로 옮겨 버릇한 것이 보통 사람들에게 널리 퍼져 그렇게 된 것으로 본다.[23] '국정감사 및 조사에 관한 절차'보다는, '국정감사와 조사에 관한 절차'가 더 낫고, '국가는 농업 및 어업을 보호 육성하기 위하여는' 보다는 '국가는 농업과 어업을 보호 육성하기 위하여'가 한결 편하다. 보는 문서가

23) 이수열, 앞의 책, 17-18면.

아니라 읽는 문서로서 판결문이 그 기능을 제대로 수행하려면 문장을 죽 달아서 읽어 내려갈 때 걸림이 없어야 한다. 그런 점에서 '및'이라는 단어는 별로 어감이 좋지 않고, 문장의 유연한 흐름을 방해한다. 아예 사용을 않거나 되도록 적게 쓰는 것이 바람직하다.

››› 참 눈물틱한 관형격 접미어, -적(的)

31. '적(的)'으로 끝나는 관형격 접미어가 조성하는 사태는 실로 심각하다. 이는 19세기 후반, 서양어에 대응하는 한자어를 일본과 중국에서 만들어내면서 추상명사의 관형사꼴은 끝에 무조건 접미사 적(的)을 붙여 만들어 쓴 것을 우리가 그대로 받아 쓴 결과였다.[24] 그리하여 문화, 과학, 개념, 추상, 철학, 이론, 정치, 경제, 사회, 주관, 객관 등의 단어에 대응하는 영어를 번역한 다음 그 뒤에 일제히 적(的)을 갖다 붙여 관형사 역할을 하게 한 것이 탈이 났다. 이제 이 접미사는 우리말에 너무 깊숙이 들어와 있어 안 쓰기도 어렵지만, 이런 형태로 된 단어는 되도록 피하는 것이 좋다. 사실 글의 중심 부분은 주어와 서술어이지 관형어나 부사어가 아니다. 그러나 이 적(的)이 들어간 딱딱한 말을 쓰게 되면, 독자는 눈으로나 입으로나 글의 주된 부분에 집중을 할 수가 없다. 우리말은

---

24) 이에 관하여는 이어령 전 문화부장관이 오래 전에 쓴 흥미 있는 글이 있다. 일본 사람들이 근대 서양문화를 계수하면서 전혀 낯선 외국어 용어를 번역하기 위한 새로운 관형어를 만들어야 했다. 그 때 그들의 눈에 띈 것이 fantastic 등의 영어 형용사 꼴이었다. 이런 단어의 끝에 붙은 -tic의 일본 발음인 てき와 동음인 한자어가 바로 的이었다. 그 점에 착안하여 생겨 난 것이 사회적, 문화적, 경제적, 이라고 할 때의 그 的이라는 관형격 접미사다. 그것을 우리가 고스란히 받아써서 오늘날의 사태에 이르게 된 것이다. 그러면서 그는 이와 같은 현상을 일러, '참 눈물틱한 일'이라고 씁쓰레한 속내를 드러냈다.

명사와 명사의 결합력이 뛰어나서 꼭 위 적(的)에 기대지 않고 그냥 명사만 앞에 세워도 관형어 역할을 해내기도 한다. 굳이 '필수적인 요소'라고 할 것 없이 '필수 요소'로 족하고, '이색적인 문화'가 아니라 '이색 문화'이며, '돌발적 사고'가 아니라 '돌발 사고'라고 하면 충분하다. 거기다가 적(的)이 없어도 명사를 형용사로 만드는 좋은 접미사가 더러 있다. '야만적인 짓'은 '야만스러운 짓'으로, '굴욕적인 패배'는 '굴욕스러운 패배'로, '남성적인 매력'은 '남성다운 매력'으로, '지도자적 풍모'는 '지도자다운 풍모'로, '매력적인 미소'는 '매력이 깃든 미소'로, '자극적인 발언을 삼가라'는 '(사람을) 자극하는 발언을 삼가라'로 얼마든지 달리 표현할 수가 있다.[25)]

》》 -들은 꼭 붙여야 하는가

32. 영어번역에 충실하여야 한다는 강박관념에서 파생한 문제가 또 하나 있다. 영어의 복수명사는 무조건 '들'을 붙여야 한다는 생각이다. 그러나 이는 우리말 중에는 '들'이 없어도 얼마든지 복수로 이해하는 경향이 있는 경우를 이해하지 못한 결과이다. 이 때문에 최근 '들'이라는 말이 범람한다. '요즘 손님이 너무 많다'라고 하면 되지, '요즘 손님들이 너무 많다'라고 굳이 들을 안 붙여도 된다. '실적'이나 '행적'을 애써 '실적들', '행적들'이라고 덧붙일 필요가 없다. '꽃이 흐드러지게 피어 있다'면 족하고, '꽃들이 흐드러지게 피어 있다'고 쓸 것은 없다. '여러 사람들을 만났다', '새들이 떼

25) 이희재, 앞의 책, 137-138면.

지어난다', '책들이 가지런히 꽂혀있다', '초가집들이 옹기종기 모여 있다', '사과들이 주렁주렁 매달렸다' 등의 경우에 붙은 '들'은 모두 군말이다. 이와 같은 사족들을 다 걷어내야 문장이 맑아진다.[26)]

》》 **문장의 단락, 사막에 흐르는 강줄기**

33. 재판의 결과를 담은 판결문에는 수많은 정보가 실려 있다. 문장을 짧게 쓰고 우리 어법에 맞는 정확하고 쉬운 말을 골라 쓴다고 해서 문제가 끝난 것이 아니다. 강물 같은 문장의 도도한 흐름이 일정한 질서에 따라 적당한 간격을 유지하면서 보기 좋게 잘 정돈이 되어야 작성자의 의도가 선명하게 드러나 이해가 빠르다. 그러자면 사실인정과 법리판단 등 쟁점을 정리하여 보이면서 논증의 과정이 시간적, 공간적, 논리적 순서에 따라 체계를 갖추어야 하고, 의미의 덩어리로 구분된 단락을 만들어야 하며, 필요하면 그 단락에는 소제목을 붙이는 것도 좋다. 판결문 한 면이 단락 구분 없이 글자들로 빽빽하게 들어차 있는 모습을 바라보는 것은 마치 아득하게 펼쳐진 사막을 바라보는 것처럼 답답하고 숨 막히는 일이다. 거기에 서너 개의 문단을 만드는 것은 사막에 물길을 내는 것과 마찬가지로 단락과 단락 사이에서 숨을 돌릴 수 있다는 점에서 독자들로 하여금 안도하게 하고, 그간에 읽은 문자의 뜻을 머릿속에서 조합, 정리하는 기회를 갖게 한다. 나아가 각 단락에는 주제문을 먼저 내세워 이어지는 문장들이 앞선 명제를 순차로 설명해 나가는 방식을 취하는 것이 좋다. 이것이 바로 중요한 문장을

---

26) 이희재, 앞의 책, 191-121면.

앞쪽에 서게 하는 이른바 두괄식 문장 구성이다. 그리하여 각 단락의 첫 문장만을 가려 읽어도 판결의 대의를 파악할 수 있다면 더 이상 좋을 수 없다.

34. 문장이 그렇듯이 문장의 단락 또한 하나의 긴 호흡이다. 각 문단은 연장된, 어떤 경우엔 매우 길게 연장된 숨쉬기라고 할 수 있다. 문단의 시작부분에서 숨을 들이쉬고 끝부분에서 내쉰다. 그리고 다음 문단이 시작될 때 다시 들이쉰다.[27] 문단은 대체로 논리적 사고 뿐만 아니라 시각적 배려를 고려해 나누어야 한다. 활자화된 거대한 덩어리는 무시무시해 보이며, 독자는 종종 그런 덩어리에 달려들기를 꺼린다. 그러므로 의미상으로 반드시 필요하지 않을지라도 긴 문단을 두 개로 나누면 시각적으로 도움이 된다. 다만, 너무 짧은 문단을 속사포처럼 쏘아대면 주위를 산만하게 할 수 있다는 점도 기억하여야 한다. 문단 배열과 그 길이는 질서와 균형을 주로 고려하여야 한다.[28] 단락에는 소제목을 붙여 주제를 먼저 보이는 것이 이해에 훨씬 편하다. 본격적으로 읽기 전에 그 제목을 징검다리 삼아 듬성듬성 건너뛰면서 대강의 뜻을 가늠할 수 있기 때문이다. 거기에 번호를 달아 놓으면 더 깔끔하다. 그러나 지나친 세분(細分)은 권할 만한 것이 못된다.

27) 프랜신 프로스, 소설, 어떻게 쓸 것인가(Reading Like A Writer, 민음사, 2009), 96면.
28) E.B.화이트 외, 영어 문장의 정리(The Element Of Style, 범서출판사, 1982), 25면.

››› 주제문이나 결론을 앞세워라

35. 한국인에게서 상담(商談)에 관한 긴 메일을 답장으로 받은 어느 서구인이 여러 장 되는 그 메일을 모두 넘겨버리고 끝부분부터 먼저 들여다보더라는 이야기가 전해진다. 미괄식의 의견제시에 길이 든 우리나라 사람과 두괄식이 습관화된 서구인의 사고 형태와 그 차이를 단적으로 드러내는 사례이다. 우리 판결의 큰 틀은 두괄식 체제로 편제되어 있다. 우선 주문이란 이름으로 결론이 첫머리에 제시된다. 이어 이유가 뒤따른다. 그런데 이유를 설시하면서는 논증방식이 귀납적인 형태를 취하는 것이 보통이다. 따라서 중요 쟁점에 관한 개개의 결론을 먼저 보려면 앞부분을 건너뛰고 뒷부분부터 펼쳐보아야 한다. 경우에 따라서는 판결문을 앞뒤로 몇 번씩이나 왔다 갔다 하면서 살펴보아야 하는 수고를 하여야 한다. 요즈음의 대법원 판결은 그렇지 않다. 대부분, 원심 판결의 이유를 인용하고 나서, "그러나 원심의 판단은 다음과 같은 이유로 수긍할 수 없다"고 전제한 다음, 하나하나 각개격파 식의 논증과 설명을 부가하는 방식을 채택하고 있다. 전형적인 두괄식 판단이다. 그런데도 하급심은 아직 그와 같은 변화가 보편화되지 않아 판결 읽기가 여전히 답답하고 불편하다. 이 점에 관한 분명한 인식과 실천이 있어야 하겠다.

››› 그림, 도표, 사진 등 보조자료를 이용하라

36. 판결 내용의 이해를 돕기 위한 보조 자료의 이용도 필요하다.[29] 특정 장면의 영상, 액셀프로그램을 이용한 자료나 그 밖의

수식을 동원한 계산 결과, 법률행위 쌍방의 상호관계를 나타내는 도표, 어떤 사건의 전개과정을 일목요연하게 그려 보이는 흐름도, 컴퓨터그래픽으로 재현한 현장약도 등 이러한 자료들은 글로 쓴 장황한 묘사와 설명보다는 분쟁의 대상이 되는 실체를 생생하게 보여줌으로써 사건 관련 이미지를 눈 앞에 있게 하여 판결의 가독성과 이해증진에 크게 기여할 것으로 여겨진다. 그러나 이러한 첨부자료들은 어디까지나 판결 본문의 내용을 보충하는데 불과하므로, 판결의 스토리 전개와 그 각각의 자료해석이 상호 연결되어 하나의 완전한 사실관계를 구축될 수 있도록 필요한 설명이 충분하여야 할 것이다. 다만, 각주 이용은 그다지 바람직스러운 것이 아니라고 본다. 판결문의 하단에 본문보다는 더 작은 크기의 글자로써 내용 일부의 설명을 부가하는 것으로 독자의 이해를 돕고자 하는 의도는 그럴 듯하지만, 그와 같이 설명이 필요하다면 이를 본문에 녹여 큰 흐름에 실어야 하고, 굳이 그럴 필요가 없다면 이는 사족에 불과하다. 판결은 학술논문이 아니라 재판서로서 실용 문서이므로, 건조한 학술논문식의 글쓰기를 연상시키는 방식이나 체제는 권장하고 싶지 않다. 법원이 인정한 사실과 법리를 명석하고 논리정연하게 설명하면 족하고 이런저런 췌언을 덧붙일 필요는 없다. 논쟁은 이미 끝난 것이므로, 논쟁을 전제로 한 어떠한 추가나 부연 설명은 판결문을 난삽하게 만드는 것이다. 법원이 판단한 것

29) 홍진호, '엣지 있는' 판결문(2009. 10. 법원사람들 294호), 43면. 이 글이 소개하는 네 가지 방법은 다음과 같다. ① 짧은 문장으로 간명하고 이해하기 쉽게 쓰기, ② 쟁점별로 번호와 소제목 넣어 쓰기, ③ 결론을 앞에 내세우는 두괄식 문장 쓰기, ④ 도표와 수식, 각주 등 적절히 활용하기 등이다.

을 당당하게 그 소신에 따라 알기 쉽게 정리하여 절차에 따라 적법하게 선언하면 그만인 것이다. 문장 중의 괄호사용은 바람직하지 않다. 증거 번호라든가 짧은 단어 아니면 구(句) 정도면 모르나, 긴 문장이 괄호 안에 들어앉아 있으면 문장의 흐름이 끊어지고, 사고 과정이 엇갈려 혼란을 빚을 수가 있다. 그런 경우에는 괄호를 벗긴 다음, 문장 중에 그 취지가 자연스럽게 녹아들게 표현을 다듬어 재배치하는 것이 한결 낫다.

››› 판결문의 난이도 조절 – 그들의 언어로 말하라

37. 판결문의 난이도는 누구에게 맞추어야 하는가? 법관인가, 당사자인가, 아니면 일반 국민인가, 국민이라도 지식수준을 어느 계층의 사람들에게 맞추어야 하는가? 적어도 법관은 아닌 듯하다. 물론 상급심이 심사한다는 관점에서는 법관이 이해할 수 있으면 된다는 생각이 가능하나, 판결문의 기능에 비추어 볼 때 그럴 수는 없는 일이다. 더욱이 법관은 법률문장, 법률교과서, 각종 판결 등을 읽거나 연구하면서 이른바 리걸 마인드(legal mind)라는 이름의, 일반인과는 현저히 다른 사고 회로가 두뇌 속에 형성되어 있다. 법관들은 판결을 읽으면서 머릿속에서 위와 같은 꾸준한 독서와 사유를 통하여 숙련된 방식으로 문장과 문장을 마인드맵 기법으로 엮어 이미지를 그려낼 수 있는 능력을 보유하고 있는 것이 보통이다. 그리하여 웬만큼 복잡한 사안의 긴 판결도 작정하고 꼼꼼히 읽고자 하면 대부분 그 뜻을 파악할 수 있다. 그러나 1회적으로 사건에 임하는 당사자들은 대부분 그런 훈련이 되어 있지 않다. 학

식과 경험의 수준도 천차만별이다. 원론적으로 말하면 판결문은 이해를 전제로 한 공문서이므로 그 난이도는 그 판결을 읽는 당사자의 수준에 맞아야 하는 것이 옳다. 항용 연단에 서는 사람들에게 하는 주문이 있다. '그들의 언어로 말하라'고. 듣는 사람의 수준에 스피치의 난이도를 맞추어야 한다는 것이다. 원칙을 말한다면 판결문도 마찬가지라고 할 수 있다. 이렇다 할 학식이 없거나 때로는 글을 모르는, 재래시장의 노인들 사이의 대차문제를 다룬 판결이 있다고 하자. 당사자인 본인들이 그 판결을 힘들게 더듬더듬 읽거나 중학생쯤 되는 자신들의 손자들이 읽어 주는 것을 듣고 그 뜻을 완전히 이해를 못한다면 이는 그들을 위한 난이도 조절에 실패한 문서라고 아니할 수 없다. 그 경우의 판결은 이해관계인인 관련 당사자들이 이해할 수 있도록 더 쉬워져야 한다. 그것이 당사자를 위한 작은 배려이다. 그러나 본인은 말할 것도 없고, 변론에 참여하는 변호사 역시 전문가들이 당사자인 경우, 이를테면, 지적재산권 분쟁이나 해상 및 국제거래에 관련된 문제, 조세금융 분야 등의 사안에 관하여는 그들이 사용하는 단어를 편안하게 차용하되, 문장 구성만 법원의 판단이 선명하게 드러나도록 구성하면 족한 것이다. 이를 굳이 쉬운 용어로 풀어쓰려고 애써 품을 들일 이유가 없다고 본다.

38. 판결문이 쉬워지면 품격이 떨어지는 것이 아닌가? 단연코 그렇지 않다. 문장은 글쓰는 이의 인격을 그대로 드러내는 것으로서 읽는 사람을 배려하기 위한 아름다운 마음을 가지고 용어를 고

른 경우에는 당연히 그 마음이 문장에 배어들기 마련이다. 그보다 적절하지 못한 단어나 표현이 문장의 품위를 떨어뜨리는 경우가 대부분이다. 그런 단어나 표현들이 분명히 있다. 사람들이 별 생각 없이 쓰는, '발빠른', '물건너갔다', '불거진', '수순', '입장', '일응' 등의 유행어나 일본에서 유래된 단어, 어색하게 번역된 단어 따위는 판결문 용어로는 그다지 달갑지 않다. 언어라고 다 같은 언어가 아니다. 뜻이 같으면서도 느낌이 전혀 다른 언어가 있다. 그런 단어가 의식에 떠오르더라도 우리는 사전을 들춰서 다른 말로 바꾸어야 한다. 법관의 책상 위에 용례가 풍부한 우리말사전 외에 동의어사전이 있어야 되는 이유가 바로 그 때문이다. 쉬운말사전도 있어야 한다. 문인들이 그 책상 위에 국어사전 말고 법전을 놓고 본다는데,[30] 법관들이 그 책상 위에 법전 말고 국어사전이 없어서야 말이 되겠는가. 건축, 요리, 노동, 미용, 각종 제조업 등 여러 분야에 아직도 남아 있는 일본어로 된 기술용어 등과 앞서 본 일어와 영어 등 외국어의 번역 투 단어와 문장이 오히려 판결의 품격을 떨어뜨린다.

---

30) ① 시간이 있을 때 무심히 집어 드는 책 두 권이 나에게 있다. 국어사전과 법전이다. (…) 내가 '참 근사하다!' 감탄하며 읽는 부분은 법전 앞쪽에 있다. 그것은 정말 근사해 그 부분의 말들을 읽을 때 나는 아름다운 음악을 함께 떠올리고, 몇 해 전부터 보기 힘들어진 민들레 꽃씨의 예쁜 비행 모습을 갑자기 대하게 되는 착각에 빠진다(조세희, 침묵의 뿌리, 92면). ② 나는 법전 읽기를 아주 좋아합니다. 법전에는 아주 명석한 개념과 간결한 문장과 혼란이 없는 논리적 세계가 드러나 있어요. 나는 민법보다 형법을 좋아합니다. 여러분도 형법을 한번 읽어보세요(김훈, 바다의 기별, 152면. 작가 김훈은 형법의 그 삼엄하고 서릿발 같은 개념 규정에만 매료되었을 뿐 다행스럽게도 민법 조항에 드러난 잘못된 구문은 아직 모르는 듯하다.). ③ 프랑스 작가 스탕달이 소설, '파르므의 승원'을 쓰면서 나폴레옹 법전을 항상 곁에 두고 이를 참고 했다는 사실은 잘 알려진 이야기다. 작가들은 대개, 극도로 절제된 법률 문장의 맵고도 서늘한 긴장을 즐기는 듯하다.

>>> 판결문은 음악이자 그림이어야 한다

39. 훌륭한 필자는 언제나 자기가 쓰는 글의 소리를 들어야 한다. 독자 또한 자신도 모르게 자기가 읽는 소리를 듣는다. 리듬과 운율은 모든 문장의 필수적인 요소다. 그러므로 어떤 글을 쓰든 소리와 리듬을 고려해서 엮어나가야 한다. 모두 같은 박자로 터덜터덜 이어지는 문장을 어떻게 고칠지 알 수 없으면 그 글을 큰소리로 읽어 보라. 그렇게 소리를 들어보면 어디에 문제가 있는지 알 수 있다. 문장의 어순을 바꾸거나 다른 단어로 대체하거나 문장의 길이를 달리 하여 전부 같은 기계에서 뽑아낸 것처럼 보이지 않게 해 볼 수 있다. 간혹 등장하는 짧은 문장이 엄청난 힘을 발휘할 수도 있다. 독자의 귀에 남기 때문이다. 우리가 판결을 입으로 읽을 때, 누군가 듣고 있다는 점을 명심하라.[31]

40. 우리들의 삶은 추상이 아니다. 현장에서 살아 움직이는 구체적인 이야기다. 그러므로 글로 표현되는 분쟁의 재현이나 그 해법 또한 문장 속에서 생생하게 숨을 쉬어야 한다. 법관은 당사자들의 변론을 들으면서 과거의 역사적 사실을 '이해'라는 지각과 판단작용을 통하여 상상으로 그림을 그려내야 한다. 그러고는 그 이미지를 언어로 가시화(visualize)하여야 한다.[32] 정지된 장면, 장면의 그림이 크게는 동영상의 이야기 한편으로 연결되도록, 막연하고

---

31) 윌리엄 진서, 앞의 책, 288, 290면.

32) 미국의 언론인이자 신문경영자인 조셉 퓰리처(Joseph Pulitzer)의 글쓰기에 관한 말이 생각난다. "무엇이든 짧게 써라. 그러면 읽힐 것이다. 명료하게 써라. 그러면 이해될 것이다. 그림같이 써라. 그러면 기억 속에 머물 것이다."

관념적인 용어가 아니라, 그들이 직접 사용한 친근한 용어로 서술되어야 한다. 당사자나 독자들은 법관과는 역방향으로 판결문에 숨겨둔 그림을 찾아내고자 할 것이다. 능수능란한 내러티브(narrative) 기법을 동원한, 잘 엮어진 한편의 이야기(storytelling)야말로 상대를 움직이는 힘이 있다. 판결문에 그림이 보이지 않으면 소통은 실패한 것이다.

››› 문장 수련의 두 가지 방식 – 따라 쓰거나 지적받거나

41. 판결문을 읽기 쉬우면서도 품위 있게 쓰려는 노력은 간헐적이거나 단편적인 시도만으로는 소기의 성과를 달성할 수 없다. 상당한 기간 집중적으로 공을 들여야 할 필요가 있다. 전문가들이 권하는 방법으로 두 가지가 있다. 하나는 장점을 따라가는 방식이고, 또 하나는 단점을 지적하는 방식이다.[33] 전자는 잘 된 글을 읽으면서 본을 받는 것이고, 후자는 잘못된 표현을 하나하나 고쳐 받으면서 익혀가는 것이다. 효과로는 뒤의 방식이 낫다고는 하지만, 언제까지나 스티커만 떼면서 따라다닐 수는 없는 일 아니냐고 하는 한탄도 사실 틀린 말이 아니다. 더 근본적인 것은 앞서의 잘 된 글을 본받도록, 나아가 그 정도의 어휘의 부림과 문장 구성이 완전히 몸에 밸 수 있도록 수차 읽거나 필사를 하는 방법까지 동원해서라도 철저하게 자연스런 우리말 표현을 터득하여야 한다. 필자는 전자의 교재로 작가 조세희의 '난장이가 쏘아올린 작은 공(문학과

33) 김광해 교수는 이를 '正方向의 쓰기 훈련'과 '負方向의 쓰기 훈련'으로 이름 붙였다. 그러면서 교육방법으로는 후자가 더 낫다고 보았다.

지성사, 1978)'을 추천한다. 소설가 신경숙을 작가로 만든 작품이다. 신경숙은 그 책을 통째로 베껴 쓰면서 글쓰기를 익혔다고 한다. 우리나라 소설로서는 드물게도 100쇄를 기록할 정도로 인기가 있는 작품이다. 간결명료한 그의 문장을 읽게 되면, 이야기로 전개되는 상황이 그림같이 떠오른다. 그런 단아한 문체로 그는 정평이 높나. 가히 글쓰기의 전범(典範)으로 삼을 만하다. 곁들여 뒤에 나온 그의 '시간여행(문학과 지성사, 1983)', '침묵의 뿌리(열화당, 1985)' 또한 권할 만하다. 후자의 교재로는 48년간 초 · 중 · 고의 교사로 종사한 경력이 있는 이수열의 '우리글 갈고 닦기(한겨레신문사, 1999)'가 있다. 이 책은, 영어 직역 투, 일어 직역 투, 변태 서술어로 표현한 기형문(畸形文), 상식을 벗어나는 부사 용법, 서로 구별해 써야 할 말들, 그 밖의 잡다한 기현상, 그 밖의 잡다한 졸문 등으로 항목을 분류하여 잘못된 단어나 문장 등을 일일이 바로 잡으면서 상세하게 지도하고 있어 이 분야에서는 단연 압권이다. 이 한 권만 철저하게 공부해도 상당한 정도의 수준에 도달할 수 있으리라고 장담할 수 있다. 우리나라 헌법 문장을 고쳐 쓴 그의 소책자 또한 필독서로 손색이 없다.[34] 그런 방식으로 숙련을 거친 후에도 법관은 항상, 판결문을 받아 읽으면서 고개를 끄덕이는 당사자를 눈앞에 그려 보면서, 뜻이 자신의 의도대로 자유로이 상대방에게 전달되는 문장을 쓰고자 하는 분명한 의식을 가지고 책상 앞에 앉아야 한다.

34) 이수열, 앞의 책. 헌법을 前文에서 시작하여 本文 全 條項까지 우리말다운 표현으로 다시 써 보인다. 그 밖에 오랜 세월 글쓰기 지도에 많은 공을 들인, 작고한 이오덕씨의 '우리글 바로쓰기' 교재가 여러 권 있다.

⋙ 그릇을 키워라, 작가 이상으로

42. 법관은 또한 자신이 부릴 수 있는 어휘가 풍부해야 한다. 문인 이상으로 그래야 한다. 문인들은 자기가 구축하는 세계의 지평을 넓히기 위하여 그렇다. 그러나 그들이 쓴 작품을 독자가 달리 이해하였다고 하여 특별히 문제될 것은 없다. 오히려 문학작품은 작가들의 품을 떠나 새로운 삶을 산다고 하지 않는가. 판결은 그래서는 안 된다. 법관의 뜻이 당사자에게 정확하게 전달되어야 하기 때문이다. 그러자면, 관련 상황의 해석에 딱 들어맞는 정확한 어휘를 구사할 수 있어야 한다. 마치 타석에 선 타자가 상대팀의 투수가 어떠한 변화구를 던지더라도 이를 받아칠 수 있는 실력을 갖추고 있어야 하는 것처럼, 당사자가 변론을 통하여 아무리 까다롭고 복잡한 용어로 사실을 장황하게 설명하더라도, 법관은 단 한 두 마디의 단어로 핵심을 간파할 수 있는 통찰력과 탄탄한 어휘력을 구비하고 있어야 한다. 그래야만 그들을 설득할 수 있고 신뢰를 획득할 수도 있다. 재판의 성패는 결국 듣기 실력과 말하기와 글쓰기 능력이 좌우한다. 어휘를 늘린다는 것은 그만큼 판결이라는 이름의 그릇이 커진다는 뜻이다. 어휘가 넉넉해야 다종다양하고 천변만화하는 수많은 인간의, 사연 많은 삶과 활동을 이야기로 질서정연하게 여실히 엮어낼 수 있다. 어휘를 늘리려면 문학작품 특히 좋은 소설을 수도 없이 읽어야 한다. 그것도 좋은 작품을 엄선해서 말이다. 좋은 작품이란 어떤 것인가? 영어 번역 투에 오염된 최근의 작품들은 권하기가 사실 걱정스럽다. 그보다는 오히려 광복 이후 우리말을 제대로 쓰고자 하는 뚜렷한 의식을 가지고 쓴 명망 있

는 작가들의 작품이나(김동리, 황순원, 박경리, 최인훈, 이청준, 김승옥, 조세희, 윤흥길, 이문구, 이동하, 이문열, 오정희, 황석영 등) 아니면 더욱 안전하게 일정시의 우리말 작품들(김동인, 현진건, 김유정, 나도향, 채만식, 이효석, 이태준 등)을 즐겨 읽는 게 어떨까 하는 생각이 든다. 그때는 아직 서양말의 번역에 오염이 본격적으로 시작되기 전이었고, 일제강점기인 당시 민족의식이 살아있는 작가들은 고운 우리말로 소설을 쓰는 것을 하나의 사명으로 여기고 있었다. 그런 작품을 읽으면 참으로 눈물겹도록 아름다운 우리말들이 많이 살아서 숨 쉬고 있음을 체험할 수 있다.

〉〉〉 우리는 더 노력해야 한다. 우리말의 진정한 광복을 위하여

43. '심안(審按)컨대 …로' 시작하여, 어려운 일제 한자어와 길고도 긴 논증의 띄어쓰기도 없는 줄글로, 모필과 펜을 이용한 세로쓰기의 고역으로 탄생했던 우리의 옛 판결에서, 한글로 된 가로쓰기와 타자기 이용이라는, 당시로는 놀라울 정도의 혁신을 거쳐, 오늘날과 같은 비교적 깔끔하고 정돈된 형태의, 과거보다 훨씬 접근이 용이한 판결문으로 다듬어지기까지, 불과 60년이라는 세월밖에 소요되지 않았다는 것은 어떻게 보면 하나의 기적이라고 아니 할 수 없다. 그만큼 그간에 법원을 다녀간 수많은 분들의 노력이 그 배후에 숨어 있음을 우리는 부인할 수 없다. 특히 우리가 판결문에서 사용하는 용어를 쉬운 것으로 바꾸기 위한 법원의 지속적인 관심과 노력은 2006. 12. 30.에 발간한 600면이 넘는 방대한 분량의 '법원 맞춤법 자료집(개정판)'에 집대성되어 현재 법관들의 서

가에 비치되어 있다. 적어도 용어에 관한 한 이 자료집만 잘 이용하여도 쉬운 문장 작성의 목표달성에 크게 기여하리라고 본다. 문제는 문장이다. 그 수많은 판결 문장을 제3자 등이 나서서 이를 일일이 바로 잡거나 따라다니면서 지도할 수는 없는 일이다. 그런 점에서 하급심 법원의 합의부 부장판사의 역할이 중요하다. 그들은 후배 법관들의 판결 작성을 지도하는 중차대한 책무를 맡고 있기 때문이다. 그러자면 우선 자신 이 상당 수준의, 소통을 목표로 한 글쓰기 기법을 보유하고 있어야 할 것이다. 이보다 앞서 사법연수원과 법학전문대학원에서도 법률관련 문서 작성을 위한 집중적이고 심화된 바른 글쓰기 교육과 훈련이 있어야 하리라고 본다.

44. 법령의 문장, 대법원 판결, 헌법재판소 결정문 등이 우리 어법에 맞지 않는 경우, 재판, 기소, 변론, 평석 등을 목적으로 그 문장을 인용하는 사람들은 때로는 어법에 어긋나는 그 표현들을 그대로 인용할 것이냐, 아니면 제대로 된 표현으로 고쳐 인용할 것이냐 하는 점이 문제된다. 국어학자들은 국문법에 맞게 바로잡아 이용을 해야 한다고 주장한다.[35] 그러나 그것은 대상 판결 등에서 설시한 법리를 논하는 것이므로 그 표현을 문제 삼아 이를 임의로 고치는 것은 본래의 이용 목적에도 어긋나고 자칫 원 문서에 표현된 뜻을 변개할 우려가 있으므로 권할 만한 일이 아니다. 다만, 이러한 법률문화의 근간이 되는 중요한 문장을 생성하는 지위에 있는

35) 민법에 남아있는 일본어식 용어와 문체를 집중적으로 연구하여 250면의 방대한 자료로 정리한 홍사만 교수가 그 대표적인 경우이다.

분들이 그만큼 품위 있고 정확한 우리글을 써서 이해관계인 그 누구로부터도 책잡힐 일이 없어야 된다는 점은 두말할 나위도 없다. 바로 그분들에게 쉬우면서도 아름답고 수준 높은 우리나라의 법률 문장을 선도하는 고귀한 책무가 부여되어 있기 때문이다. 역사에 길이 남는 명문은 주로 쉬운 문장이다. 언중이 접근할 수 없다면 명문도 없다. 국민들의 입술에서, 가슴에서 오래도록 살아 있는, 그런 명문의 판결문을 만나게 되기를 많은 사람이 바라고 있다.

››› 판결 문장의 논의에서 법조계 글쓰기의 개혁으로

45. 법률문화의 계승이라는 관점에서 이웃나라 일본의 존재는 우리에게 행운이자 불운이다. 우리가 비교적 단기간에 민주적인 법체계를 안정적으로 정착시키는 한편, 어떤 분야에서는 저들 이상으로 운용상의 놀라운 발전과 획기적인 제도개혁을 이룬 것은 그들이 일찍이 서양제국으로부터 계수한 근대적 법체계와 그들이 받아들이거나 개발한 이론과 오랜 기간의 재판경험으로 쌓인 선례들을 우리에게 전수해 주었기 때문에 가능하였다. 이 점을 부인할 수는 없다. 그러나 문장 구조가 비슷할 뿐 음운체계가 전혀 다른 그들의 언어를 일정기간 우리의 선대가 사용할 수밖에 없었던 절망스런 역사적 경험과, 그 내용물을 담아 온 외피(일본어)가 갖고 있는 그들 고유의 언어특질이 우리 민족의 언어생활에 은연중에 스며들거나 고스란히 잔존하면서, 그로 인한 소통장애와 우리말의 훼손은 아직도 우리에게 크나큰 상처요 악몽이 되고 있다. 우리는 이와 같은 바람직스럽지 못한 유산을 과감하게 떨쳐버려야 한다.

법률문장과 법률 관련 문장, 즉, 법원의 판결문, 헌법재판소 결정문, 검찰의 공소장, 법정 변론을 위한 당사자나 대리인들의 소송자료, 법률학 논문 등을 작성할 때, 그들의 영향에서 완전히 벗어나는 언어의 광복이 있어야 한다. 그러기 위해서는 먼저 법관이 쓰는 판결문부터 일본의 망령으로부터 벗어나고자 하는 확고부동한 의식을 가지고 이를 하나하나 가능한 부분부터 고쳐나가야 한다. 그렇게 인접 분야의 글쓰기를 선도해야 한다. 오늘날과 같은 표현능력의 미숙과 의사전달의 요령부득에서 오는 소통장애와 이 때문에 발생하는 국가나 사회의 추가비용과 스트레스를 우리는 더 이상 방치할 수 없다. 모두 나서서 이의 해소 방안을 진지하게 모색하여야 한다. 판결 문장의 논의는 겨우 시작일 뿐이다. 이 논의는 궁극적으로는 법률문장론이나 법조계의 글쓰기 개혁운동으로 확산되어야 한다. 그래야만 제대로 된 우리말과 우리글 사용이 법조계에 자리를 잡을 것이다. 그런 변화는 시간이 좀 걸리기는 하겠지만, 결국 언중들에게 전달되리라고 본다. 이 얼마나 멋지고 보람된 과업인가. 이 글이 그런 아름답고 오랜 우리들의 꿈에 불을 지피는 하나의 계기가 되기를 바라마지 않는다. (2010. 1. 13.)

첨부 자료: 판결 문장 다듬기(예시)

[1심 민사 판결의 원문 중 판단 부분]

나. 판단

1) 앞서 본 사실관계에 비추어 볼 때 인정되는 다음과 같은 사정들, 즉 피고는 당초부터 이 사건 공사의 단순한 시행자가 아닌 공동사업자의 지위에 있었다고 봄이 상당한 점, 이 사건 약정은 A주택에게 일정한 사유가 발생하여 이 사건 사업을 더 이상 원만하게 진행시킬 수 없는 사정이 생기면 공동사업자의 지위에 있는 피고가 이 사건 부동산 및 A주택의 대출금 채무 등을 인수하여 이 사건 사업을 계속하여 진행하도록 하려는 목적에서 체결된 것으로 봄이 상당한 점, 피고는 이후 이 사건 약정을 원인으로 하여 이 사건 부동산에 대한 이전등기청구를 구하는 이 사건 전소를 제기하여 승소판결을 받은 점, 이후 이 사건 부동산 및 그 사업부지의 소유권을 모두 피고가 취득하는 등 실제로도 A주택에게는 이 사건 사업의 시행과 관련된 아무런 권리가 남아 있지 않는 것으로 보이는 점 등에다가 증인 B의 일부 증언(뒤에서 배척하는 부분 제외)에 변론 전체의 취지를 종합하여 인정되는 다음과 같은 사실, 즉 원고들은 이 사건 전소가 진행 중이던 때부터 별지 목록 기재 각 부동산으로의 입주 등에 관하여 피고와 상의한 바 있고, 피고도 원고들에게 입주하도록 해 주겠다는 취지의 언질을 주기도 하였던 사실을 더하여 보면, 피고는 이 사건 약정에 의하여 A주택이 원고들과 체결한 각 분양계약에 따른 권리의무를 포함하여 이 사건 사업시행자의 지위를 포괄적으로 승계하기로 한 것으로 봄이 상당하고, 따라서 그 각 분양계약에 따른 소유권이전등기의무도 피고에게 인수되었다 할 것이며, 원고들은 이미 그러한 피고와 A주택 사이의 사업시행자의 지위의 인수(혹은 그에 포함된 채무인수)에 대하여 동의 내지 승낙의

의사표시를 한 것으로 봄이 상당하다.

2) 따라서, 피고는 다른 특별한 사정이 없는 한 원고들에게 별지 목록 기재 각 부동산에 관하여 원고들이 체결한 각 분양계약을 원인으로 한 소유권이전등기절차를 이행할 의무가 있다(이에 대하여 피고는, 비록 피고가 이 사건 약정에 의하여 A주택의 사업시행권을 인수한 것으로 본다 하더라도, 인수시점 이후의 분양사업의 시행권을 취득하였을 뿐 인수시기 이전에 A주택이 시행한 기존 사업과 관련된 권리의무까지 포괄적으로 승계한 것은 아니라는 취지의 주장을 하나, 사업시행권을 인수하면서 기존의 채권채무를 승계하지 아니한다는 것은 오히려 이례적이라 할 것이므로, 이에 대하여는 그 승계를 부정하는 자에게 입증책임이 있다 할 것인바, 이를 인정할 충분한 증거가 없을 뿐 아니라, 이 사건 2차 약정에 의하더라도 피고가 이 사건 사업과 관련된 이 사건 부동산 및 그 사업부지를 모두 취득하기로 하고, 이 사건 부동산 및 그 사업부지의 평가액에서 원고들을 비롯하여 분양계약을 해제하지 아니하고 입주할 자들로부터 지급받을 잔금을 공제하지 않는 등 A주택에게는 이 사건 사업과 관련된 아무런 권리도 남지 않은 것으로 보이는 점에 비추어 보더라도 피고의 위와 같은 주장은 이유 없다).

3) 한편, 이 사건 2차 약정 제6조에서 피고가 A주택이 아닌 제3자에게는 직접 채무를 부담하지 아니한다는 취지로 규정하고 있는 것은 앞서 본 바와 같으나, 이 사건 2차 약정은 이 사건 약정을 근거로 피고가 제기한 이 사건 전소의 승소판결이 있는 후 피고와 A주택이 이 사건 사업시행권의 양도양수의 구체적인 내용에 대하여 한 합의가 그 주된 내용인 점, 앞서 본 바와 같이 이 사건 약정에 대하여 원고들이 이미 동의 내지 승낙의 의사표시를 한 것으로 보는 이상 피고와 A주택이 그 이후에 자신들만의 약정으로 이 사건 약정에 따른 원고들의 권리를 해할 수는 없다고 봄이 상당한 점 등을 고려할 때, 을 3호증의 기재, 증인 B의 일부 증언만으로는 피고가 원고들과 A주택 사이의 각 분양계약에 따른 소유권이전등기

의무를 인수한 것이 아니라, A주택에 대하여만 그 소유권이전등기의무의 이행을 인수한 것이라고 인정하기에는 부족하고 달리 이를 인정할 증거가 없다. 또한 피고 주장과 같이 A주택이 이 사건 2차 약정상의 의무를 이행하지 아니한 게 사실이라 하더라도 이를 이유로 이 사건 2차 약정이 아닌 이 사건 약정이 해제 등으로 실효되었다고 볼 아무런 증거가 없다. 따라서, 이행인수를 전제로 한 피고의 ① 부분 주장은 더 나아가 살필 필요 없이 모두 이유 없다.

4) 또한 을10 내지 14, 16, 17의 각 기재 및 영상만으로는 별지 목록 기재 각 부동산을 비롯한 이 사건 부동산의 인도의무의 이행이 불가능할 정도의 하자가 있다는 사실을 인정하기에 부족하고, 달리 이를 인정할 증거가 없으며, 피고가 주장하는 사정들만으로는 분양계약의 목적달성이 불가능하다고 볼 수는 없다. 따라서, 피고의 ② 부분 주장도 이유 없다.

[위 판결의 문장 다듬기]

나. 판단

1) 피고는 A주택이 가진 이 사건 사업시행자의 지위 일체를 승계하였다. 원고들과 맺은 1차 약정의 내용으로 보아 그렇다. 물론 분양계약에서 정한 권리의무도 포함된다. 아울러 소유권이전등기 의무도 피고에게 넘어왔다. 원고들은 사전에 이미 그 인수에 동의하거나 이를 승낙한 것으로 보인다. 이러한 판단의 근거가 되는 사정은 다음과 같다.

피고는 당초부터 단순한 시공자가 아닌 공동사업자의 지위에 있었다. 공사 중 A주택에 사정이 생겨 사업을 더 이상 순조롭게 진행할 수 없게 되면, 공동사업자인 피고가 공사에 관한 모든 채무 등을 인수하고, 그로 하여금 중단된 사업을 진행시키고자 하는 뜻에서 당사자 간 1차 약정을 맺은 것이다. 이후 같은 약정을 원인으로 피고는 A주택을 상대로 문제의 부동산에 대한 이전등기를 구하는 소송을 제기하여 법원에서 승소판결을 받기도 하였다.

이와 같이 사업대상인 부동산과 그 부지의 소유권 전체를 피고가 취득하면서 사실상 A주택에는 사업시행과 관련한 권리가 없어졌다. 거기다가 원고들은 위 등기소송이 진행되던 때부터 별지 기재 각 부동산으로 입주하는 문제를 놓고 피고와 상의한 바도 있고, 이에 응하여 피고는 원고들의 입주를 승낙한다는 취지의 언급을 하기도 하였다.

2) 그러므로 피고는 다른 특별한 사정이 없는 한, 원고들에게 별지 기재 각 부동산에 관하여 원고들이 체결한 분양계약을 원인으로 한 소유권 이전등기 절차를 이행할 의무가 있다. 이에 대하여 피고는, 비록 사업시행권의 인수가 사실이라 하더라도 이는 인수 이후의 분양에 관한 사업시행권을 취득한 것일 뿐 그 이전의 모든 권리의무까지 전부 승계한 것은 아니라고 주장한다.

그러나 피고의 위 주장은 이유 없다. 기왕의 채권채무를 제외하고 사업시행권만 인수하는 것은 업계의 관행으로는 이례에 속하는 일이다. 이런 경우에는 그 사실을 주장하는 사람이 증명을 하여야 한다. 그런데도 이를 인정할 어떠한 증거도 없다. 공사 중인 건물과 그 부지를 모두 취득한 피고가 분양계약의 효력을 유지하면서, 입주예정자들로부터 수령할 잔금을 당해 부동산의 평가액에서 전혀 공제하지 않은 점을 보더라도 위와 같이 A주택에는 이렇다 할 아무런 권리도 잔존하지 않게 되었다고 보는 것이 옳다.

3) 나아가 피고는 문제된 소유권이전등기의 의무를 인수한 것이지 그 이행의 인수를 한 것이 아니다. 또 피고 주장대로 A주택이 2차 약정에서 정한 의무를 이행하지 않았다고 하더라도 이로써 1차 약정이 해제 등을 원인으로 실효되는 것은 아니다. 그 이유는 다음과 같다.

이 사건 2차 약정 제6조를 보면, 피고가 A주택이 아닌 제3자에게는 직접 채무를 부담하지 아니한다고 규정하고 있는 것은 사실이다. 그러나 피고가 제기한 소송에서 앞서 본 승소판결이 있은 후 1차 약정을 바탕으로 맺은 위 2차 약정은 그 주된 내용이 피고와 A주택 상호간 사업시행권의 양도양수에 관한 것이었다. 그런데 원고들이 위와 같이 사전에 이미 이에 동의를 하거나 이를 승낙하였다고 보는 이상, 피고와 A주택이 한 그들 사이의 사후 약정을 들어 1차 약정으로 이미 확정된 원고들의 권리를 해칠 수는 없다.

4) 이 사건 분양계약의 목적 달성은 가능하다. 피고가 제출한 모든 증거를 보아도 법률로나 사실로나 부동산의 인도가 불가능하다고 보아야 할 무슨 특별한 사정이 없기 때문이다.

다시 판결 문장을 생각한다

– 사소함을 넘어 쉽고도 품위 있는 문장으로

››› 판결문장에 대한 논의는 사소한 것에 대한 집착인가

1. 몇 년 전 리처드 칼슨이라는 사람이 쓴 '사소한 것에 목숨 걸지 말라'는 제목의 책이 독서시장을 석권한 적이 있다. 책에서 말하는 그 사람의 문제 대응방식은 첫째, 사소한 것에 연연하지 말라. 둘째, 모든 것은 사소하다는 것이다. 그렇게 보면, 우리가 쓰는 판결에 관하여 그 내용이 아니라 문장의 작성방식을 두고 왈가왈부하는 일은 분명 사소한 것이다. 판결문은 무엇보다 결론과 이에 이른 논증과정이 더 중요하기 때문이다. 글쓰기는 무엇을 쓰느냐(What to say) 하는 것이 우선이고, 어떻게 쓰느냐(How to say) 하는 것은 그 다음의 문제다. 그런 관점에서 판결문장을 논한다거나 어떻게 쓴 판결이 좋은 판결이냐를 따지는 일은 결국 사소한 것에 대한 관심과 집착으로 볼 여지가 있다. 트리비얼리즘(trivialism)이라는 비난도 그래서 생겨난다. 그러나 중요한 것은 언제나 우리가 소홀히 여기는 일상의 사소한 것들에 근거하고 있다는 점을 감안하면 그와 같은 비난이 반드시 옳다고만 할 수 없다. 거기다가 판결은 소통을 전제로 하는, 대단히 강력한 힘을 가진 영구보존의 국

가 공용문서인데다가 대법원은 최근 하급심판결을 포함한 모든 판결을 국민에게 공개한다는 방침을 발표하였다. 이제는 판결문장에 대한 논의를 사소한 문제만으로 돌릴 수 없게 되었다.

>>> 좋은 판결이 많은 것은 사실이다

2. 톨스토이의 걸작, 안나카레리나의 첫 문장은 다음과 같이 시작된다. 행복한 가정은 비슷비슷한 모습으로 행복하고, 불행한 가정은 각자 여러 가지 다른 방식으로 불행하다. 수많은 버전이 있는 이 유명한 구절을 뒤집어 판결문장에 대입한다면, 잘 읽히는 판결은 각자 다른 방식으로 잘 읽히고, 어려운 판결은 비슷한 방식으로 어렵다고 할 수 있다. 좋은 판결이 많은 것은 사실이다. 그러나 당사자나 국민도 그렇게 생각하느냐가 문제다. 그간 여러 매체를 통하여 판결의 문장이나 용어에 대하여 말이 많았던 사정을 고려하면 법관들의 생각과는 일부 다른 것도 현실이다. 읽는 사람에 대한 배려가 부족하다는 것이 공통된 지적이었다.

>>> 우리나라 판결문장의 역사는 말과 글의 거리 좁히기 과정이다

3. 우리의 판결문장이 지금과 같은 모습으로 다듬어진 것은 그간 우리 선배들의 크나큰 관심과 노력 덕분이다. 같은 기간 동안 별다른 변화를 보이지 않는 일본의 경우에 비하면 특히 그렇다. 어떻게 생각하면 우리 판결문장의 역사는 말과 글의 거리 좁히기 과정이라고 할 수 있다. 구한말 근대적인 사법제도가 이 땅에 도입된 이래 ① 우리 언어를 빼앗긴 일제강점기 조선고등법원의 일본어로

된 판결, ② 광복 후 양면괘지에 펜이나 붓으로 세로쓰기 한 쓴 한자(漢字) 일색인 고문 투의 판결, ③ 1960년대 초, 조진만 대법원장의 한글전용단행과 가로쓰기, 띄어쓰기, 초고를 기초로 사무보조원이 타자방식으로 원본을 작성하는 등의 일대개혁을 거쳐, ④ 1990년대 초, 법관이 직접 워드프로세서로 판결 초고를 작성하게 되면서, 증거표목기재의 간이화가 시행되었고(과거에는 모든 서증에 대하여 일일이 증거 인부를 받아 이를 판결에 반영하였다. 그 시절에는 증거설시가 한 면을 넘는 경우도 허다했다. 그러다가 성립에 다툼이 없는, 누구누구의 증언에 의하여 진정성립이 인정되는 등의 기재 생략에서 시작하여 증거를 요약식으로 한 곳에 모아쓰게 되었다), ⑤ 1990년대 후반에는 종래 통용되던 요건사실 중심의 판결체제에서 쟁점 중심의 판결체제로 그 구성방식이 바뀌었다. 단어도 쉬어지고, 문장도 짧아졌다. ⑥ 2000년대에는 판결 문장이 더욱 국민에게 더 다가서야 된다는 인식의 확산으로 전국의 각급 법원별로 모임을 갖고 연구발표를 하거나 관심 있는 법관들의 조사연구 자료가 생성되기 시작하였고, 이와 같은 노력이 반영된 판결이 눈에 띄기 시작하였다. 그러나 여전히 국민들은 우리의 판결 문장에 대하여 불만이 많다.

››› 좋은 문장의 핵심은 간결명료한 것이다

4. 지금은 유명 인사가 된 어느 작가의 글을 필자가 처음으로 읽은 것은 1972년쯤으로 기억한다. 당시 한국일보 문화부 기자였던 그는 자신에게 허용된 신문지상의 공간을 글쓰기 훈련장으로 사용하고 있었다. 그러나 첫 문장에서 받은 충격은 대단했다. 그

알듯말듯한, 난해하고 긴 문장, 이를테면, '내일이 전혀 새로울 수 없으리라는 확실한 예감에 사로잡히는 중년의 가을은 난감하다.' 등의 표현 등이 그러했다. 이런 기이한 문체로 버젓이 신문에 글을 쓰는 사람도 있구나, 하는 생각을 하기도 하였다. 그런 그가, '버려진 섬마다 꽃이 피었다' 하는 아주 간결하고 날카로운 문장으로 우리 앞에 등장한 것은 그로부터 30년이 지나서였다. 칼의 노래를 쓴 소설가 김훈이, 그와 같이 사유가 깊어지면서 일체의 수식어가 빠져나가고 문장의 길이가 3분의 1쯤으로 줄어드는데 그만큼의 세월이 소요된 것이다. 그런데 특이한 것은 그는 법률문장을 아주 좋아해서 문장 수련에 상당한 도움을 받은 것 같고, 그의 책상 위에는 국어사전과 함께 대법전이 놓여 있다는 점이다.

››› 좋은 문장은 품격도 있어야 한다

5. 글은 쉬운 단어와 짧은 문장으로 간결명료하게 작성하는 것이 소통에 유리하다는 것은 누구나 아는 사실이다. 그러나 쉽다고 다 좋은 것이냐 하면 반드시 그런 것도 아니다. 법률 요건의 존부를 심사하는 판결이, 법률이 규정한 그 용어를 지나치게 벗어나 마음대로 아무 단어나 빌려 쓸 수는 없는 일이다. 국가 공용문서로서의 품격도 문제된다. 품위가 낮은 단어도 분명히 있다. 이 점을 아울러 생각하여야 한다.

››› 문장 구성의 기본 형태와 단어의 역할을 알아야 한다

6. 문장은 주어와 술어로 구성된다. 편의상 주어를 A라고 하

고, 술어를 B라고 한다면 그 틀은 ① A는 B이다. ② A는 B한다. ③ A는 B하다의 세 가지다. ①은 A의 존재를 나타내고, ②는 A의 동작을 나타내고, ③은 A의 상태를 나타낸다. 모든 문장은 이와 같은 세 가지 기본 양식에서 출발한다. 문장에 동원되는 단어 중 A는 명사, 대명사, B는 ①의 경우에는 명사, ②의 경우에는 동사, ③의 경우에는 형용사다. A를 수식하는 것은 형용사, B를 수식하는 것은 주로 부사가 맡는다. 나머지는 접속사 등 연결사가 대부분이다.

7. 글쓰기는 단어의 선택과 배열이다. 앞서 본 세 가지 기본형, 다시 말하면 주어 한 단어, 술어 한 단어로 된 문장은 단순하고 명료하다. 이어 구문의 다른 요소들이 첨가되어 점차 여러 가지 문형으로 확장된다. 그런 과정을 거쳐 주어와 술어를 한정하거나 설명하려고 수식어를 덧붙이거나, 목적어가 등장하고, 문장이 다른 문장을 품게 되면 글은 불가피하게 길어진다. 이 때, 방심하게 되면, 주어와 술어의 호응이 어긋나게 되고, 수식어의 지배범위가 모호해지면서 의미전달에 탈이 날 수밖에 없다. 상황에 잘 들어맞는 단어를 선택하는 것도 중요하지만, 단어를 어떻게 배열하느냐에 따라 소통의 정도가 확연히 달라질 수 있다. 단어의 선택과 배열을 달리 해 보는 것은 문장 공부에 도움이 된다. 좋은 글을 쓰려면 우선 주어와 술어를 잘 챙겨야 한다. 문장 하나에 사실 하나, 생각 하나만을 싣는다는 원칙으로 시작하여 되도록 그 원칙을 유지하며 글을 써야 한다.

〉〉〉 사실인정은 생생하게, 법률판단은 명쾌하게

8. 판결문의 구성은 크게로는 사실인정과 법률판단으로 나눈다. 그 중 특히 사실인정은 법률효과 선언의 전제가 되는 중요한 요건이므로, 알기 쉽고 단순한 용어로 기술되어야 한다. 국민들이 일상의 대화에서 흔히 사용하는 낯익은 단어를 익숙한 방법으로 배열하여 증기로 인정되는 사실관계를 선명하게 그려내야 한다. 단어와 구문을 어법에 맞게 구사하여야 한다. 문법이 아니라 어법이다. 법률판단은 논증이 명쾌하여야 한다. 힘있는 단어와 간결한 문장으로, 누가 읽더라도 결론에 해당하는 그 판단 내용을 달리 해석할 여지가 없이 명료하게 제시해 보여야 한다.

〉〉〉 옥에 묻은 티를 걷어낸다

9. 문장은 다듬을수록 좋아진다. H.G.웰스는 "다른 사람의 초고를 고치는 일은 신나는 일이다"라고 말한 바 있다. '나는 글은 잘 못써도 고치는 것은 잘 한다'고 말하는 사람도 있다. 한 두 단어, 심지어는 토씨 하나와, 쉼표 하나 넣어도 문장의 이해도가 달라지는 경우도 있다. 예를 들면 이런 경우이다. '달은 밝다'와 '달이 밝다'는 표현의 의도와 사정이 서로 다르다. 전자는 묘사문이지만 후자는 설명문이다. 오스카 와일드는, 하루 종일 자기가 쓴 문장을 들여다보면서 오전에는 쉼표 하나를 첨가하였고, 오후에는 그 쉼표를 다시 삭제하였다고 말한 바 있다. 여기서는 우리의 소중한 판결, 그 옥에 묻은 티를 걷어낸다는 그런 생각으로 주로 민사단독 판결에서 발견되는 용법과 작성방식 등을 중심으로 두서없이

짤막짤막하게 언급하고자 한다. 이 견해가 반드시 옳다는 것은 아니다. 다만, 읽기 쉬운 판결문을 쓰는데 작은 참고가 되길 바랄 뿐이다.

〉〉〉 단어를 바꾸거나 줄여 쓰고 중복을 없애라

10. [원고는 피고와 사이에 A부동산에 관하여 매매계약을 체결하였다.]

'원고는 피고와 A부동산에 관한 매매계약을 체결하였다'라고 하거나 '원고와 피고 사이에 A부동산에 관한 매매계약이 체결되었다'의 둘 중 하나이어야 한다. 그러나 이런 표현은 누가 매도인인지, 누가 매수인인지 금방 알 수 없고, 조금 더 읽어내려가야 사정을 알 수 있다. 요건 사실의 존부를 따져야 하는 주요사실이 아니라, 관련 사실의 경과를 종합적으로 인정하는 경우에 있어서는 두 문장보다, '원고는 피고로부터 1억 원에 A부동산을 매수하였다'라는 방식으로, 개개의 요건 나열이 아니라 그로 인한 효과 중심으로 쓰는 것이 더 간명한 표현이다.

11. [원고는 피고에게 2008. 1. 1.부터 2009. 3. 30.까지 사이에 수차에 걸쳐 물품을 공급하였다.]

'까지'와 '사이에'라는 두 단어는 중복이다. 기간 중 물품의 계속 공급을 시사하는 표현 같으나 둘 중 한 단어만으로도 그 뜻은 충분히 전달된다.

12. [원고는 피고로부터 대금으로 2,000만 원을 지급받았다.]

원고가 2,000만원을 그냥 받았다고 하거나 수령하였다고 아니하고 꼭 지급받았다고 하는 이유를 알 수 없다. 동시이행 판결에는 C부동산을 인도받음과 동시에 돈 몇 1,000만원을 지급하라거나, 돈 1,000만원을 지급받음과 동시에 D부동산을 인도하라는 주문(主文)이 있다. 여기서 영향을 받아 그런 방식이 아닌 사실의 인정에도 '돈을 지급받았다'라고 쓰게 된 듯하다.

13. [B부동산에 관하여 소유권이전등기가 마쳐졌다.]

등기가 '마쳐졌다'는 단어는 종래 써오던 '경료(經了)하다'는 말이 어렵다는 지적에 따라 이를 우리말로 바꾼 것을 '마치다'라고 보고 이의 수동태의 과거형으로 전환한 것이 '마쳐졌다'이다. 등기가 마쳐졌다는 말은 등기가 경료되었다는 말보다 오히려 더 좋지 않다. 국민들이 그런 표현을 쓰는 사람도 없거니와 너무나도 작위적인 수동태 낱말이어서 어색하기 짝이 없다. 더구나 문장 가운데 '…마쳐졌다가', '…마쳐졌다가' 하는 표현이 연달아 등장하는 경우에는 자연스럽게 읽어내기가 쉽지 않다. 등록에 관하여는 '등록하다'라는 표현을 쓰면서 등기는 왜 '등기하다'가 안 되는지 모르겠다. 민법 제186조를 보면, 부동산에 관한 법률행위로 인한 물권의 득실변경은 등기하여야 그 효력이 생긴다고 하고, 제187조에도 '등기를 하지 아니하면 … 이를 처분하지 못한다'라는 표현이 있다. '등기를 하였다'라는 표현이 가장 자연스럽다. 또 그것이 언중의 언어 용법에도 맞는다. 경료하다는 말도 그렇다. 아마도 등기관의 등기 절차인 접수 – 심사 – 실행 – 교합의 전 과정을 '거쳐서 마친다'는 뜻을, 한 단어로 나타내려 한 것으로 보이나 우선 이 단어는 그 출처가 분명치 않고 일반인들은 잘 쓰지 않는 용어라서 되도록 피하는 것이 좋을 듯하다.

14. [임대하여 주고, 등기하여 주고, 도급을 주고]

이러한 구문에서 '주다'라는 말이 끼어들 여지가 없다. 그냥 간명하게 '임대하고, 등기하고, 도급하고'라고 쓰면 그만이다. 어딘지 모르게 좀 부족한 듯하여 사족을 덧붙이면서 심리적 안정감을 얻을지는 모르지만 문장을 난삽하게 만든다.

15. [믿기 어렵다. 받아들이기 힘들다.]

최근 거의 모든 판결에 우후죽순처럼 등장한 최종 판단방식이다. 아마도 증거를 제출한 당사자의 처지와 반발을 고려하여 완곡한 표현을 시도한 듯하다. 그러나 주장과 증거는 믿느냐, 안 믿느냐, 받아들이느냐, 배척하느냐 하는 취사선택의 문제이지, 취신(取信)의 난이도에 관한 문제가 아니다. 굳이 난이도를 따지자면, 어느 정도로 어려운가 하는 그 정도가 또한 문제가 될 수 있다. 그와 같이 어렵다는 말은 논리학상 명석한 개념이 아니다. 법원이 여러 증거를 종합하여 특정증거를 믿지 않거나, 어떤 주장을 믿지 않는다고 하거나 믿을 수 없다고 하면 그만이다(자유심증주의, 민사소송법 제202조). 그것은 재판을 담당한 법관에게 증거취사와 주장인부의 권한이 부여되어 있기 때문이다. '믿기 어렵다', '받아들이기 힘들다'라는 말은 법관이 사안의 심증형성과정에서 떠오른 내부적인 의사이어야 하고, 판결에 표시되는 것은 증명 유무에 관한 최종적인 결단인, '믿지 아니 한다', '받아들이지 아니 한다'라고 정리되어야 한다.

16. [C회사에게, 대한민국에게, D조합에게]

우주의 삼라만상에 발언권을 부여하는 시인 말고는 이런 조사를 붙이지 않는다. 국어사전을 보면, 사람, 동물 등 유정명사에는 '- 에게'를, 무정명사에는 '- 에'를 붙인다고 설명한다. 'C회사에, 대한민국에, D조합에'라고 써야 한다. 정 내키지 않으면 '- 에 대하여'라고 덧붙이면 되겠지만, 그것 또한 불필요한 단어의 첨가여서 권하고 싶지 않다.

17. [원고의 동의 하에, 원고의 허락 하에]

'원고의 동의 아래'라고도 쓴다. 전형적인 문어이다. 보통 사람들은 이런 표현을 잘 쓰지 않는다. '원고의 동의를 받아, 원고가 동의하여, 원고의 허락을 얻어'라고 쓰면 된다.

18. [-라고 봄이 상당하다]

'-라고 보는 것이 옳다. -라고 보아야 한다, -라고 본다'라고 쓰는 것이 일상 어법에 맞다. 동사의 명사형이 중간에 끼어들어 문장을 딱딱하게 만들고 있다. '-함으로써, -함에 있어서' 등의 표현도 적당한 방법으로 고치는 것이 좋을 것이다. 이와 관련하여 과거에는 간접사실의 인정에 '엿볼 수 있다'라는 표현을 더러 쓴 바 있는데, 이는 한자말인 규지(窺知)되다를 바꾼 것이었다. 엿보다는 단어가 느낌이 좋지 않다는 지적이 있어 지금은 대부분 '-을 알 수 있다'라고 쓰고 있다. 이 또한 적절한 표현인지는 알 수 없다.

19. [사실은 이를 인정할 수 없다]

일본식 표현이다. '사실을 인정할 수 없다'라는 표현보다는 한층 더 맛깔스러워 보이지만, 판결문은 멋을 내는 공간이나 표현매체가 아니다. 단순한 것이 좋다.

20. [- 한 바]

문장이 길어지는 요인이 되는 아주 흔한 표현이다. 이쯤에서 과감하게 문장을 끊는 것이 좋다. 전후 맥락을 점검하여 일단 종결 처리하고 새 문장으로 다시 시작하는 것이 바람직하다.

21. [후속차량인가, 후행차량인가]

후속차량으로 쓴 판결(대법원 1978. 11. 28. 선고 78다1909 등 판결)도 있고, 후행차량으로 쓴 판결도 있지만, 후자가 압도적으로 많다. 원래 후행이란 말은 혼인 때 신부나 신랑을 데리고 간다는 뜻으로, 그 뜻 외에 뒤에 처져간다는 뜻을 올린 사전(동아새국어사전)도 있지만, 최초의 뜻뿐인 사전(민중서림 국어대사전)도 있다. 일반인들은 후속보도, 후속조치, 후속절차 등으로 후행보다는 후속이라는 용어에 더 친근할 것으로 여겨진다. 그러나 이와 같은 한자어보다는 현행 도로교통법의 규정대로 앞차, 뒤차로 쓰거나 앞서 가는 차, 뒤따르는 차로 쓰는 게 무난하지만, 굳이 한자말로 표현하자면 후속차량이란 말이 오히려 더 자연스럽다. 후속이란 말이 바로 뒤따른다는 뜻이기 때문이다.

22. [임대보증금, 임차보증금, 대여금, 차용금]

당사자의 지위에 따라 돈의 성격 등이 다른 경우에는 이를 밝혀 적는 것이 정석이다. 임대인에게는 임대보증금이고, 임차인에게 임차보증금이다. 채권자에게는 대여금이고, 채무자에게는 차용금이다. 예컨대, 빌린 돈의 반환을 명하면서, 피고는 원고에게 나머지 대여금 1,000,000원을 변제할 의무가 있다고 하는 것보다는 나머지 차용금 1,000,000원을 변제할 의무가 있다고 하는 것이 더 낫다.

23. [신청이 있는 때에는, – 사실로 인하여, – 그럼에도 불구하고]

'신청이 있으면'이나 '신청하면'으로, '– 사실로', '– 그럼에도(그런데도)'라고 더 줄여 쓸 수 있다. '신고납부세액이 –에 미달한 때에는 보통징수의 방법에 의해 징수한다'의 경우에는 '–에 미달하면 보통징수의 방법으로 징수한다.'로 다시 쓸 수 있다. '근저당설정과 가압류 등으로 인해 사실상 재산가치가 없어'의 경우, '인해'라는 단어를 빼는 것이 오히려 문맥이 더 자연스럽다. '불구하고'는 불필요한 문구다. 이와 같이 적은 수의 단어로 같은 뜻을 나타낼 수 있다면 굳이 글자 하나라도 더 보탤 것 없다. 물론 문장의 흐름이나 문맥상 그럴 필요가 있으면 모르되 되도록 간명하게 쓰자는 원칙은 이 경우에도 그대로 적용된다.

24. [다툼이 있던 중, 그 재산에 대하여 부과된 지방세, 잘못이 있다고 하더라도]

이 역시 마찬가지로, '다투던 중', '그 재산에 부과된 지방세', '잘못이 있더라도'와 같이 줄여 쓸 수 있다.

25. [선해하다]

간혹 눈에 띄는 용어이다. 주장하는 사람의 이익을 위하여 다른 취지로 이해하는 경우에 흔히들 그렇게 쓴다. 아마 법관 특유의 용어이지 싶다. 이때는 '원고 또는 피고의 무슨 주장을 어떠어떠한 취지로 이해하다'로 쓰면 족하리라고 본다. 굳이 낯설고 어색한 말을 써야 할 이유는 없다.

26. [선정자 목록]

과거 어느 법원장이 소속 법관들에게, 사람을 어찌 목록으로 엮을 수 있느냐면서 명단으로 고치라고 지적한 바 있다. 옳은 지적이라고 본다. 드물긴 하지만 그렇게 쓴 판결을 본 적이 있다.

27. [피고는 A와 통정하여]

'상대방과 통정한 허위의 의사표시는 무효로 한다'는 민법 제

108조 제1항의 요건사실에 충실한 문장이다. "A는 피고와 통정하여 이 사건 부동산에 대한 임대차보증금반환채권을 허위로 양도하고"가 그런 경우이다. 당사자가 부부 아닌 남녀로서, 문제된 법률 조항에 익숙하지 아니 한 경우, 이 부분을 읽으면서 받을 충격을 생각하여 보라. 통정(通情)이라는 다른 뜻을 가진 어감이 좋지 아니한 한 단어 때문에 법원에 대한 심각한 오해와 불만을 가질 수도 있을 것이다. 같은 뜻이라도 독자를 당황하게 하거나 어리둥절하게 하는 이런 표현은 되도록 삼가야 한다. 바로 그것이 상대방에 대한 배려이다.

28. [부진정연대채무의 각자라는 단어]

과거, 판결 주문에서 금전급부를 명하는 경우, 보통의 연대채무와 구분하여 부진정연대채무에 관하여는 각자라는 단어를 사용하여 왔다. 연대채무자 1인이 변제를 한 때, 그 효력이 다른 채무자에게 어떤 효력이 있느냐에 관하여 논의가 있었기 때문이다. 그러나 최근의 전원합의체 판결(대법원 2010. 9. 16. 선고 2008다97218 판결)로 부진정연대채무의 경우에도 변제의 절대적 효력을 인정함으로써 이제는 구분의 실익이 없어졌다. 그냥 '연대하여'라고 표기하면 될 것이다.

29. [부합하지 않아, 이에 대해, 받아들이지 않는다]

준말보다는 본디말을 쓰는 것이 공용문서인 판결문의 품위에 어울린다. '부합하지 않아' 보다는 '부합하지 아니하여'로 쓰는 것이 좋다. 마찬가지로 '이에 대해' 보다는 '이에 대하여'가 낫다. 같은 이유로 '받아들이지 않는다' 보다는 '받아들이지 아니 한다'가 자연스럽다. '변제를 위해' 보다는 '변제를 위하여'가 무난하다. 이는 원칙이 그렇다는 것이고, 줄여쓰는 것이 좋다는 견해도 있다.

30. [차용금의 변제를 위해 원고를 만난 자리에서]

'빌린 돈을 갚으려고 원고를 만난 자리에서'로 바꾸면 훨씬 더 읽기가 쉽다. 거래당사자가 재래시장의 노인들이라면 이와 같이 다시 쓴 표현이 잘 먹힐 것이다.

31. [그 지점의 통과가 정상적으로 이루어지려면]

무엇이 어떻게 이루어진다는 표현을 판결문에서 종종 발견할 수 있다. 그러나 이러한 표현은 명사 중심으로 사고하는 영어 번역 문투이고 의미 전달이 우회적이어서 문장의 힘이 약하다. 그 지점을 '제대로 지나가려면'으로 쓰는 것이 좋다. 마찬가지로 '지급이 이루어졌다'라는 표현보다는 '지급하였다'라는 직설적인 표현이 한결 낫다.

32. [살피건대, 그러므로 보건대]

사실인정 다음에 등장하는 상용문구다. 그러나 당해 단락에 판단이라는 제목이 붙었거나, 소제목으로 어떤 내용의 설시인지 미리 제시되어 있다면, 위와 같은 문구는 사족이다.

33. [특별한 사정이 없는 한]

원고의 청구원인을 일단 가정적으로 인용한 다음, 피고의 항변을 받아들이기 위한 전제로 설시하는 경우에 주로 이 문구를 사용한다. 말하자면 뒤에서 보는 바와 같은 특별한 사정이 있기 때문에 위와 결론을 달리 한다는 것이다. 여기서 위와 같은 중간 결론이나 가정적 결론이 굳이 필요한가 하는 의문이 든다. 요건사실의 존부과 입증책임의 소재를 엄밀히 따진다면 그와 같은 체제가 옳다고 하겠지만, 당사자가 알고자 하는 것은 최종 결론이지 중간 결론이 아니라는 점을 감안하면 반드시 그런 방식의 논증이어야 한다고 고집할 필요는 없다고 본다. 그렇게 되면 '특별한 사정이 없는 한'이라는 문구는 자연히 쓰지 않아도 될 것이다. 꼭 언급이 있어야 된다면, 피고의 항변을 기재하기 전에, '원고는 위 인정사실을 근거로 돈 몇 원을 구함에 대하여 피고는 –라고 항변하므로 본다'라고 정리하면 충분할 것이다. 그리고 항변이 배척되어 결국 원고 청구가 인용되는 경우라면 '특별한 사정이 없는 한'이란 문구도 필요 없다. 군더더기다.

34. [위 인정사실에 의하면]

앞에서 증거로 인정되는 사실을 기재한 다음, 이어서 나오는 판단은 당연히 그 사실을 전제로 한 것이므로, 굳이 이 문구가 없어도 될 듯하다. 특히 당해 항목에 판단이란 이름의 제목이 붙은 경우는 더욱 그렇다. 곧바로 판단 내용을 설시하면 족하다. 의하면이라는 단어는 되도록 피하는 것이 좋다. 발음도 어렵고 뜻도 반드시 현재의 용법과 부합하는 것이 아니다.

35. [기록에 의하면 다음과 같은 사실이 소명된다]

가처분신청 사건에서 본 이유의 서두이다. 소명된다는 말이 부자연스럽다. '기록을 보면 다음 사실의 소명이 있다'라고 하는 것이 무난하다. 변론이 필요한 사건에서 증명이 있다라는 말과 같은 관점에서 볼 때 그렇게 쓰는 것이 좋다. 이와 같이 증명이나 소명은 하다, 되다라는 말보다는 '있다, 없다'는 방식으로 그 유무에 따라 판단하는 것이 좋다.

36. [할 것이고, 할 것이다]

단정을 피하고 의견을 완곡하게 표현하는 하나의 방식이다. 예를 들면, '이 사건 계약은 명의신탁과 위임의 요소가 혼합된 형태의 계약이라고 할 것이어서, 위임인 겸 명의신탁자의 지위에 있는 원고는 언제든지 이 사건 지입계약을 해지할 수 있다고 할 것이다.' 이 경우는 '– 혼합된 형태의 계약으로서, – 해지할 수 있다.' 라고 하면 그만이다. 없어도 좋은 단어를 굳이 끼워 넣을 필요가 없다.

37. [사실관계가 위와 같다면]

사실심 법원이 증거로 사실을 인정해 놓고서 가정의 의미가 있는 위와 같은 표현을 쓰는 것은 적절하지 않다. 이러한 표현은 법률심인 대법원이나 쓸 수 있는 표현이다. '사실관계가 위와 같은 이상'으로 하거나 '사실관계가 위와 같으므로' 하는 것이 바람직하다.

38. [이 법원]

판결문에 등장하는 법원은 원칙적으로 소송법상의 법원을 말한다. 그러므로 행정조직상 같은 법원이라도 재판부가 다르면 이 법원이 아니다. 재판부 하나하나가 개개의 법원이기 때문이다. 다른 재판부는 부산지방법원 등으로 다른 법원임을 밝혀주어야 한다.

39. [이 사건 부동산, 이 사건 공사금, 이 사건 대여금]

쟁점의 대상이 된 사물을 다른 것과 구분하기 위하여 '이 사건'이란 단어를 붙이는 것이 관행으로 되어 있다. 그러나 그럴 필요가 없는 사안에서도 굳이 '이 사건'이란 단어를 습관적으로 빈번하게 동원하다 보면 문맥이 매끄럽지 못하고 문장이 난삽하게 될 가능성이 있다. 예컨대, "피고의 이 사건 약정에 어긋난 유류 공급으로 인하여 원고는 이 사건 선박 유류탱크 내 이 사건 저유 선박유를 모두 버리고 이 사건 유류탱크를 세척한 후 마리타임에 대하여 이 사건 약정에 맞는 새로운 선박유를 공급하여야 했다." 이 문장에서 문제된 '이 사건'이란 단어를 모두 삭제하더라도 의미상 아무런 문제가 없을 뿐더러 오히려 그렇게 정리하는 것이 외관상으로 단정하고 이해도 쉽다. 독자가 혼동을 일으킬 우려가 없는 경우에는 이와 같이 과감하게 생략하는 것이 좋다.

40. [-的, 및, 또는]

일본에서 유래한 이러한 접미어나 단어는 판결문을 딱딱하고 건조하게 만든다. 당분간 전혀 안 쓸 수는 없겠지만 다른 낱말로 바꾸어 쓰려는 노력을 하여야 한다. 애쓰는 만큼 문장이 부드러워지고 읽기 쉬워질 것이다(바꿔쓰는 방식은 앞서 공개한 글을 참조 바람).

41. [소결, 소결론]

최종 결론에 이르기 전에 각 항목에 대한 판단의 결론을 이와 같이 표현하고 있다. 그러나 소결이라는 말은 일상용어가 아닌데다가 판결은 논문이 아니라 실용문서로서 잘 읽혀야 한다는 점을 염두에 둘 때, 이와 같은 기재는 부적절하다고 본다. 제목을 생략하고 작은 결론에 해당하는 문장을 그대로 쓰거나, 아니면, 해당 단락의 키워드나 메인 아이디어를 제목으로 내세우는 것이 훨씬 보기도 좋고 의미전달에도 도움이 될 듯하다.

›› **외래어 등 잘못된 표기로 언론이 예시한 사례에 유념하라**

42. 연합뉴스가 2009. 10. 9. 한글날을 맞아 코트넷에 등록된 판결문 수백 건을 조사한 후 다음과 같은 오용 사례를 지적하였다. 보도블럭(보도블록), 네비게이션(내비게이션), 렌트카(렌터카), 싱가폴(싱가포르), 수퍼마켓(슈퍼마켓), 멤버쉽(멤버십), 초콜렛, 초코렛(초콜릿), 사시미칼(회칼), 노견(갓길), 고수부지(둔치), 서슴치 않고(서슴지 않고), 복숭아뼈(복사뼈) 등이 그것이다. 이는 우리가 잘못

쓰고 있는 용어의 지극히 적은 일부에 불과한 것으로 안다. 최근 하급심 판결에서 스기목(杉나무)이라는 단어를 보았다(바로 이 판결의 항소심 재판에 증인으로 나온 한 70대 노인은 소송관계인이 쓰는 스기목이라는 표현을 지적하여, 우리말로는 삼나무라고 고쳐 말하였다). 지금은 거의 없어졌지만, 과거에는 당사자들이 쓰는 것을 차용하여 일본의 계량 단위인 헤베(㎡), 루베(㎥)를 판결에 그대로 쓰기도 하였다. 다른 신문에서는 어려운 말을 쉬운 말로 고쳐 쓰자면서 양하(揚荷)는 '짐나르기'로, 나용선(裸傭船)은 '선체만을 빌린 선박'으로, 패총(貝塚)은 '조개무덤'으로, '공익을 해하다'는 '공익을 해치다' 등을 예시하기도 한다.

››› 판결의 체제와 그 밖의 표기방식 등을 읽기 쉽게 정돈하라

43. [이 사건 기록을 통하여 인정되는 다음과 같은 사정, 즉, ①의 점, ②의 점, ③의 점 등을 종합하여 볼 때, -를 인정하기 어렵다]

근래 하급심 판결에 부쩍 많이 나타나는 논지 전개 방식이다. 앞서 인정한 사실인정을 간접사실이나 정황으로 삼아, 요증사실을 추인하는 논증형태로서 대표적인 미괄식 구성을 취하고 있다. 우선 두괄식 논증으로 전환하여야 한다. 예를 들면, 다음과 같은 사정을 종합하면, 원고가 주장하는 어떤 사실을 믿을 수 없다, 등으로 결론을 먼저 제시하는 식이다. 그러지 않으면 그 부분의 설시가 길어질 경우 판결문이 어려워진다. 이어 열거하는 구체적인 사정을 한 문장, 한 문장으로 끊어 정리한다. 문장의 전후 맥락이 살아서 숨을 쉬면서 차근차근 논지에 접근이 가능하도록 배려하여야 한다.

44. [외국어나 한자를 기재할 경우]

공용문서는 한글로 기재함을 원칙으로 한다. 다만, 한자를 병용할 수 있다(한글전용에 관한 법률). 이 때, 한자는 괄호 안에 적는다. 영어 등 외국어를 바로 기재할 수 없다. 이 또한 역어나 외국어 발음을 우리말로 표기하고 괄호 안에 넣어야 한다. 과거에는 평방미터나 킬로미터 등 면적이나 무게 등 계량 단위도 일일이 우리말로 적었으나 이제는 바로 적어도 무방하다. 그러나 우리 말 아닌 통상의 단어는 원칙에 따라야 한다. 판결을 작성한 법관이 그 단어를 안다고 하여 당사자나 국민들이 반드시 아는 것은 아니다.

45. [돈의 단위는 되도록 기재 방식을 통일하여야]

판결문에 수차에 걸쳐 돈의 수액을 기재할 때, 앞에서는 25,387,000원으로 적고, 뒤에서는 6,000만 원으로 적는 것은 단위가 통일되지 않아 좋아 보이지 않는다. 뒤에서도 60,000,000원으로 기재하는 것이 무난하다. 다만, 그 수액이 너무 커서 혼동이 일어날 우려가 있는 경우에는 1,000,000,000원으로 적는 것보다는 10억 원으로 적는 것이 훨씬 더 안전하다. 어느 대법관이 이 점에 관하여 특별히 언명을 한 바 있다.

46. [자간 거리가 뜬 것을 메워야]

고액에 해당하는 돈의 수액을 기재하는 경우, 금액을 중간에서 분리할 수 없는 관계상 부득이 자간 거리가 뜨는 일이 있다. 이때는 글자 수를 늘이거나 줄여서 어떻게든 정상 간격으로 만들어야 한다. 그렇지 아니하고 그대로 두면 정리가 덜 된 미완의 문서로 보이기 십상이다.

47. [법령, 규칙, 계약 내용 등의 인용]

필요에 따라 법령 등을 인용할 경우, 그 분량이 한 페이지를 넘는다면 별지로 처리하는 것이 보기도 좋고, 이해하기도 쉽다. 중간에 법령 등이 너무 오래 이어지면, 문맥이나 논리의 맥이 단절된다.

48. [수직 항목 분류의 정도]

판결문의 틀을 구축함에 있어서 사실과 판단 등 기재 내용의 구분과 분류는 필수적이다. 그러나 그와 같은 나눔이 너무 세밀하면 읽는 문서라기보다는 그냥 들여다보는 서류가 되기 쉽다. 1, 가, (1)의 3회 정도의 수직 분류가 가장 무난하다고 생각한다. 필요하면 여기에 다시 (가) 항목을 추가할 수 있으나 이런 식으로 세분되면 읽는 문서로서의 기능이 떨어질 가능성이 있다. 다만, 중요한 계산이 필요한 경우에는 그 산식과 결과의 용이한 검증을 위하여 도표를 이용할 수는 있다. 그런 경우에도 일목요연하게 사실을 정리하여야 함은 변함이 없다. 문장 단락 중의 구분은 ①, ②, ③

등의 원 숫자를 사용하는 것이 형태상으로 깔끔할 뿐 아니라 독자로 하여금 이해를 돕는 한 방편이 될 수 있다.

49. [괄호나 각주의 사용]

단어가 아니라 문장을 괄호 안에 넣어 설시하게 되면 판결문을 읽는데 부담이 된다. 그것도 꽤 긴 문장이나 별개의 판단에 해당하는 여러 개의 문장이 괄호 안에 붙들린 경우에는 판결문의 자연스런 흐름과 이해에 방해가 된다. 꼭 필요한 경우에는 괄호를 제거하고 본문 속에 포함시키는 것이 좋다. 그렇지 않으면 과감하게 삭제하는 것이 좋다. 특수 분야의 사실을 인정하면서 전문용어의 설명 등 사정에 따라서는 각주 사용이 필요할 때도 있겠지만, 그런 경우에도 되도록 본문 안에서 잘 정돈된 설명을 하는 것이 정석이고, 논문과 같은 방식의 기재는 피하는 것이 좋다고 본다. 상당히 난해하고 정치(精緻)한 논증을 하는 경우에도 지금까지 대법원 판결에서 각주 사용이 동원된 것을 본 적이 없다.

››› 과거의 문장을 딛고 앞으로 나아가라

50. 법관들은 선배들의 문장 수준에 머물러 있지 말고 그 문장들을 넘어 앞으로 나아가야 한다. 아무 생각 없이 선배들이 '일응(一應)' 한다고 따라서 '일응' 하지 말고, '마쳐졌다'고 한다고 해서 아무 생각 없이 '마쳐졌다'고 하지 말라. 좋은 문장을 쓰려고 이모저모 늘 궁리를 해보아야 한다. 잘 쓴 글을 많이 읽어 어떻게 쓰면 더 잘 이해될 수 있는지 끊임없이 노력하여야 한다. 그런 마음가짐

으로 일정 기간 관심을 두고 애를 쓰다보면 정확한 논증은 말할 것도 없고, 읽기 쉬우면서도 품위 있는, 정말 좋은 판결을 쓸 수 있을 것이다.

››› 판결문장 작성의 2대 원리 – 품위 있고 읽기 쉽게

51. 이상의 검토에서 적용된, 읽기 쉬운 판결문 작성의 원리를 최종적으로 요약하면 다음과 같다. ① 판결문으로서의 품격을 갖추되 쉬운 단어와 짧은 문장으로 쓴다. ② 핵심 사항을 간결명료한 방식으로 정리한다(필요하면 도표와 사진 등을 별지로 첨부한다). ③ 손으로 쓰되 귀로 읽어 걸림이 없어야 한다. ④ 동사는 되도록 수동태보다는 능동태로 사용한다. ⑤ 판단의 어미는 이중부정을 피하고 단순긍정으로 적는다. ⑥ 영어와 일본어 등 외국문장의 번역투를 모방하지 않는다. ⑦ 학술논문식의 체제를 피한다(괄호, 소결이라는 용어, 각주 사용과 너무 세분된 항목 등). ⑧ 인정 사실은 일상용어로 구체적이고 생생하게 재현하고, 논증은 두괄식으로 알기 쉽게 설시한다. 사고의 단위와 논증의 단계에 따라 단락으로 나누되, 단락에 소제목을 붙인다. ⑨ 어법에 맞는 단어와 문장을 정확하게 구사한다. 정확한 것이 아름답다. ⑩ 판결문이 그 자체로 완결성을 갖추었는지 최종 점검한다.

››› 좋은 판결문은 완성도가 높다

52. 대법원은 최근 하급심 판결문의 전면 공개 방침을 발표하였다. 이제는 우리가 쓰는 판결문을 국민들 누구나 원하기만 하면

찾아서 읽어 볼 수 있게 되었다. 사건 당사자를 설득한다는 사명을 넘어 국민들이 쉽게 이해하고 납득할 수 있는 판결을 작성하여야 한다는 임무가 추가되었다고 해도 과언이 아니다. 결론이 정당하고, 이유 설시가 나무랄데 없다고 하더라도 정보수요가 과거와는 현저히 다른 오늘날, 이해하기 어려운 판결에 대하여는 종전보다 불만은 더 커질 것이다. 그러므로 품위 있고, 읽기 쉬운 판결을 작성하는 것은 더 이상 사소한 문제(trivialism)가 아니다. 종래 판결 작성에 들이는 품을 덜기 위해서 판결 간이화 문제도 거론되었다. 물론 간이화도 필요하다. 그러나 소수의 특정 사건에 관하여는 많은 노력과 정성을 들여 세심하게 독자를 배려하는 판결문 작성이 필요한 경우도 분명히 있을 것이다. 이후로는 기록 없이 떠다니는 판결문 그 자체만으로 이를 자신의 주장을 펴는데 이용하고자 하는 사람들이 늘 것이고, 그들은 완성도가 낮은 판결문에 대하여 이런저런 지적과 비난을 멈추지 아니 할 것이다. 여기서 완성도가 높다는 것은 ① 판결 그 자체만으로, 사실과 법리에 관한 법원의 판단이 충분하고 명료하여 오해의 여지가 없어야 하며, ② 어법에 맞고 서술의 체제가 잘 정돈되어 있어 이해하기 쉬울 뿐만 아니라 ③ 선례로 이용함에 손색이 없을 정도의 품위를 갖추고 있다는 점을 말한다. 판결이 선고되어 확정되면 그 판단내용은 더 이상 법관 개인의 의견이 아니다. 그것은 개인의 행복은 물론 사회질서와 평화를 지향하는 법원의 견해이자 국가의 의사이기도 하다. 판결문장은 그와 같이 귀하고 소중한 의견과 희망을 담은, 향기롭고 아름다운 그릇이어야 한다. (2010. 5. 13)

사상과 장미, 그리고 사랑에 대하여

– 법과 시문학에 관한 몇 개의 짧은 생각들

››› 언어를 도구로 한 문학과 법학

1. 지금까지 "법과 문학"이라는 논제는, 법학이 문학에 어떻게 투영되어 있는가, 다시 말하면, 문학은 법률문제를 어떻게 다루고 있는가 하는 관점에서 논의되어 왔다. 오래 전, 장경학 교수[36]가 그랬고, 최근 안경환 교수[37]가 또한 그렇다. 그러나 여기서는 방향을 바꾸어, 문학은 법학에 과연 기여할 수 있는가, 특히 시문학이 법률문제를 논하는 사람들에게 어떤 의미가 있는가, 그리고 시를 가까이 하려면 어떻게 하는 것이 좋은가 하는 관점에서 개인적으로 겪은 하나의 작은 체험에 기대어 이 문제에 관한 단편적인 생각을 일정한 순서 없이 적어보기로 한다.

2. 우리들의 삶은 사람과 사물에 대한 이해와 표현의 과정이다. 도구는 언어(말과 글)이다. 우리는 언어로 이해하고 언어로 표현한다. 이해의 단계에서는 듣고 읽으며, 표현의 단계에서는 말하

36) '법률춘향전', 을유문화사(1970); '법과 문학', 교육과학사(1995).
37) '법과 문학 사이', 까치(1995).

고 쓴다. 이것이 바로 각급 학교에서 가르치는 국어 과목의 교과내용이다. 결국 삶의 도구인 언어를 얼마나 잘 부릴 수 있으며, 언어의 그릇이 얼마나 크냐에 따라 그 사람의 삶의 깊이와 넓이가 결정된다. 그런 뜻에서 비트겐슈타인은 언어의 한계는 세계의 한계라고 언명한 바 있다. 다양한 현상을 표현하기 위하여는 우선 어휘가 풍부하여야 한다. 어휘를 늘리는 방법으로 문학서적의 독서보다 좋은 것은 없다. 언어는 사람이 가진 의사의 표현매체이지만, 폭넓은 정신생활을 영위하기 위하여 우리는 사람의 언어를 넘어 자연과 사물의 언어를 들을 수 있고 읽을 수 있어야 한다. 그것들을 상징과 비유와 알레고리의 방법으로 사람의 언어로 포용할 수 있어야 한다. 표현 또한 사람의 표정과 태도와 행동 등을 통하여, 또는 음악, 미술, 무용 등 예술을 통하여 언어가 아닌 다른 도구를 동원함으로써 사람의 언어가 가진 한계를 극복하고 그 영역을 무한히 확장할 수 있는 것이다.

3. 법과 문학은 인간의 삶을 그 대상으로 한다. 삶의 과정에서 발생한 갈등양상을 제도라는 일정한 틀로 바로 잡는 것이 법이다. 그와 같은 갈등양상을 미학적 관점에서 선택 추출하여 더 나은 삶을 위한 보편적 원리를 감동적인 방법으로 제시하는 것이 문학이다. 법은 과학이고, 문학은 예술이라는 방식으로 나눈다면 그 점에서는 양자가 서로 차이가 있다고 하겠지만, 법 또한 언어를 도구로 하여 수요자들에게 갈등의 해소를 통한 감동을 추구하여야 한다는 견지에서 이해한다면 법 또한 예술과 통하는 면이 없지 않다.[38]

법률이 목표로 하는 바는 두 가지가 있는데 하나는 법적 안정성이고, 다른 하나는 구체적 타당성이다. 법적 안정성은 곧 정의를 말하는 것이며, 구체적 타당성은 사랑의 다른 이름이다.[39] 완전한 법은 위 두 가지를 포함한다. 정의는 본래 아름다운 것이다. 거기에 사랑이 추가될 때 감동이 생산되고, 언어를 도구로 하여 감동을 주구하는 것이라면 법학 또한 예술성을 지니게 된다. 법률공부와 법률실무는 궁극적으로 예술적인 것을 지향하여야 한다.[40]

››› 언어 예술로서의 문학의 기능

4. 예술은 사람들을 울리거나 웃게 만드는 것보다 꿈꾸게 하는 것에 더 큰 보람을 둔다. 상상력을 동원하여 꿈꾸는 사람들이 역사 발전의 주역이 된다. 예술적인 소양은 정신활동의 토양을 비옥하게 한다. 젊은 시절에 몰입하거나 이치를 터득하여 평생 써먹을 수 있는 것은 다른 교과목보다 주로 예술분야의 기능과 경험이다. 그림을 그린다든지, 악기를 연주한다든지, 시를 써본다든지 하는 것 말이다.

5. 본래 우리 민족은 가무음곡(歌舞音曲)을 좋아했고, 우리의 선

---

38) 다만, 대상과 표현방식의 차이에 따라, 낯선 것을 익숙한 방식으로 설명하는 것이 科學이고, 익숙한 것을 낯선 방식으로 표현하는 것이 文學이라고 이해하기도 한다.

39) 이에 대하여 에밀 브루너는 정의는 '그렇기 때문에'의 원리가 작용하고, 사랑은 '그럼에도 불구하고'의 원리가 작용한다고 설명한다(에밀 브루너, '정의와 사랑', 평민사).

40) 법학은 과학이라기보다는 예술에 가깝다(Larry Krammer)는 말도 있고, 오늘날 예술의 과제는 무질서를 질서로 바꾸는데 있다(Theodor W. Adorno)는 표현도 있다. 이와 같이 법과 예술은 둘이 아니라 하나다.

인들은 벼슬의 높낮이를 막론하여 시문(詩文)을 즐겨 지었으며, 관리를 시문으로 등용하기도 하였다.[41] 가문에 따라서는 문집을 만들기도 하였다. 사물은 글로 표현할 수밖에 없고, 글쓰기의 공부는 문학이 기본이다. 풍요로운 문학의 바탕 위에 다른 학문의 탑을 쌓아올려야 한다. 문학 관련 서적의 탐독을 계속하다보면 글쓰기에 필요한 기본적인 소양은 저절로 보유하게 된다. 이에 관한 재미없는 이론서적을 굳이 찾아 읽을 필요는 없다고 할 것이지만, 다만 모국어를 오염시키고 있는 일본어나 구미어 등의 번역문투를 쓰지 않으려면 의식적인 노력을 요하므로 관련서적 몇 권[42]은 관심을 가지고 읽어두면 도움이 될 것이다.

6. 법학공부나 법률실무를 위하여는 풍성한 문학적 자양이 필요하다고 본다. 그래야만 교재나 기록의 문맥에 죽어있는 추상적인 인격이 아니라 행간에 살아있는 구체적인 인간, 다시 말하면, 바로 우리들 곁에서 심장이 뛰고, 숨을 쉬는 내 이웃을 볼 수 있다. 우리는 국가와 민족을 사랑할 수 없다. 인류를 사랑할 수도 없다. 그것들에 속한 구체적인 한 사람만을 사랑할 수 있을 뿐이다. 사랑은 추상이 아니라 실제의 모습으로 실현된다. 사랑을 애써 언어로 강조하는 사람들은 추상의 세계에 갇혀있는 사람들이다. 사랑은

---

41) 조선왕조 500년의 지속 가능성은 국가 엘리트 선발을 詩文으로 했기 때문인 측면도 있다는 것을 전제로 정부는 국가고시에 고시조와 현대시 암송테스트를 의무화할 수 있다는 특이한 주장을 하는 사람도 있다(조선일보 김광일 문화부장, 2007. 10. 25.자 조선일보).

42) 남영신, '나의 한국어 바로 쓰기 노트', 까치(2002); 이수열, '우리 글 갈고 닦기', 한겨레신문사(1999).

표현된 것이고, 사랑은 살아 움직이는 것이다.

7. 문학서적의 독서량은 최소한 어느 정도는 되어야 할까? 세계문학전집의 1독은 필요하다. 국내문학전집 또는 적어도 수상문학전집 정도의 1독은 반드시 필요하다.[43] 국내 시집 50권 이상은 읽어야 하고, 그중 10여명의 애독 시인이 있어, 늘 가지고 다닐 시집이 그 정도는 되어야 한다. 독서 중에 필기도구를 준비하여야 하고 포스트잇을 사용하여 좋은 구절을 필사한다. 포스트 잇은 이동이 가능하기 때문에 기존의 아이디어를 결합 · 변용하여 새로운 아이디어를 개발함에 유익하다. 국내 시인 중 마음에 드는 시인의 시집 등 서너 권은 필사하여 보아야 한다. 옛날의 사정으로 말하면, 오른손 중지에 펜혹이 생겨 칼로 몇 번은 깎아 내어야 한다. 국내의 좋은 시 30편 이상은 암기할 수 있을 정도가 되어야 한다. 국내외 시편 200여 편을 지금도 암기하고 있으면서 이를 강연, 대화에 이용한다는 분이 있다. 그는 암기한 시들이 기억나지 아니할 때에는 강단이나 연단에 서지 않을 것이라고 한다. 프랑스 등 외국의 경우에는 초등학생도 자국의 좋은 시를 100편까지 암기할 수 있다고 한다.

8. 모국어로 된 좋은 시집이 많다. 그리고 감동적인 절창과 잊을 수 없는 국내외의 명시 · 명구도 많다.[44]

43) 현재, 민음사, 을유문화사, 열림원, 문학동네, 펭귄북 등 유명 출판사에서 세계문학전집이 신세대의 감각에 맞는 새 번역으로 계속 출간되고 있다.

44) 이승하, '시쓰기 교실', 문학사상사(2004), 166면-167면.

빼앗긴 들에도 봄은 오는가
타고남은 재가 다시 기름이 됩니다.
나는 아직 기다리고 있을 테요. 찬란한 슬픔의 봄을
잎새에 이는 바람에도 나는 괴로워했다.
이것은 소리 없는 아우성
내 마음은 호수요, 그대 저어 오오.
구름에 달 가듯이 가는 나그네
이 광야에서 목놓아 부르게 하리라.
병든 수캐마냥 헐떡거리며 나는 왔다.
꽃이 지기로서니 바람을 탓하랴.
아직은 촛불을 켤 때가 아닙니다.
머언 곳에 여인의 옷 벗는 소리.
잊혀지지 않는 하나의 의미가 되고 싶다.
사월은 잔인한 달, 죽었던 땅에서 라일락꽃을 피우고.
장미여, 오, 순수한 모순이여.
바람이 분다. 살아봐야겠다.
겨울이 오면 봄이 또한 멀지 않으리,
상처 없는 영혼이 어디 있으랴.
미라보다리 아래 세느강은 흐르고, 우리들의 사랑도 흘러내리네.
내 마음에 눈물 내린다. 거리에 비가 내리듯.
오, 육체는 슬퍼라. 그리고 나는 모든 책을 다 읽었노라.

그러나 시인의 가슴에 있는 시가 시가 아니듯이 시집 속에 잠든 시 또한 시가 아니다. 시는 누군가 읽는 순간 한편의 시로써 완성된다. 우리는 시집 속에 잠든 시를 살아 움직이게 하여야 한다. 메마른 자모의 나열이 우리들의 부드러운 입술에서 아름다운 모국어로 살아나 새가 되어 노래하며 날아오를 때, 우리들의 가슴이 뛰고 피가 돌기 시작할 때, 시를 읽는 우리들의 떨리는 음성이 어린 느티의 잎사귀를 흔들고 시냇물을 바위 곁에 잠깐 머물게 하여 맑은 웃음으로 일렁이게 할 때, 아침 햇빛이 우리의 얼굴에서 더욱 눈부시게 빛날 때, 사랑하는 이의 눈동자가 우리 앞에서 더욱 맑게 반짝일 때, 그 때 바로 시는 한 생명을 얻어 우주의 일원이 되는 것이다. 별을 뜨게 하고 꽃을 피우고 나비를 태어나게 하는 한 모금의 숨이 되는 것이다. 아름다운 모국어로 된 시를 많이 읽거나 암기하게 되면 시적 발상이 우리의 머리와 가슴에 들어오고 모국어의 고운 음률이 우리의 입술에 배게 되어 언어생활이 달라지게 될 것이다.

⟫⟫ 시가 찾아오는 자리

9. 한번은 미국 시인 윌리엄 스태포드가 인터뷰를 하면서 "당신은 언제 시인이 되기로 결심했습니까?"라는 질문을 받은 적이 있다. 그는 그 질문 자체가 잘못되었다고 응답했다. 누구나 시인으로 태어난다는 것이다. 언어의 소리와 작동방식을 발견하고 언어를 소중히 여기며 그것을 기뻐하는 사람은 모두 시인이라고 했다. 나는 모든 이가 시작하는 일을 그저 계속해 왔을 뿐이라고 그는 말했다. "진짜 해야 할 질문은 다른 이들은 왜 그만두었느냐는 것입니다."라고 했다. 대부분의 사람들 속에는 시인이 존재하는데 그 시인은 젊어서 죽고, 사람들은 그 시인보다 더 오래 산다(생트 뵈브). 잠자는 시인이 늘 젊고 생생하게 여러분 안에 숨어 있음을 알

아야 한다.

10. W. H. 오든은 말한다. 시가 갖추어야 할 두 가지 요건이 있는데, 첫째는 무엇보다 언어에 대한 경의가 담긴, 어휘구사가 훌륭한 문장이어야 한다는 것이다. 둘째는 우리 모두에게 공통된 실재에 대한 의미심장한 어떤 것을 말하되, 그 나름의 독특한 시각으로 인식된 것이어야 한다는 것이다.

11. 불멸의 진리와 인간사의 제 법칙은 우리들 선대에 모두 진술되었다. 더 보탤 것은 없다. 그러므로 문제는 내용이 아니라 표현방식이다. 우리는 옛사람들과 다르게 표현함으로써 묵은 진리를 새롭게 만난다. 전혀 새로운 방식으로 펼쳐 보이는 재 진술을 통하여 낯익은 이치를 낯설게 표현함으로써 마치 그것이 옛날에는 없던 것처럼 인식하게 된다. 감동과 충격이 그 틈새에서 발생한다. 60억 세계인구가 각자 자기 나름대로의 표현을 구사할 수 있다. 영구히 마르지 않는 것이 문학의 샘이다.

12. 지성을 위하여는 지식보다 상상력이 중요하다. 상상력을 통하여 우리는 보이지 않는 세계를 보고, 들리지 않는 것을 들을 수 있다. 지성의 지평을 무한대로 확장할 수 있다. 법률문제의 해결을 위하여는 우선 추상적인 법규를 대전제로 하고, 구체적인 사실관계를 소전제로 하여 삼단논법에 의한 법적 가치판단을 내리게 된다. 그중 사실인정은 증거에 의하게 되는데, 실무경험에 의하면,

특정 사건의 서사적 전개과정을 잇는 고리가 중간에 빠져있어 어떻게 된 건지 알 수 없는 경우가 종종 있다. 이 때 그 흠결을 메우는 것이 상상력과 추리력이다. 고도의 개연성을 가진, 경험법칙에 부합하는 추리를 위하여는 천변만화(千變萬化)하는 인간의 심리와 인정기미(人情幾微)를 꿰뚫어 알고 있어야 한다. 건전한 사고 작용을 통하여 우리가 경험하지 아니한 제 현상을 진실에 부합하게 그려낼 수 있어야 한다. 이 경우에 필요한 것이 다양한 경험과 그와 같은 경험을 통하여 축적한 훈련된 상상력과 추리력이다. 이것이 제대로 작동하지 않고서는 곧 불신 받는 해결, 불완전하고 미흡한 해결에 그치고 만다. 문학작품은 법률문제 해결에 필요한 상상력의 훈련도장이다. 문인, 그 중에서도 특히 시인은 보이지 않는 것을 보이게 하고, 들리지 않는 것을 들리게 하여야 하는 책무를 지니고 있다. 그 비결은 자유분방한 상상력의 보유이다.

13. 사물과 사람 가운데 숨은 아름다움을 발견하는 사람이 시인이다. 사상은 장미의 향기처럼(T. S. 엘리엇) 은은하여야 한다. 시의 내용이라고 할 수 있는 생각은 과일에 숨은 영양가처럼 겉으로 드러나서는 아니 된다(폴 발레리). 사상의 정서적 등가물로 이미지를 그려 보이면서도 그 뜻은 숨기라는 것이다. 다음 시의 경우는, 희망의 정서적 등가물을 새로 하여 이미지를 만들고 있다.

희망은 한 마리 새
영혼 위에 걸터앉아

가사 없는 곡조를 노래하며
그칠 줄을 모른다.
……
나는 그 소리를 아주 추운 땅에서도
아주 낯선 바다에서도 들었다.
그러나 아무리 절박한 때에도 내게
빵 한 조각 청하지 않았다.

(에밀리 디킨슨의 '희망은 한 마리 새' 부분)

14. 시의 첫 줄은 신에게서 온다(폴 발레리). 시는 어느 날 자기도 모르는 순간에 갑자기 찾아온다(파블로 네루다). 말하자면 은총 같은 것이다. 그러나 전혀 준비 없는 사람에게 은총은 없다. 시를 품에 끼고 다니며 늘 읽으며, 늘 시를 생각하는 사람에게는, 그리하여 시를 맞을 마음과 정신의 준비가 끝난, 즉 임계량을 채운 사람에게는 시신(詩神)의 강림은 반드시 있는 것이다. 그러나 언제, 어떤 방식으로, 어떤 구절로 찾아올지는 아무도 모른다. 그것은 신의 몫이다.

››› 사물의 언어와 그 이름

15. 자연을 해석하려면 사물의 언어를 알아야 한다. 사물로 하여금 말하게 하여야 한다. 우주만물은 다 눈과 귀, 입과 코가 달려있다고 생각하라. 나뭇잎도 이목구비가 있고 우리가 앉아있는 의자도 생명이 있다고 생각한다. 우리가 매일 무심코 사용하는 연필과 손수건에도 눈과 귀, 입과 코가 달려있음을 생각한다. 우주 안

에서는 모든 것이 생명체이다.

16. 시인이 되려면 우선 사물의 이름을 많이 알아야 한다. 이름이 없다면 의사소통은 불가능하다. 이름 모를 들꽃, 이름 모를 새는 없다. 아직 이름이 없다면 그대가 이름을 지어라. 이름 짓기와 이름 부르기는 언어가 최고로 순수하게 사용되는 방식이다. 그리하여 시인은, 나의 이 빛깔과 향기에 맞는, 누가 나의 이름을 불러다오, 라고 노래한다. 단어는 분류하지만 이름은 가리켜준다. 단어는 일반화시키지만 이름은 인격화시킨다. 단어는 살아있는 주체들을 대상으로 처리하여 버린다. 그러나 이름은 어린아이, 꽃, 태양 등을 하나하나 포착하여 그것을 의사소통의 구조 속에서 숨쉬게 한다. 유럽여행 중에 루불박물관에서 이집트에서 출토된 미라 하나를 본 적이 있다. 거기에 이름이 붙어 있었는데 그것은 미스터 진저(Mr. Ginger)였다. 지금도 노란 생강 빛깔의 그 미라가 선명하게 눈앞에 떠오른다. 그 이름 때문이다. 특히 동물들과 식물들의 이름을 가슴에 품고 다녀야 한다. 예를 들면 조류, 곤충, 어패류, 종달새, 굴뚝새, 물거미, 소라고둥, 바다사자 등의 이름과 산수유, 미나리아재비, 둥굴레, 태산목 등, 나무와 풀, 꽃 이름을 되도록 많이 알고 있어야 하고(테드 휴즈), 울음소리와 생김새 등으로 새를 구분할 수 있어야 한다. 공자는 시경을 읽으면 조수초목(鳥獸草木)의 이름을 많이 알 수 있다고 하였다. 이 말은 곧 시를 쓰려면 그와 같은 것들의 이름을 두루 알고 있어야 한다는 말과 다를 바 없다. 다음 시(詩)와 글은 어떠한가.

우리나라 어린 물고기 이름 배우다 무릎 탁! 치고 만다. 가오리 새끼는 간자미, 고등어 새끼는 고도리, 청어 새끼는 굴뚝청어, 농어 새끼는 껄떼기, 조기 새끼는 꽝다리, 명태 새끼는 노가리, 방어 새끼는 마래미, 누치 새끼는 모롱이, 숭어 새끼는 모쟁이, 잉어 새끼는 발강이, 괴도라치 새끼는 설치, 작은 붕어 새끼는 쌀붕어, 전어 새끼는 전어사리, 열목어 새끼는 팽팽이, 갈치 새끼는 풀치…, 그 작고 어린 새끼들이 시인의 이름 보다 더 빛나는 시인의 이름을 달고 있다. 그 어린 시인들이 시냇물이면 시냇물 바다면 바다를 원고지 삼아 태어나면서부터 꼼지락 꼼지락 시를 쓰고 있다는 것 생각하면 그 생명 모두 다 시인이다. 참 착한 시인이다.

(정일근 시인의 '착한 시인' 전문)

나의 시를 이해하기 위해선 풀꽃과 나무 그리고 비잠주복(飛潛走伏)과 풍광 등 우주 자연물의 이름과 생태를 좀 알아야 될 것 같다. '그때 휘파람새가 울었다'의 1, 2부에 등장한 이런 우주 자연물과 숨탄것들을 한번 열거해 보겠다. 치자꽃, 왕오색나비, 능금밭, 탱자울, 은어떼, 복사꽃, 아그배꽃, 밤꿩, 느티나무, 산제비, 장닭꿩, 염소, 천리향, 황소, 감나무, 나락밭, 강아지풀, 기러기, 고추잠자리, 억새밭, 박하향, 메뚜기, 달맞이꽃, 들쾡이, 포도밭, 뻐꾹새, 들국, 왕머루, 밤꽃, 까치, 오목눈이, 빙어, 자미, 적송, 괴목, 오동, 다람쥐, 동고비, 청대숲, 동박새, 석남화, 삭바람, 강풍, 된바람, 댓바람, 묘음조, 붉은뺨멧새, 느릅나무, 잉어, 갈대숲, 개개비, 풀여치, 물싸리, 여뀌꽃, 보름달, 고라니, 배추흰나비, 뻐꾹채꽃, 수국화, 벼꽃, 매화꽃, 날피리떼, 냉이, 달래, 지칭개, 흰비오리, 청솔, 귀뚜라미, 씨르래기, 머슴새, 찔레, 실베짱이, 말매미, 콩밭, 이팝꽃, 소쩍새, 쓰르라미, 복숭아, 개구리떼, 금숭어, 금노루, 맞바람, 목화송이, 밤고구마, 동치미, 미루나무, 수수꽃다리

(고재종 시인의 칼럼 '내 문학의 열쇠어' 월간잡지, 베스트셀러).

17. 고유한 존재가 되려면, 고유한 언어를 가져야 한다. 자신만의 특유한 문체, 자신만의 특유한 발상과 이미지 창조, 자신만의 특유한 아우라(발터 벤야민이 문장 분위기를 가리키는 말로 사용하였다)를 가져야 한다. 예를 들자면, 그 점에서 가장 독특한 사람이 소설가 김훈이다. 어느 누구도 감히 흉내낼 수 없는 자신만의 탁월한 언어를 가지게 된 것이다. 동인문학상 심사위원들로 하여금 그와 같은 특징이 잘 살아 움직이는 소설, '칼의 노래'를 한국문학사에 벼락처럼 쏟아진 축복이라는 탄성을 자아내게 하였다. 법학도라고 하여, 법학자라고 하여 건조한 학술논문식 글쓰기만 할 것이 아니다. 어떠한 글이든, 그리고 어떠한 말이든, 그 사람의 표현매체에 해당하는 말과 글은 어쩔 수 없이 그 사람을 드러내기 마련이다. 언어는 정신의 맥박이기 때문이다. 그런 의미에서 시로 말하자면, 내가 시를 쓰는 것이 아니라 시가 나를 쓴다고 할 수 있다. 모든 글은 글 쓴 사람의 편린이고 분신이며, 또 그렇게 되어야 한다. 좋은 글은 글쓴이의 육성이 행간에 배어있고 글쓴이의 호흡이 글자 위에 이슬처럼 맺혀있다.

>>> 시의 빛깔과 가슴

18. 현대인은 침묵을 불편해 한다. 깨어있는 시간의 대부분을 남의 이야기를 듣거나 서로 마주 보고 이야기를 하고, 최근에는 휴대폰 등으로 끊임없이 통화를 한다. 사람들은 길고 긴 대화중에 잠시잠시 침묵을 둔다. 말하자면 언어와 언어 사이에 일시적인 침묵이 있을 뿐이다. 침묵이 길어지면 왠지 불안하다. 누군가의 이야기를 듣거나 내가 말을 하고 있을 때는 편안함을 느낀다. 이와 같이 사람들은 침묵을 부자연스러운 것으로 생각한다. 자연답지 않다는 것이다. 그러나 우리가 자연의 품에 안겨 쉬면서 느끼는 점은 이와 다르다. 자연은 깊고도 신비로운 침묵에 싸여있고, 침묵과 침묵 사이에 언어를 둔다. 그럼에도 그와 같은 자연의 침묵은 사람들을 대단히 편안하게 한다. 그 때문에 우리가 자연에서 들을 수 있는 소리, 예컨대, 흐르는 시냇물소리, 지저귀는 새소리, 나뭇잎을 흔드는 바람소리, 목마른 대지를 적시는 정겨운 빗소리 등을 서양에서는 침묵을 배경으로 하여 들려오는 소리, 침묵을 깨뜨리지 않는 소리라고 하여 '사운드 오브 사일런스(Sound of Silence)'라고 하는 듯하다. 사람들이 꽃을 좋아하는 이유는 무엇일까? 꽃은 사람들의 말을 환히 웃으면서 그저 듣기만 한다. 우리는 다름 아닌 그 아름다운 침묵을 좋아하는 것이다. 언어와 침묵 사이의 팽팽한 긴장선상에 있는 것이 시라고 한다. 절제된 언어는 침묵을 껴안고 있다. 그리하여 시인의 언어는 침묵의 소리라고 할 수 있는 자연의 언어와 가장 가까워야 할 터이다.

19. 언어의 가장 절제된 형태인 시는 말하는 것이 아니라 보여주는 것이다. 말하자면 언어로 그린 그림이다. 이와 같이 인간은 말보다는 이미지를 통하여 사물을 경험한다. 평생 여러 권의 책을 쓰는 것보다 단 하나의 이미지를 창조하는 것이 더 중요하다(에즈라 파운드). 이미지는 영원한 일회용이다(이형기). 다른 사람이 한번 쓴 것은 내가 다시 쓸 수 없다. 이미지는 낯선 낱말과의 결합에서, 낯선 것들 가운데 숨어있는(지금까지 아무도 보지 못한) 공통점을 찾아 강제로 결합시키는 것이다. 그 작업을 상상력이 한다. 예를 들면 이와 같은 경우이다. "가로수는 노상 누워만 있는 땅의 일부가 그 지루함을 견디다 못해 벌떡 일어선 모습이다(G.K.체스터튼). 용서는 제비꽃이 자기를 밟아 뭉갠 발꿈치에 남기는 향기이다(마크 트웨인). 대지는 꽃으로 웃는다(레이철 카슨). 당신을 켜놓은 채 잠이 들었습니다(함민복, 가을)"등의 방식으로.

20. 파블로 네루다의 이야기를 다룬 영화, 〈일 포스티노〉에 이런 대목이 나온다. 젊은 우체부가 찾아와 "시란 무엇입니까?"라고 묻자, 네루다는 "시란 메타포다."라고 대답한다. 두 사람이 바닷가를 걷다가 파도가 밀려오는 것을 보고 젊은 우체부가 "파도가 걸어옵니다."라고 말하자, 네루다는 "이 순간부터 너는 시인이다. 비유를 할 수 있다면, 그 사람은 시인이라고 할 수 있다."라고 말한다. 한 가지 사물에 대하여 다른 사물을 들어 말할 수 있는 사람은 시인이라는 것이다. 비유를 잘 하는 시인이 좋은 시인이다. 신약성서 요한복음 15장 5절에 보면, "나는 포도나무요 너희는 가지니,

저가 내 안에, 내가 저 안에 있으면, 과실을 많이 맺나니, 나를 떠나서는 너희는 아무것도 할 수 없음이라."는 구절이 있다. 인상적이고 절묘한 비유라고 할 수 있다. 성경에는 그밖에도 빛과 소금의 비유, 씨뿌리는 자의 비유, 누룩의 비유, 가라지의 비유, 감추인 보화의 비유, 등불의 비유, 값진 진주의 비유 등 수많은 비유가 등장한다. 성경이 종교적인 경전을 넘어 인류의 가장 위대한 문학작품으로도 지칭되는 점은 바로 이와 같은 시적 상상력을 자극하는 훌륭한 비유로 가득하기 때문인 것으로 안다. 비유는 시를 시답게 하는 가장 효과적이고도 중요한 장치이자 기법이다.

21. 역전의 발상이 또한 중요하다. 잘만 쓰면, 신선한 충격과 감동을 불러일으킬 수 있다. 좋은 예로, 성경 요한복음 12:24 말씀을 들 수 있다. "한 알의 밀알이 땅에 떨어져 죽지 아니하면 한 알 그대로 있고, 죽으면 많은 열매를 맺느니라." 비유가 아니면 말씀하지 않으셨다는 예수 그리스도는 역전의 발상뿐만 아니라 수많은 이미지를 동원하여 사랑을 설파하였다. R. H. 블라이스는 사람들이 소크라테스가 아니라 예수를 따르게 된 것은 예수가 본질적으로 시인이기 때문이라는 것이다. 이와 같은 언술은 기독교인이 들을 때는 다분히 핵심을 비켜간 것이지만 여전히 진리의 일면을 명쾌하게 드러내 보이고 있다. 그분의 말씀뿐만 아니라 탄생도 그렇고 죽음도 대단히 시적이다. 위대한 시인에 전혀 손색이 없는 분이라고 단언할 수 있다.

22. 바슐라르는 "사람에게 비상의 충동이 있기 때문에 하늘에 새가 있다."고 말한 바 있다. 이 또한 역전의 발상이다. 하늘에 새가 있어 사람에게 비상의 충동이 있다는 것이 아니다. 시적 발상이 그렇게 하여 생성된다. 계속하자면 이와 같다. 가난한 내가 아름다운 나타샤를 사랑해서 오늘 밤은 푹푹 눈이 나린다(백석). 여름이 뜨겁기 때문에 매미가 우는 것이 아니라 매미가 울기 때문에 여름이 뜨거운 것이다(안도현). 우리는 사물을 있는 대로 보는 것이 아니라 사물은 우리가 보는 대로 있는 것이다. 예쁘고 착하기 때문에 사랑하는 것이 아니라 사랑하기 때문에 예쁘고 착한 것이다. 꽃이 아름답기 때문에 내가 좋아하는 것이 아니라 내가 좋아하기 때문에 꽃이 아름다운 것이다. 기쁘고 즐겁기 때문에 노래를 하는 것이 아니라 노래를 하기 때문에 기쁘고 즐거운 것이다.

23. 언어예술인 시는 인접분야의 예술에서 많은 것을 얻어야 한다. 러시아의 소설, 독일의 클래식 음악, 프랑스의 회화, 이탈리아의 조각과 건축, 영국의 수필 등. 그뿐만 아니라 자유로운 상상력의 비상을 위하여는 수많은 아이디어와 경험에 늘 붙어 있어야 한다. 그러다가 그 모든 것을 다 잊고, 그와 같은 수많은 지식과 경험들이 상상력이라는 뜸씨로 내 안에서 완전히 발효 · 숙성될 때까지, 그리하여 나의 피가 되고 살이 될 때까지 기다려야 한다. 와인의 향기는 시간의 향기라는 말이 있지만, 시의 향기야말로 시간과 침묵의 향기이다. 좋은 시는 한 인간의 영혼이 신의 숨결과 자연의

향기로 빚어낸 보석이 아닐 수 없다.

24. 낱말만으로는 정지된 이미지, 추상적인 이미지만 떠오를 뿐이다. 살아 움직이고, 숨을 쉬고, 우리에게 말을 걸어오는 이미지는 낱말과 낱말과의 낯선 만남과 충돌로 일어난다. 그 만남이 전혀 이질적인 것이거나 뜻밖의 것일 때 더욱 신선하고 큰 충격이 발생한다. 새로운 이미지에서만 감동이 발생한다. 상투적인 글에서 벗어나야 한다. 추상과 감상, 다변과 설명에서 벗어날 수 있어야 한다. 글은, 특히 시는 그래서는 안 된다. 태초에 아담이 사물에 이름을 짓듯, 사물들이 기왕에 가진 모든 이름들을, 표현들을 모두 다 버리고, 다시 이름을 짓고, 낱말의 새로운 결합으로 일체의 현상을 재 진술하여야 한다. 사물들과 새롭게 만나야 한다. 사전 속에 잠든 죽은 언어가 아니라 당신과의 관계 속에서 살아 숨쉬는 언어를 물고기처럼 파들거리게 하여야 한다. 다음 글을 본다.

> 당신을 만난 그 해 4월 오후, 가랑비 후줄근히 맞으며 교정을 내려갈 때, 말쑥한 교복차림의 여고생 하나, 우리 두 사람에게 쓰고 가던 우산 하나 건네고 자기는 빗속을 달음질쳐 가버렸지요. 그 소녀는 지금 어떻게 살고 있을까요. 혹시라도 남편으로부터 구박만 당하며 고생고생하며 살고 있지는 않을까요. 같은 해, 7월 어느 날, 학교 뒷산에서 해 저무는 줄도, 날궂이 하는 줄도 모르고 이야기하다가 늦어버린 저녁, 컴컴한 숲 속에서 큰 비를 만나 구멍 뚫린 듯 쏟아지는 비를 속수무책으로 맞으며, 오들오들 떨며 손잡고 산길을 내려올 때,

건넛마을에서 고개 넘어오는 트럭 한 대 가난한 연인들 곁에 조용히 머물고, 물이 줄줄 흐르는 우리를 불러 조 수석에 앉히고, 타월을 내밀며 아무 말 없이 두 사람을 시내 찻집까지 태워준 젊은 운전사. 그 청년은 지금 어떻게 살고 있을까요. 가뜩이나 어려운 이즈음, 직업도 없이 힘든 삶을 살고 있지나 않을까요. 착한 사람들이 복 받고 잘 살아야 하는데, 그럴 것 같지 않아 우울한 오늘, 이름도 사는 곳도 몰라 갚을 길도 없는 이 막막한 심정을, 이 빚진 자의 심정을 어떻게 하여야 좋을까요. 그간 살면서 사람들에게 우산 하나 건네거나, 차 한 번 태워 준 일 기억나지 않아 죄송한 마음 어떻게 하여야 좋을까요.

(졸시, '그 날의 우산하나' 전문)

위 글에서 말하는 우산은 필자의 특수한 경험 속에 들어와 사전 속의 낱말이 아니라 살아서 숨쉬는 한 생명을 얻게 된 것이라고 할 수 있다.[45] 줄글로 시작하여 시적 사유에 의한 변용과 실험을 거친 문장을, 산문시를, 절제된 표현으로, 사물을 여실히 눈앞에 보여주는 그림, 언어로 그림을 그려 보여 주어야 한다. 새로운 문체, 새로운 문장 호흡, 새로운 문장 분위기를 연출하여야 한다. 좋은 시를 읽으면서, 형용사, 동사 등에 수반하는 명사를, 또는 그와 반대로 말 바꾸기를 통하여 시적 긴장을 만들어 보는 놀이를 즐기는 것도 좋다.

---

45) 우산이라는 단어의 외연(denotation)에 해당하는 사전상의 뜻을 넘어 삶의 현장에서 실제로 생성된 그 단어의 내포(connotation) 하나를 스토리로 그려 보인 것이다.

25. 다시 말하지만, 시는 언어와 침묵의 긴장선상에서 태어난다. 시(詩)라는 한자어는 언어의 사원이라는 뜻을 가지고 있다. 여기서 사원의 의미는 무엇일까? 우리가 사찰이나 수도원, 또는 성당에 임하여 느끼는 것은 무엇일까? 그것은 적막함, 고요함, 그리고 엄숙함 같은 것이리라. 바로 침묵에서 오는 신비로움이다. 시는 곧 이와 같은 침묵이 고여 있는 공간이어야 하고, 침묵을 사원처럼 껴안아야 한다. 극도의 절제를 거쳐 우물 같은 깊은 침묵에서 정갈한 샘물의 언어를 길어 올려야 한다. 언어의 바다를 증류시켜 얻은 소금 한줌과 같은 것이어야 한다. 식물의 꽃과 같은 에센스가 되어야 하고, 눈부신 아침 햇빛에 부리를 씻는 나뭇가지 위에 열린 새소리와 같은 음악이어야 한다.

26. 그러나 시가 단순한 말놀이에 그칠 때, 독자들의 가슴에 다가가지 못하고 관심 범위에서 크게 벗어날 때, 이는 그 본령을 망각한 것이다. 시는 형식에 앞서 그 내용인 뜻 혹은 사상이 건실하여야 하고 따뜻하여야 한다. 시는 사람들의 마음에 크고 작은 감동의 울림을 남겨야 하고, 무엇보다 먼저 상처받은 사람들을 감싸주는 것이어야 한다.

››› 시를 만난 개인적 체험과 권면

27. 2003. 8. 10. 08:15경 경남 남해에서 부산으로 오는 시외버스 안. 어느 시인의 시를 읽는 도중 갑자기 "시가 나를 찾아왔다." 그보다는 "시법(詩法)이 나를 찾아왔다"고 말하는 것이 더 옳은 표

현일지도 모르겠다. 그것은 "험한 산과 산 사이에 숨은 작은 길"이라는 표현 중 〈숨은 길〉이라는 부분을 읽을 때였다. 〈숨은〉 다음에 오는 명사를 숨은 하늘, 숨은 땅, 숨은 바다, 숨은 사랑, 숨은 친절 등 다른 말로 바꾸어 붙이면서, 시적 긴장이 형성됨을 느끼면서 그와 같은 깨달음은 나를 놀라게 하였다. 그것은 일종의 스파크였고 은총이었다. 이어 "시여, 푸른 시여"라는 구절에서는 이런 생각이 떠올랐다. '푸른 하늘, 푸른 희망은 시적 표현이라 하기 어려우나, 푸른 절망, 푸른 상처, 푸른 울음, 푸른 자유 등은 시가 될 수 있겠구나'하는. 같은 시인의 시 〈길〉 중에서 "마음이 길을 만드네" 부분을 변주 또는 변용하면 다음과 같은 말놀이가 되리라고 보았다. '사랑이 길을 만드네. 그리움이 길을 만드네. 아픔이 길을 만드네. 추억이 길을 만드네. 다시, 마음이 하늘을 만드네. 마음이 바다를 만드네. 마음이 꽃을 피게 하네. 마음이 새를 울게 하네. 사랑으로 꽃이 피네. 사랑으로 나무가 크네. 사랑으로 비가 내리네.' 이와 같은 변용과 실험은 대담할수록, 엉뚱할수록, 그리고 일상의 결합에서 멀어질수록 그만큼 이미지의 생성은 더 신선하고, 감동적인 것이 되리라고 보았다.[46] 사물에 생명을 부여하고, 꿈을 심는 것이, 그리하여 끊임없이 새로운 이미지를 만드는 것이 시인의 사명이자 특권이며, 또 그러한 작업이 시의 원리에 닿아있음을 알게 되었다. 2004. 5. 31. 발간한 시집에 수록된 시는 그 날 이후 약 3개월 간, 환성을 지르며 달려오는 아이들처럼 집중적으로 내게 몰려 온 것

46) 작가 이외수는 자신의 저서인 "글쓰기의 공중부양(동방미디어, 2006)"에서 이와 같은 방식의 넌센스 진술을 많이 지어보는 것이 독창적인 글쓰기에 크게 도움이 된다고 하였다.

을 이리저리 다독거리면서 대충대충 받아 적은 시 130여 편 중에서 가려 뽑은 것이다. 거기에 아직 내 스무 살의 젊음이 살아있을 때 쓴 것 너댓편을 보탰다. 한편 한편 받아 적을 때에 나로서는 몰입의 상태에서 부끄럽게도 스스로 감동하기까지 했으나(먼저 자신이 감동하여야 한다는 릴케의 지적에 고무되었다), 시간이 지나자 당시의 뜨거움이 서서히 빠져나가면서 의욕만 무성했을 뿐 더러는 언어의 절제와 이미지의 형상화에 미흡한, 그리고 뜻을 세워 이를 숨김에 실패한, 부끄러운 모습들을 드러내기도 하였다.

28. 우리가 살면서 겪게 되는 경험은 삶의 본문이며, 회상과 반성은 이에 대한 주석이다. 회상과 반성만 풍부하고 경험이 적은 삶은 마치 한 페이지에 본문은 2행인데 주석은 40행이나 되는 책과 같다. 반대로 회상과 반성은 거의 없고, 경험만이 있는 삶은 마치 본문만 있고 주석이 없어 뜻을 알 수 없는 책과 같다(쇼펜하우어). 지금쯤 숙성되어 있을, 그리하여 피가 되고, 살이 된 유년의 추억을, 경험 가운데 녹아 있는 메시지를 의식의 깊은 우물에서 길어 올려야하고, 탁월하고 독창적인 방법으로 해석하여 이를 언어의 그림으로 독자들에게 제시하여야 할 것이다. 다른 사람의 평가와 반응은 의식하지 않는 것이 좋으리라고 본다. 시의 원천이 절실하고 그 표현의 욕구가 억누를 수 없는 우리들의 내면에서 분출된 것이라면 이를 이웃들에게 나누어주자. 감동과 기쁨을 얻을 수 있을 것이다. 예술가는 작품으로만 보상을 받는다. 그 이외의 것은 과욕이다.

29. 사철 꽃이 있는 지역의 꿀벌은 꿀을 저장하지 아니한다. 우리나라의 꿀벌은 꿀을 저장한다. 왜냐하면, 꽃이 없는 계절이 있기 때문이다. 지금이 꽃피는 계절이라고, 앞으로도 영구히 겨울이 없으리라는 보장은 없다. 그러니 지금, 많은 꿀을 저장하여야 한다. 사람들의 삶을 둘러보면, 도처에 슬픔과 고통이 편만하여 있다. 경험에 의하면, 이와 같은 아픔에서 자유롭거나 이를 온전히 피할 수 있는 사람은 그다지 많지 않은 듯하다. 그러므로 우리는 우리의 생각과 기도와 삶을 이웃들의 슬픔 속에 두어야 한다. 바로 그곳이 세상의 중심이다. 그리하여 말할 수 없는 고난과 눈물을, 가난과 핍박을 함께 견뎌내야 한다. 자원봉사자가 되어, 병원으로 가야하고, 장애자들의 수용시설로 가야한다. 어려운 사람들 곁으로 가야 한다. 그리고 재래시장으로 가야 한다. 그리하면, 우리는 언젠가 우리에게 도적처럼 닥칠지도 모를 우리들의 고통 또한 자연스럽게 받아들일 수 있는 지혜를 터득하게 될 것이다. 해외여행을 하고, 국내 여행을 하고, 책을 읽는 외에 그보다 더 크고 아름답게 우리 앞에 펼쳐져 있는 자연을 읽고, 자연을 듣고, 자연을 느껴야 할 것이다. 되도록 많이 보고, 많이 듣고, 많이 느껴 보아야 할 것이다. 철저하게 절망하고 그리고 깨어나야 한다. 행복은 슬픔이란 과육을 먹고 싹이 트는 한 알의 씨앗과 같은 것이다.

››› 사랑, 그 영원한 목마름을 위하여

30. 그리스 철학자 엠페도클레스는 물, 불, 흙, 공기의 4원소를 결합시키는 것이 사랑이고, 분리시키는 것이 미움이라고 하였다.

역사 발전의 동력은 사랑이라는 것이다. 우리는 긴 논의의 골목을 돌아 결국, 삶의 궁극적인 주제인 사랑에 도달하게 된다. 미국의 저명한 한 여의사는, "지난날을 되돌아볼 때, 정말 중요했던 것은 제가 사랑하고 사랑받았다는 것, 이것뿐입니다. 나머지는 모두 배경에 지나지 않습니다."라고 말한 바 있다. 나는 누구인가, 하는 자신의 정체성을 분명하게 정립할 필요가 있다. 요즈음 유행하는 노래 중에, "당신은 사랑 받기 위해 태어난 사람, 당신의 삶 속에서 그 사랑 받고 있지요."라는 노래가 있다. 나는 사랑하고 사랑받기 위해 태어난 사람이다. 얼마나 아름다운 정체성의 선언인가. 그러나 내가 누구로부터 어떤 사랑을 받고 있느냐 하는 분명한 인식, 나는 누구를 어떻게 사랑하여야 할 것인가, 하는 물음이 중요하고 그와 같은 대답과 결단 위에 우리들의 삶을 세워야 한다. 이 지상에서의 우리의 귀중한 삶과 생명을 생각할 때 우리는 그저 감사한 것 밖에 없다. 겸손하게 우리는 소명을 감당하여야 한다. 앞으로 우리가 세상에서 하게 되는 일은 신으로부터 명받은 거룩한 역할 분담이다. 그러므로 그러한 일들에 귀천과 우열이 있거나 더 중요하고 덜 중요한 일은 없다. 진정으로 중요한 것은 우리가 무슨 일을 하느냐가 아니라 그 일을 어떻게 하느냐, 다시 말하면 어떤 마음가짐으로 얼마나 충실하게 그 일을 하느냐이다.

31. 연세대 법대 김성태 교수는 학생들에게 시에 관심을 가지라고 자주 이른다고 한다.[47] 우리에게는 시부(詩賦)로써 천하의 인

47) 법률신문 목요일언에 같은 주제의 글을 기고한 바 있다.

재를 발탁해 온 천년의 역사 있음을 상기한다면 그런 권고가 그다지 이상할 것 없는 것 아니냐고 한다. 이유를 다음 세 가지로 제시한다. 첫째는 법학은 말의 학문이다. 시는 절제된 모국어로 빚은 언어예술의 정점에 있는 문학이다. 시를 읽고 외움으로써 법학도는 정치(精緻)하고 세련된 언어구사 능력을 기를 수 있다. 둘째, 사람과 사물에 대한 깊은 통찰을 배우고 규범과 현실의 상호작용과 그 간극을 대리 체험하면서 세계에 대한 안목을 넓힐 수 있다. 셋째, 시에 담긴 삶과 풍경을 통하여 법률가로서의 사명을 일깨워 주고 법조에 뜻을 세웠던 젊은 날의 초심으로 돌아가게 한다. 대단히 인상적이고 기억할 만한 권면이다.

32. 섬진강 시인 김용택은 2010. 4. 19. 서울중앙지방법원 문예반 초청 시낭송회에서 다음과 같이 언급하였다.[48] "법관의 판결문도 내가 쓰는 시도 다 같은 글이다. 우리 주변의 삶을 자세히 보고 글로 써내며 사회를 정화시킨다는 점에서 공통점이 있다. 그런 면에서 시인도 판사도 같은 작가이다. 법원에서 나오는 판결문, 하면 아직 많은 사람이 딱딱하고 어렵다는 느낌을 받는다. 시를 읽고 쓰며 길러지는 문학적 감수성을 판결문 작성에도 잘 활용할 수 있으리라고 본다. 시도 판결문도 모두 글쓴이의 인생관이 읽는 이에게 그대로 드러난다는 공통점이 있다. 오늘 낭독회가 시처럼 부드럽고 아름다운 판결문이 많이 나오는데 도움이 되었으면 좋겠다." 이와 같은 방식으로 언어를 표현매체로 한 법과 문학은 한 자리에

48) 2010. 4. 21.자 조선일보 A33면.

서 만나 대화를 나눈다. 화제는 언어로 시작하여 사람의 삶을 거쳐 사랑으로 끝날 것이다. 시인 고은은 시는 연가 아니면 만가라고 하였다. 현존하는 사랑의 찬가나 상실한 사랑의 추억을 노래한 것이 시라는 말이다. 위와 같은 방식으로 시는 법률과 만나고 결국 양자는 인간이 궁극적으로 추구하는 사랑으로 귀일한다.

33. 영국 태생의 미국 시인인 W.H.오든은 법학도들에게 "법은 사랑처럼(Law Like Love)"이란 시로 잘 알려져 있다. 언어 예술의 형식을 빌려 시인은 법을 사랑의 다른 이름으로 본다. 법이 수많은 사회현상을 규율하듯이 사랑 또한 인간의 삶을 종횡으로 누비면서 많고 많은 이야기를 만들어내고 있다. 분쟁해결의 근거가 되는 최종 규범이 법이라고 하지만, "두 지점 사이의 최단거리가 사랑(올리버 웬델 홈즈)"이라는 말에서 보듯이 사랑은 법을 뛰어넘어 사안의 궁극적이고 평화적인 해결에 깊이 관여한다. 그런 뜻에서 "모든 질문에 대한 대답은 사랑"이라는 말도 실감이 난다.

34. 필자가 2004년에 출간한 시집의 표제작인 '우리 것이 아닌 사랑'의 이해를 돕기 위하여, 우선 오래 전, 한 유대인이 쓴 시 한 편을 소개하고자 한다.

> 사랑하는 자들아, 우리가 서로 사랑하자. 사랑은 하나님께 속한 것이니, 사랑하는 자마다 하나님께로 나서 하나님을 알고, 사랑하지 아니하는 자는 하나님을 알지 못하나니 이는 하

나님은 사랑이심이라. 사랑은 여기 있으니 우리가 하나님을 사랑한 것이 아니요, 하나님이 이같이 우리를 사랑하셨은즉, 우리도 서로 사랑하는 것이 마땅하도다. 어느 때나 하나님을 본 사람이 없으되 만일 우리가 서로 사랑하면 하나님이 우리 안에 거하시고, 그의 사랑이 우리 안에 온전히 이루느니라.

신약성서 요한 1서 4장에 기록된 말씀으로, 사랑의 사도 요한이 하나님의 감동을 받아 기록했다는 시다. 지금부터 2000년 전에 어떻게 이와 같이 아름다운 시를 쓸 수 있었는지, 그저 놀랍고도 감탄스러울 뿐이다. 이 시를 읽을 때마다 필자는 소중한 생명과 이 지상에서의 삶을 주시고, 영혼 깊숙이 사람에 대한 사랑의 능력을 심어주신 신의 그 숭고하고도 거룩한 뜻에 늘 감동하고 감사하게 된다. 그와 같은 인식과 신앙고백을 바탕으로 제1시집의 표제작은 이렇게 시작한다.

우리가 빈 몸으로 온 것이 사실이라면
세상에 올 때 빈 그릇 뿐이었음이 사실이라면
그대와 나 사이에 꽉 찬 이 사랑은 누구의 것인가
그대를 향한 설레는 이 가슴은 진정 누구의 것인가
온 몸을 풀잎처럼 흔들며
맑은 샘물로 고여 넘치는
주체할 수 없는 이 눈물은 또 누구의 것인가
그대와 나 사이를 흐르는 하염없는 이 세월
우리 것일 리 없고
그대와 나의 이 뜨거운 숨결 또한

우리 것일 리 없으니
그렇다면 정녕 누가 어떤 연유로
한 세상 절절히 사랑하고 살아보았기에
우리의 애달픔을, 혹은 환희를
이다지도 속속들이 안단 말인가
죽음의 강을 건너지 않고서는
끝내 알 수 없는 암호 같은 삶의 비밀.
기적이라고 밖에 볼 수 없는 우리들 사랑의 기쁨과 슬픔
이것들을 우리가 가지고 온 것이 아니라면
절로 된 것이 아니라고 한다면
우리 대신 누가 살아서
우리 대신 누가 죽어서
우주를 덮는 사랑의 원형을 이루고
그 사랑 마침내 우리 사이에 흘러든단 말인가
필경 우리 것이 아닌 이 사랑을
우리는 누구의 것이라고 하여야 좋을 것인가
누구로부터 잠시 빌린 것이라고 하여야 좋을 것인가

35. 자생의 것이 아니라, 은총임을 깨닫는데 적어도 반세기쯤의 세월이 소요된다는 그 도저(到底)한 사랑, 그 앞에 무릎을 꿇을 때엔 다시 이를 반납할 때가 다가온다(앙드레 말로). 이 대책 없는 시간의 무상함이여. 깨달음은 이와 같이 언제나 너무 늦게 찾아온다. 그러나 비록 잠깐이지만 천지(天地)에 미만(彌滿)한 그분의 우의(羽衣) 한 자락 끝이라도 만질 수만 있다면, 이로써 일말의 위로를 삼을 수 있지 않겠는가. 생각해 보면 인간의 유한한 삶과 소명,

그 가운데 주고받는 우리들의 따뜻한 정과 사랑, 이것이 바로 은총이며 축복이 아니고 무엇이겠는가. 그러므로 생의 한순간, 손가락 끝의 짜릿한 감전으로 온 몸을 전율하며 기어코 우리들 영혼의 한가운데 자리잡은 뜨겁고도 붉은 심장, 그 영원한 목마름을 이제 우리는 기꺼이 사랑이라는 이름으로 불러도 좋을 것이다. 이와 같이 언어를 도구로 하는 법과 문학은 그 중심이 사랑이며, 그리하여 저들은 오랜 세월, 긴 회랑을 돌고 돌아 결국 사랑이라는 지점에서 서로 손을 잡게 된다. (2004. 10. 15.)

소송자료 작성을 위한 권장 사항

– 민사소송의 당사자와 대리인들에게

1. 법원을 효과적으로 설득한다.

원고의 소송제기는 법원으로부터 승소판결을 얻기 위함에 목적이 있는 것이고, 피고의 항쟁은 이를 저지하는 것을 목표로 하는 것이다. 그러자면 당사자 또는 그 대리인으로서는 공적 판단 권한을 가진 법원을 절차 내에서 요령 있게 설득하여야 한다. 따라서 대충 써내더라도 시간이 가면 법원에서 알아서 제대로 처리해 주리라는 생각은 통하지 아니 한다. 소송물은 당사자가 선택하는 것이며 당사자가 처분권을 가지고 있다. 그러므로 소송수행 역시 당사자주의가 원칙이다. 법원이 나서서 적극적으로 문제를 해결해 주는 것이 아니다. 법원의 석명권 행사는 한계가 있다. 법원은 어디까지나 중립적인 지위에 있는 제3자이기 때문이다.

2. 논리적인 순서에 따라 핵심 중심으로 간결하게 정리한다.

시간적인 순서에 따라 쟁점과 무관하거나 중요도가 다른 여러 가지 사실과 의견을 뒤섞어 장황하게 기재해서는 아니 된다. 요건사실, 간접사실(정황) 등으로 명확하게 분리하여 논리적인 순서를 좇아 육하원칙에 입각하여 차근차근 구분 · 기재함으로써(경우에 따라서는 주된 쟁점만을 선명하게 부각시킴으로써) 그 주장과 항변 내용을 분명하게 알 수 있도록 적시한 다음, 결론에 해당하는 의견을 간결하게 제시하여야 한다. 각 항목에는 소제목을 붙이는 것이 이해에 편하다. 소장, 답변서, 준비서면 등 소송자료의 분량은 5장 이내가 무난하고, 아무리 많더라도 그럴만한 분명한 사정이 있는 경우를 제외하고는 10장을 넘지 않는 것이 좋다. 분량이 많아지면 서술의 밀도가 떨어지고 지엽말절의 사연이 다수 포함되기 마련이다. 그렇게 되면 읽는 사람의 집중력이 떨어질 수밖에 없다.

3. 도표나 도해서를 이용한다(그림으로 설명한다).

소장 등을 작성할 경우에 문장으로 사실관계를 기술하더라도 (특히 당사자나 이해관계인이 다수이고 사안이 복잡한 경우에는) 이의 이해를 돕기 위하여 한 장으로 된 사실관계의 도해서(flow chart)나 관련 도표 또는 사진 등을 첨부하는 것이 도움이 된다("이상의 사실관계를 도해하면 별지와 같다"는 방식으로). 그리고 서면의 분량이 부득이 많은 경우에는 앞부분에 한두 장으로 된, 주장의 개요를 먼저 내세울 필요가 있다. 이른바 두괄식의 논지 전개이다.

4. 상대방은 도해서의 내용을 공격하거나 수정한다.

그렇게 하면, 법원도 원고의 청구취지와 원인을 이해하기 쉬울 뿐만 아니라 상대방도 방어의 소재를 쉽게 파악할 수 있을 것이고, 이 경우 피고는 원고가 제시한 도해 서나 도표의 내용을 깨거나 수정, 제시함으로써 그가 생각하는 사실관계나 쟁점을 새롭게 형성시킬 수 있을 것이다(재판부는 한 장의 도표나 도해서를 나누어 갖고 재판에 임하면 된다).

5. 짧고 쉬운 문장을 쓴다.

한 문장 안에는 되도록 한 가지 사실 또는 한 가지 생각만을 담도록 하고, 주어, 술어 등의 호응이 제대로 된, 그리하여 한 번 읽어 그 뜻을 금방 알아 볼 수 있도록 쉬우며, 어법에 맞는 정확하고 짧은 문장을 써야 한다.

6. 증거를 제시하고 주장에 대응시킨다.

소송자료(주장)와 증거자료(입증)를 하나하나 구체적으로 대응시킨다(사실에 관한 주장을 기재하면서 괄호 안에 증거번호를 부기한다).

7. 적용법령과 참고자료를 적시한다.

결론에 해당하는 의견 부분에 관하여는 근거법령을 적시하고 관련 판례가 있으면 이의 번호를 기재하며 참고문헌 등도 표시한다(이제는 관련 자료를 검색하고 이를 얻는 것이 과거처럼 그다지 어려운 일이 아니다).

8. 정정당당하게 공방을 펼친다.

쌍방 동의에 의한 속도조절이나 특수사정이 있는 경우를 제외하고는 시간을 벌기 위한 지연작전이나 무익하거나 무의미한 항쟁 또는 법원에 부담을 주는 쟁점교란작전을 지양하여야 한다.

9. 소장 등의 작성 방식에 유념한다.

소송자료 작성 시 싱글 스페이스(single space)로 너무 빽빽하게 기재해서는 곤란하다. 줄 간격이 최소한 200은 되어야 하고, 판결문의 간격인 250 정도가 가장 적당하다. 글자의 크기도 최소한 12 포인트 이상이 되도록 하여 근시가 보편화된 이 시대에 가독성이 향상된 문서를 작성하여야 한다. 적당한 방법으로 중요한 주장을 드러내는 것은 필요할 수도 있겠지만 도처에 밑줄을 긋거나 여러 곳에 형광펜을 칠하는 등 치장이 지나치게 되면 그런 강조가 의미 없게 될 뿐만 아니라 읽는 사람을 대단히 피곤하게 한다.

10. 요약 또는 종합준비서면을 제출한다.

법원으로부터 다툼 있는 사실관계나 법률해석에 관하여 판단을 받고자 하는 사항을 각개의 항목으로 나누어 정리한 최종적인 준비서면을 제출한다. 이 경우 법원은 '당사자의 주장은 별지와 같다'고 하면서 이를 첨부한 다음, 판결이유에서는 이에 대한 판단만 기재하면 될 것이다.

11. 사건에 대한 일정한 거리를 유지한다.

너무 가까워도, 너무 멀어도, 사물은 우리 눈에 잘 보이지 아니한다. 사건도 마찬가지다. 대리인이 사건에 너무 가까이 다가서거나 사건 속으로 파고들면 당사자가 아닌 대리인만이 누릴 수 있는 강점인, 사안에 대한 객관적이고 침착한 자세와 태도는 없어지고 당사자와 다름없이 흥분하고 다투게 된다. 결과적으로 사안의 승패에도 과도하게 집착하게 된다. 그렇게 되면 불가불 사실의 진면목을 볼 수 없게 된다. 물론 기대되는 역할도 제대로 수행할 수 없다. 대리인과 사건과의 거리는 소송자료의 표현에도 그대로 드러난다.

12. 진실 발견에 정성과 열의를 보인다.

법관은 수많은 사건 기록에 파묻혀 산다. 그만큼 읽는 부담이 크다는 뜻이다. 그럼에도 문서작성에 무성의하거나 요령부득의 서면이 더러 있다. 당사자도 그렇지만 특히 대리인은 소송자료를 정성껏 작성하여 읽는 재미를 느끼게 하는 것이 좋다. 당사자의 사리에 맞지 아니한 주장에 따라 억지이론을 무리하게 구성한 자료가 아니라, 진실에 입각하여 잘 정돈된 소송자료와 증거자료 및 이에 대한 실현가능하고 호의적인 해결방안을 발견하면 법관은 크게 안도한다. 마치 한 편의 드라마처럼 아름답게 사건을 마무리 짓고자 하는 대리인의 정성과 열의가 보이는 서류가 필요하다.

13. 화해나 조정의 활성화에 적극 참여한다.

당사자로 하여금 화해나 조정의 성사에 대한 이점을 충분히 설명하여 많은 사건이 판결이 아니라 상호양보에 의하여 종국적인 해결이 이루어지도록 노력도 아끼지 않아야 한다. 그런 방식으로 해결해야 좋을 사건이 반드시 있기 마련이다.

14. 역사적 사실의 발견을 위하여 함께 노력한다.

역사적 사실(실체적 진실)과 판결에 표현된 사실(절차적 진실) 사이에는 당사자, 대리인, 법관이라는 세 주체의, 이해와 표현이라는 여러 기능의 필터(filter)를 통과하는 과정을 거쳐야 한다. 그런 관계로 사실 인정의 오류가 다수 발생한다. 이를 극소화하여 진실에 부합하는 사실을 확정함으로써(이것이 재판이 지향하는 이상이자 궁극의 목표이다), 당사자들로부터 신뢰를 얻어내기 위하여 대리인과 법원은 지속적으로 함께 노력하여야 한다. (1998. 5. 15.)

제 3 부

판결 문장의 실제

말과 글로 표현된 재판의 현장

성전환허가결정

[사 건] 부산지법가정지원 2002. 7. 3. 2001호파997, 998 호적정정 등

[신청인] 윤 ○ ○(尹○○, 1972. 5. 5.생)

[주 문]

1. 부산광역시 ○구청에 비치된 위 본적 호주 윤○○(尹○○)의 호적중 신청인 겸 사건본인의 성별란 기재 "남"을 "여"로 정정하는 것을 허가한다.

2. 신청인 겸 사건본인의 이름 "○○(○○)"을 "○○(○○)"로 개명하는 것을 허가한다.

[신청취지] 주문과 같다.

[이 유]

1. 신청원인

신청인 겸 사건본인(이하 신청인이라고만 한다)은 남자의 외부성기를 가지고 태어나 호적상 성별이 남자로 기재되어 있으나 어릴 때부터 남자로서의 의식과 행동은 전혀 없었고, 오히려 자신을 여자로 생각하고 여자 옷을 입는 등 신체의 성과는 다른 성으로서의

역할을 하면서 우울하고 힘든 삶을 살아왔다. 그러던 중 정신과 의사로부터 선천성 성전환증이라는 진단을 받은 후 정신요법 등의 치료를 거쳐, 1999. 6. 국내의 한 병원에서 남자에서 여자로 성전환수술을 받았다. 이에 따라 신청인은 호적에 기재된 성별의 정정과 아울러 남자임을 전제로 지은 이름을 여자 이름으로 바꾸어 달라는 취지의 허가를 구한다.

2. 성전환자에 대한 법적 인식과 처우

성전환수술과 이로 인한 성별정정에 관한 국내외 문헌의 내용 중 이 사건 신청원인을 이해하고 판단함에 당원이 상당하다고 여기는 부분을 요약하면 다음과 같다.

(1) 사람의 성은 남녀로 양분되고, 이에 따라 우리 사회는 남녀 양성체제로 구성 · 운용되어 왔다. 사람이 출생하면, 호적관서에 출생 연월일, 성명과 함께 성별을 신고하여야 하고, 호적에 기재된 성별은 대체로 그 사람의 불가변의 법률상 성별로서 이에 따라 가족과 사회 내에서 일정한 지위와 성적 역할이 부여된다.

(2) 사람의 성을 구분하는 요소로는 우선 생물학적 요소로 성염색체, 성호르몬, 생식선(내부성기), 외부성기를 들 수 있고, 정신의학적 · 심리적 요소로는 2차 성징, 양육 또는 교육으로 인한 성, 성역할 등을 들 수 있으나, 크게로는 생물학적 성(sex)과 정신적 · 사회적 성(gender)의 둘로 나누는 것이 보통이다.

(3) 사람은 생물학적 존재임과 동시에 사회적 · 정신적 존재이다. 따라서 성개념에 관하여도 동물과 같은 자웅개념으로만 논할

것이 아니라 이와 함께 정신적 · 사회적 성별개념을 이해하고 이에 따라 새로운 방식으로 사람의 성별을 구분할 수 있어야 한다(대법원 1996. 6. 11. 선고 96도791 판결 참조).

(4) 생물학적 성과 정신적 성이 일치하는 대부분의 사람들은 태어나면서부터 자연스럽게 사회의 일원으로서 자신에게 부여된 성 역할을 수행하면서 삶을 영위할 수 있게 된다.

(5) 성전환증(transsexualism)은 외부성기로 표현된 자기 신체의 성과 자신이 인식하는 성이 일치하지 아니하는 성정체성장애의 일종으로서, 자신의 신체적 성을 극도로 혐오하여 이를 제거하거나 변형하여 상대 성징을 얻으려는 집착에 사로잡혀 있는 상태를 말한다. 이는 동성애나 이성복장증 등과 같은 성적 취향이나 기호의 문제가 아니며, 보통의 정신병과도 다른 것으로서 극단적인 경우에는 자살이나 성기절단을 시도하게 되는 대단히 심각하고도 절실한 고통을 가진 특이한 병적 현상이다. 사회는 이들에 대하여 의학상, 법률상, 사회생활상의 신중하고도 적절한 처우를 하여야 한다.

(6) 성전환증에 관하여는 태내에서 진행되는 성 분화 과정 중 어떤 사정으로 성염색체와는 다른 성의 뇌가 형성되거나 성호르몬 분비의 이상 등에 그 원인이 있다는 선천적인 요인설과 출생 후 어린 시절의 사회적인 학습의 결과가 그 원인이라는 후천적 요인설 등이 있으나 양자의 사정이 복합된 것이라는 견해가 유력하다. 성전환증에 대한 의학상 치료방법은 정신요법, 호르몬요법, 외과적 수술 등이 있지만 진성인 경우에는 성전환수술이 필수적이다.

(7) 성전환수술이 합리적인 기준에 따라 정당하게 시행된 경우

에는 법률상의 성별정정도 특별한 사정이 없는 한 이에 따라야 한다. 명문의 규정이 없다는 이유로 국가기관은 그들에 대한 협력을 거부할 수 없다. 왜냐하면, 성개념은 본래 법률상 고유개념이 아니라, 성 의학 및 생물학으로부터의 차용개념으로서 자연과학에서 엄밀하게 확인된 성은 법률에서 이를 받아들여야 하고, 성전환증 환자는 인간으로서의 존엄과 가치를 향유하며, 행복을 추구할 권리를 가진 존재이므로, 사회질서나 공공복리에 반하지 않는 한 자기결정권(프라이버시 존중의 권리)을 지닌 소수자로서, 헌법이념에 따라 마땅히 보호를 받아야 하기 때문이다.

(8) 성전환수술 이후의 성별정정에 관한 이론적 기초를 헌법이념에서 발견하여 성전환자에 대한 법적 인식과 처우에 관한 획기적 기틀을 마련한 것은 유럽인권조약기관과 독일의 연방헌법재판소의 소수자의 인권을 중시하는 선구적인 법리구성에서 비롯되었다. 물론 그와 같은 판단이 나오기까지 프랑스와 독일의 하급심법원을 위시한 유럽 여러 나라 국가기관의 긍정적인 견해가 없었던 것은 아니다. 이에서 더 나아가 스웨덴, 독일 등의 나라는 개개의 경우에 법원의 재판으로 성별정정을 허가하는 조치만으로 미흡하다고 판단하여 이미 20여 년 전부터 성전환자(transsexual)를 위한 특별법을 제정 · 시행하고 있다.

(9) 법률상 성별정정을 위하여는 호적법의 개정이나 위와 같은 특별법의 제정이 이상적이나 현행법령의 헌법합치적 해석과 수술의 정당성여부를 검증할 합리적 기준이 마련된다면, 별도의 입법조치가 없어도 성별정정의 허가는 가능하다.

(10) 법률상 성별정정의 합리적 기준에 해당하는 요건으로 들 수 있는 것은 의학상 요건과 법률상 지위에 관한 요건이 있다. 전자의 것으로는 ① 2인 이상의 정신과 의사가 인정하는 진성의 성전환증 환자이어야 하고 ② 2년 이상 심각한 성정체성장애의 증세를 보이는 상태에서, 6개월 이상 적어도 1인의 정신과의사가 환자의 상태를 지속적으로 관찰하면서 정신요법, 호르몬요법을 실시하였으나 고통이 경감되지 아니하였어야 하며, ③ 공인된 병원에서 시술한 외과적 수술을 통하여 성적 외관이 반대의 성으로 변경되었어야 하며, ④ 상당한 기간 동안, 반대의 성에 상응하는 사회적 역할 또는 행동이 있어야 하고, ⑤ 생식능력을 상실하였어야 하며, ⑥ 장래 성 인식의 재전환 가능성이 현저하게 낮아야 한다는 것 등을 들 수 있다. 후자의 것으로는 ① 원칙적으로 내국인이어야 하고, ② 만 23세에 이르러야 하며, ③ 의사능력 및 행위능력이 있어야 하고, ④ 미혼이거나 현재 혼인관계에 있지 않아야 한다는 것 등이다.

(11) 수술 전의 성에 적합한 종전의 이름이 성전환자의 성정체성의 유지 또는 확보나 성공적인 사회적응에 장애가 된다면, 본인의 희망에 따른 개명을 허가하여야 한다.

(12) 요컨대, 성전환자는 우리 시대의 대표적인 성적 소수자로서, 정당한 의학상 · 법률상 처우를 받아야 한다. 그뿐만 아니라 사회구성원 또한 그들의 정상적인 사회 내 적응을 적극적으로 지원하여야 한다.

3. 인정사실

신청인이 제출한 호적등본, 주민등록표등본, 병적증명서, 혜민병원장 작성의 소견서, 진단서, 수술확인서, 정신과 의사 김○○ 작성의 소견서, 부산백병원장 작성의 각 입·퇴원 확인서, 순천향대학교 부천병원장 작성의 염색체검사서, 혜민병원장 및 이원임상검사센터 작성의 성호르몬 검사서, 당원의 대한의사협회에 대한 사실조회 회보서, 당원의 부산지방병무청장에 대한 사실조회 회보서, 신청인 본인의 진술서 및 신청인의 모(母) 양○○ 작성의 의견서 등의 기재 내용과 당원의 신청인에 대한 심문결과를 종합하면 다음 사실이 인정된다.

(1) 신청인은 1972. 5. 5. 부산 ○○구 ○○동 2가 1에서 5형제의 막내로 출생하여 부(父)의 신고로 호적부의 성별 란에 "남"으로 기재되었다.

(2) 신청인은 초등학교 취학 전부터 치마를 입는 등 여성복장을 하고, 여자아이들과 어울려 노는 것을 주로 하였고, 남자아이들과는 가까이 하지 아니하였다. 그 때문에 숱하게 놀림을 받는가 하면, 집에서조차 이상한 아이로 여김을 받으면서 따돌림을 당하였다.

(3) 신청인은 사춘기에 이르러 자신의 성이 신체의 성인 남성이 아니라 여성이라는 분명한 성 정체성이 형성되기 시작하였고, 부산시 소재 남자 학교인 ○○중학교, 부산○○고등학교에서 학업을 계속하면서, 화장(化粧)을 하고, 같은 반의 남자 친구를 이성으로 좋아하는 등의 행동을 보이다가 학생들로부터 수모를 받고, 배척을 당하는가 하면, 담임교사로부터 질책을 받거나 부모를 모셔오

라는 등의 몰이해와 괴로움을 끝내 감당하지 못하고 학업도 중도에 포기하였으나 학교 측의 배려로 졸업장은 받을 수 있었다. 그 무렵 수면제 과다복용에 의한 몇 차례의 자살시도도 있었다.

(4) 위와 같은 성정체성장애에 시달리는 신청인을 보다 못해 가족들은 신청인을 부산백병원에서 신경정신과 소관의 상세 불명의 우울증 에피소드라는 병명으로 1차로 1988. 12. 28.부터 1989. 2. 3.까지, 2차로 같은 해 2. 6.부터 2. 9.까지 각 입원치료를 받게 하였고, 이어 3차로 같은 해 3. 22.부터 4. 17.까지, 4차로 같은 해 8. 27.부터 9. 19.까지, 역시 신경정신과 소관의 상세 불명의 해리(전환)장애라는 병명으로 각 입원치료를 받게 하였으나 신청인이 겪고 있는 정신적 고통은 경감되지 아니하였다. 위 정신과 또는 신경정신과 소관의 병명은 보통의 정신병이 아니라 신청인이 겪고 있는 성정체성장애에서 기인된 고통의 다른 표현임이 명백하다.

(5) 신청인은 1991. 9. 19. 병역법에 의한 징병검사에서 신체등위 5급으로 제2국민역 판정을 받았다(이후 성전환증의 확진이 있는 경우에는 종전 처분의 취소를 구할 수 있고, 성전환수술로 인하여 성별정정까지 이루어졌다면, 종전의 병역처분은 그 효력이 상실된다).

(6) 이어 신청인은 의료법 제3조 소정의 의료기관인, 서울 광진구 자양동 627 소재 혜민병원 정신과에서 성전환증이라는 진단을 받고, 같은 병원에서 상당한 기간, 정신요법, 내분비요법 등의 치료를 거쳐 마침내 1999. 6. 22. 같은 병원 성형외과에서 남자에서 여자로 외부성기와 얼굴의 하악각을 변형하는 성전환수술을 받았다. 이에 앞서 유방은 다른 병원에서 수술을 받았다. 수술로 인한

비용은 4,000만 원 정도의 금액이 소요되었다.

(7) 이후 신청인은 성 정체성과 외부성기가 부합하고, 성정체성 장애로 인한 고통이 해소되면서 심리적 안정을 회복하였다. 수술 결과에 만족하고 있을 뿐 아니라 사귀는 남성과의 성생활도 아무런 문제가 없다고 한다. 수술을 전후하여 8년여에 걸쳐 호르몬요법의 치료를 받고 있다.

(8) 신청인은 장래 미용사와 같은 여성을 상대로 하는 직업 등 서비스업에 종사하기를 원하고 있으나 미용학원에서의 멸시와 따가운 눈총을 견딜 수 없어 제대로 기술을 습득하기 어려운 형편이고, 신분 확인 때마다 당하는 인간적인 모멸감과 이로 인한 괴로움은 이루 말할 수 없을 정도라고 한다. 특별한 기술이 없는 신청인은 서울에 있는 게이 클럽(gay club)에서 가수 또는 무용수로 일하다가 그도 여의치 아니하여 정상적인 취업에 어려움이 있는 우리나라를 피하여 1992년에서 1996년까지 일본의 밤무대에서 신청인의 표현을 빌리면 "죽기보다 싫은 공연"을 하면서 여성으로서 힘들게 살다가 다시 귀국하여 유사한 업소에서 일하여 왔다. 현재는 심신이 극도로 지친 상태에서 5개월 째 쉬고 있는 중이다.

(9) 수술 후 약 3년이 경과한 현재, 신청인은 미혼의 내국인으로서 성염색체(46, XY)를 제외하고는 호적부에 기재된 성별인 남자가 아니라 여자로서의 성적 자기인식과 외부성기가 일치함은 물론, 외관상 뚜렷이 여성으로 인식될 수 있는 외모와 체형 및 외부성기를 갖추게 됨으로써, 외과적 수술과 호르몬 치료 등의 의학상의 처우를 통하여 그 성별이 미혼의 여자로서 성공적으로 전환되

었다. 향후 성 인식의 재전환 가능성이 희박하고, 생식능력이 없으며, 여성으로서 사회생활을 영위함에 있어서 아무런 장애나 불편이 없는 상태이다.

(10) 평안북도 ○○군에서 6 · 25 사변 중 남편 윤○○(1922. 1. 1. 생, 1996. 4. 10. 사망)과 함께 월남하여 다섯 아들을 낳은, 신청인이 모 양○○(1927. 2. 7. 생)는 그간 남편과 함께 모든 방법을 동원하여 자식의 고통을 치유하기 위하여 눈물겨운 노력을 다하였으나 성전환수술 외 신청인을 구제할 다른 방법이 없었다고 한다. 신청인의 모는 다른 가족들과 더불어 신청인의 성(性)을 진정한 여자로 받아들이며, 이 땅에서의 여명이 다한 자신의 유일하고도 간절한 소망이라면서, 불행한 처지에 놓여있는 자식이 부디 이 나라에서 평범한 여성으로서 손가락질 받지 않고, 자신이 하고 싶은 일을 하면서, 떳떳하게 가족과 함께 살 수 있도록 국가가 배려하여 달라는 취지로 호소하고 있다.

4. 신청원인에 대한 판단

(1) 앞서 본 바와 같이 ① 신청인은 서로 관련 없이 의료계에 종사하고 있는 3인의 면허 있는 정신과 의사로부터 일정기간의 검사와 관찰을 거쳐 진성의 성전환증 환자라는 진단을 받은 바 있고, ② 2년이 훨씬 넘는 오랜 기간, 심각한 성정체성장애에 시달려 온 신청인의 증상을 진단한 의료인들은 상당기간에 걸쳐 신청인이 지닌 위 증상을 관찰하면서 이로 인한 고통 경감을 위하여 정신요법과 호르몬 요법을 꾸준히 시행하였으나 특별한 효과를 기하지 못

하였으며, ③ 결국 성적 외관을 반대의 성으로 변경하는 외과적 수술을 통하여 외부성기와 외모 및 체형이 여성으로 인식됨에 충분한 정도에 이르렀음은 물론, ④ 위 수술을 통하여 생식능력을 상실하였을 뿐만 아니라 ⑤ 같은 수술을 전후하여 적어도 3년 이상 여성으로서 유흥업소의 종업원으로 종사함으로써 그 성에 상응하는 사회적 역할 또는 행동이 있은 것으로 인정되고, ⑥ 장래 신청인이 지닌 성 인식의 재전환 가능성이 있다는 점에 관한 아무런 자료가 없으므로, 신청인에 대한 위와 같은 진단과 성전환수술을 전후하여 관련 의료기관이 행한 일련의 의학상 처우는 정당하고 합리적인 것으로 판단된다. 따라서 신청인에 대한 위와 같은 사정은 성별정정의 의학상 요건을 충족한다.

(2) 신청인은 ① 현재 30세의 내국인으로서, ② 의사능력과 행위능력을 구비하고 있고, ③ 성전환증의 확진 전인 1991. 9. 19. 신체등위 5급으로 제2국민역 판정을 받은 바 있으나 위와 같이 성전환증의 확진과 이로 인한 성전환수술로 위 처분은 취소 대상이거나 실효된 것으로 판단되고, ④ 혼인도 아니하였으므로 신청인에 대한 위와 같은 사정은 성별정정의 법률상 지위에 관한 요건 또한 충족한다.

(3) 우리나라 호적법 제15조 제4호는 호적에 기재할 사항으로 성명 및 본과 함께 성별을 규정하고 있고, 같은 법 제49조는 출생신고서에는 자의 성명과 본 및 성별을 기재하여야 한다고 하며, 같은 법 제120조는 호적의 기재가 법률상 허용될 수 없는 것 또는 그 기재에 착오나 유루(遺漏)가 있다고 인정하는 때에는 이해관계인

은 그 호적이 있는 곳을 관할하는 가정법원의 허가를 얻어 호적의 정정을 신청할 수 있다고 규정하고 있다. 따라서 사람의 성별이 호적정정의 대상이 되는 것은 의문의 여지가 없다. 다만, 여기서 문제가 되는 것은 성별의 단순 기재 착오가 아니라 성전환증 환자가 출생당시 확인 · 신고된 자신의 성을 외과적 수술을 통하여 반대 성으로 전환한 경우에 이를 법률이 용인할 것인가 하는 점이다. 이는 법률이 당초 예정하고 있지 아니한 경우에 해당하는 특수한 사안이기 때문에 그렇다. 성전환수술로 인한 성별정정을 예상하지 못한 상태에서 제정한 위 조항을 법의 흠결이라고 본다면, 이의 보완으로 이상적인 것은 특별법을 제정하거나 호적법의 개정을 통하여 관련조항을 신설하는 것이 바람직할 것이다. 그러나 그와 같은 관련 법률이나 호적법상 명시적인 조항이 없다는 이유를 들어 성전환수술로 성별정정의 요건을 갖춘 성전환자들의 신청을 배척하고, 그들로 하여금 입법조치가 될 때까지 기다리라고 할 수는 없을 것이다.

(4) 인간의 문화적 산물인 법령은 언어를 통하여 그 의미 내용이 지시된다. 그런데 본래 인간의 언어는 다의적인 데다가 시대에 따라 변하기도 하는 것이므로, 이를 해석하는 자는 여러 가지 의미 가운데 가장 적절한 의미를 선택하여야 하고, 때로는 입법자가 미처 예상하지 못한 새로운 의미를 부여할 필요가 생겨날 때도 있다고 보아야 한다. 이와 같이 법관은 법을 해석 · 적용함에 있어서 형식적이고, 개념적인 자구해석에 얽매이지 아니하고, 그 법이 담보하는 정의가 무엇인가를 헤아려서 정의실현의 방향으로 법의 의미

를 부여하여야 하며, 정의실현을 위하여 필요한 한도 내에서 성문 규정의 의미를 확대 해석하거나 축소 · 제한 해석을 함으로써 실질적인 법 창조 기능을 발휘하여야 한다. 입법자 또한 시간적 제약 내에 있는 존재이므로 성전환자의 존재를 전혀 예상하지 못한 상태에서 호적정정에 관한 규정을 제정하였다면, 우리는 변화된 새로운 시대상황하에서 입법자의 의사를 유추하여야 하고, 호적정정의 의미에 관하여도 전통적인 해석을 넘어 전혀 새로운 방식의 해석을 통하여 현실과 유리되지 아니한 진정한 정의를 구현할 필요가 있을 것이다.

(5) 법률조항의 흠결을 들어 신청인의 주장을 배척하는 것은 성전환증 환자가 인간으로서의 존엄과 가치를 향유하며, 행복을 추구할 권리를 가진 존재로서(헌법 제10조), 인간다운 생활을 할 권리가 있고(헌법 제34조 제1항), 질서유지나 공공복리에 반하지 아니하는 한 프라이버시에 관한 자기결정권을 가진 성적 소수자로서 마땅히 보호를 받아야 한다(헌법 제37조)는 헌법이념에 반하는 것으로서 우선 이 점에서 용인되지 아니한다고 할 것이다.

(6) 나아가 위 법조 소정의 착오라는 것의 원래의 뜻을 호적의 기재가 당초부터 사실에 반하는 것을 의미하는 것으로만 보아야 한다면, 출생신고시 외부성기의 형태에 따라 신고된 내용에 좇아 기재된 성별을 착오에 의한 것으로 단정하기는 어려울 것이다. 그러나 성전환증의 발생원인이 전적으로 후천적인 사정에 기인하는 것이 아니라 성의 분화 과정에서 발생한 성호르몬 분비 이상 등 선천적인 사정과의 복합적인 것으로 본다면, 당초의 성별신고는 향

후 성 의식이 확립되어 그 사람의 궁극적인 성으로 확정될 성을 고려하지 아니한 생물학적 성의 징표에 의존하여 외부성기만을 보고 한 잘못된 것이라고 아니할 수 없다.

(7) 가령, 위와 같은 성전환으로 당초의 성별신고가 사후적으로 착오에 해당하게 되었다고 보더라도 최종적으로 성이 확정된 시점에서 본다면 호적부상의 성별기재는 잘못된 기재임이 명백하고, 그럼에도 이를 그대로 유지하는 것은 호적정정 제도의 취지에도 반하는 것이다. 이 때 착오가 당초의 것이냐, 사후에 확인된 것이냐 하는, 착오의 발견시기를 기준으로 한 구분에 특별한 의미를 부여할 것은 아니다. 위 법조의 취지에 비추어 성전환수술로 인하여 최종적으로 밝혀진 성별이 호적부의 기재와 일치하지 아니하는 이상 호적법 제120조에 정한 정정의 대상이 된다고 보아야 할 것이다.

(8) 보편타당한 원리를 추구하는 사법은 본래 사람에 대한 깊은 이해와 관심을 그 바탕으로 한다. 이는 곧 사법이 지향하는 두 가지 목표인 법적 안정성과 구체적 타당성의 다른 표현이라고 할 수 있을 것이다. 그런데 성전환자의 성별정정을 부정함으로써 우리가 지켜야 할 보편타당한 원리는 없다고 본다. 오히려 존엄한 인간으로서의 가치를 향유하면서 공공의 이익이나 다른 사람의 권리를 해하지 아니하는 한, 사생활에 있어서의 자기결정권은 존중되어야 한다는 헌법이념이야 말로 우리가 수호하여야 할 보편적 원리임이 분명하다. 거기다가 그들이 성정체성에 관한 장애를 극복하고 새로운 성으로서 우리와 함께 섞여 행복을 추구할 수 있도록 가능한 모든 방법을 동원하여 배려하고 협력하는 것이야말로 사법이 추구

하는 목적인, 그 바탕에 인간에 대한 깊은 애정을 깔고 있는 것으로서 그와 같이 소수자들이 각 분야에서 자신들의 인격의 실현과 행복의 추구에 불편함이 없게 됨으로써 비로소 우리 사회는 진정한 의미에서의 건강하고 성숙한 복지사회가 될 수 있을 것이다.

(9) 성전환자인 신청인이 신체의 성을 외과적 수술을 통하여 자신의 성 인식에 부합하는 성으로 변형하거나 자신의 본래 성을 주장하는 것이 우리 사회의 질서유지나 선량한 풍속 또는 공공복리에 반한다고 볼 자료가 없다. 성별정정 이후 이로 인하여 신분상의 지위에 관한 정리를 요하는 다소간의 법률문제가 없지는 아니할 것이나 남녀 양성에 관한 차별이 점차 해소되어 가는 역사적 발전과정에 비추어 해결이 곤란하거나 신분상의 중대한 문제를 야기하는 난점이나 장애가 있으리라고는 생각지 아니 한다. 가령 그로 인한 어려움이 야기된다고 하더라도 이는 성적 소수자인 신청인의 정상적인 사회적응을 위하여 우리가 함께 해결하여야 할 문제이거나 극복하여야 할 장애에 해당될 뿐, 그와 같은 사유를 들어 성별정정 자체를 거부할 것은 아니다. 신청인은 성도착 등과 같은 성적 이상행동을 하거나 정상행동으로부터의 일탈이나 성적 방종으로 사회질서나 선량한 풍속을 해하는 사람이 아니라, 앞서 본 바와 같이 성정체성장애라는 특이한 병적 현상으로 심각한 고통 가운데 있는 사람이므로, 국가나 사회는 신청인에 대하여 마땅히 적절하고도 합리적인 처우를 하여야 할 필요가 있다. 그에 대한 법률상 처우에 해당하는 호적상 성별정정을 통하여, 그가 그간에 겪었던 심리적 · 정신적 장애를 극복하고 이렇다 할 고통 없이 다른 사람

들과 자연스럽게 어울려, 남녀 양성체제로 편성된 우리 사회의 정상적인 구성원으로서 자신에게 새로이 부여된 성 역할을 수행하면서 인격을 자유롭게 실현할 수 있도록 하여야 할 것이다.

(10) 한편, 신청인의 이름 ○○은 호적상 장남인 ○○, 차남인 ○○, 3남인 ○○, 4남인 ○○에 이어 첫 자인 ○자를 돌림자로 하여 지은 것으로, 그 음(音)인 "○○"과 뜻이 가리키는 "○"이라든가 "○"라는 것은 출생당시 확인된 성별인 남자에 부합하는 이름임이 경험칙상 명백하다. 이와 같은 종전의 이름을 그대로 사용하는 것은 신청인의 정정된 성인 여성으로서의 정체성을 유지, 확보함에 장애가 되고, 그 이름으로는 사회 적응에 지장이 있을 것으로 여겨진다.

(11) 이상과 같은 이유로 당원은 호적법 제120조, 제113조 제1항에 따라 부산광역시 ○구청에 비치된 윤○○의 호적 중 신청인의 성별란 기재 "남"을 "여"로 정정하는 것을 허가하고, 신청인의 이름 "○○(○○)"을 ○○(○○)로 개명하는 것을 허가한다(부산광역시 ○구청장은 신청인의 신청에 의하여 이름란과 성별란의 기재 내용을 위와 같이 각 정정하고, 주민등록법 제17조의 11 제1항 제2호에 근거한 신청인의 신청에 따라 주민등록번호를 새로이 부여한 후 위와 같이 정정된 내용의 주민등록증을 재발급 교부하여야 한다).

5. 결론

그렇다면 적법한 성전환수술로 인한 호적상 성별의 정정과 개명의 허가를 구하는 신청인의 이 사건 신청은 이유 있어 이를 인용하기로 하여 주문과 같이 결정한다.

법률상의 처를 강간죄의 객체로 인정한 이유

(부산지법 2009. 1. 16. 선고 2008고합808 판결)

››› 논점의 소재

1. 형법 제297조는 폭행 또는 협박으로 부녀를 강간한 자는 3년 이상의 유기징역에 처한다고 규정하고 있다. 이 경우에 흉기 또는 위험한 물건을 휴대하거나 2인 이상이 합동하여 죄를 범하면 특별법에 의하여 형이 가중된다. 여기서 문제되는 논점은 ① 범행의 객체로 규정된 '부녀'에 '혼인 중의 부녀'가 포함되느냐, ② 이혼소송 중이거나 혼인관계가 파탄되어 별거 중인 부부사이는 물론 혼인관계가 정상적으로 유지되고 있는 부부 사이에도 마찬가지로 적용된다고 할 것이냐, ③ 강간의 수단으로서의 폭행과 협박의 정도는 어떠해야 하며, 이를 일반 강간죄와 같이 볼 것이냐, 하는 등의 이른바 부부강간의 인정여부와 그 요건에 관한 것이다.

››› 부부강간의 입법례와 외국 사법제도상의 처우

2. 영국과 미국은 오랜 기간, 부부단일체의 이론, 혼인의 프라이버시 이론 등을 내세워 부부강간면책을 인정하여 왔다. 그러다가 미국은 1984년에 이르러, 뉴욕주 항소법원의 한 판결(People v.

Liberta Case)로 "혼인증명서가 면책특권을 갖고 아내를 강간하는 자격증일 수 없다. 기혼 여성도 미혼여성과 마찬가지로 자신의 신체를 통제할 권리를 지닌다"고 판시함으로써 부부강간을 인정하는 한편, 부부 일방이 성관계를 거부할 때 상대방이 취할 수 있는 태도는 강간이 아니라 이혼법정으로 가는 것이라는 취지를 분명히 하였다. 영국도 1991년에 종전의 면책 법리를 드디어 폐기하였다. 독일은 1997년, 과거 부부강간죄 부정의 근거가 되었던 구 형법 제177조의 '혼인 외의 성교' 부분이 삭제됨과 동시에 '부녀(eine Frau)'를 '타인(eine andere Person)'이라는 용어로 대체함으로서 부부강간을 강간죄로 소추하여 처벌함에 아무런 제한이 없게 되었을 뿐만 아니라 남자도 강간죄의 객체가 되었다. 프랑스는 1981년 한 판결을 시작으로 부부사이의 강간죄를 인정하고 있다. 그 나라의 형법은 강간을 '폭력, 강요, 협박, 충격적인 방법 등을 이용하여 타인에게 가하는 모든 형태의 성적 삽입 행위'로 규정함으로써 부부사이라도 강간죄가 성립 가능하다. 일본의 경우는 계속적인 성관계를 전제로 하는 부부간에는 혼인관계의 실질적인 파탄이 없는 한 강간죄가 성립되지 않는다는 것이 학계의 지배적인 견해이며, 판례의 태도이다. 그러나 정상적인 부부사이에도 성적 자기결정권은 유지된다는 논거를 제시하며 강간죄가 성립할 수 있다는 유력한 견해가 제시되고 있다. 국제연합(UN)은 1993. 12. 12. 제48차 총회에서 아내 강간을 여성에 대한 폭력의 일례로 제시하였으며, 나아가 유엔인권위원회(UN Human Rights Committee)는 1999년 우리나라 정부의 자유권조약 제2차보고서에 대한 심사결과를 발표하면서 우리나라가 아내 강간을 범죄로 인정하지 않음에 대하여 깊은 우려를 표시한 바 있다.

››› 우리 형법상 강간죄의 보호법익

3. 우선 '강간죄의 보호법익이 무엇이냐'하는 것이 문제가 된다. 과거에는 이를 성적 순결 또는 정조로 보아왔다. 그러나 이제는 이를 인격권의 하나인 여성의 성적 자기결정권으로 보는 것에 이론(異論)이 없다. 우리 형법은 1995. 12. 29.의 개정을 통하여 종래 '정조의 장'에 포함되어 있던 강간죄를 분리하여 '강간 및 추행의 장'으로 독립·편재하는 한편 그곳에 동종의 범죄를 아울러 규정하였다. 이는 강간죄의 보호법익을 성적 자기결정권으로 선언한 이상과 같은 문명국가의 거스를 수 없는 대세를 반영한 반성적 고려에 기인한 것이다.

››› 부부사이의 성과 그 향유 방법

4. 부부사이의 성(性)은 남녀가 만나 가정을 이룸과 동시에 신으로부터 부여받는 성스럽고도 신비로운 선물이다. 부부는 자유롭고 계속적인 성생활을 통하여 자녀출산과 양육, 삶의 기쁨과 행복은 물론 유한한 인생에 있어서의 피할 수 없는 슬픔과 이에 대한 위로를 공유한다. 그러므로 부부는 상호간의 이해와 협력, 사랑과 존중을 토대로 원만하고 편안한 성생활을 유지하여야 할 필요가 있다. 이 경우에 부부의 성은 축복이 된다. 그러나 부(夫, 이하 편의상 남편이라고 한다)가 구체적인 경우에 처의 사정과 의사를 무시하

고, 자기의 주장을 심기 위한 수단으로, 또는 힘으로 상대를 제압하거나 굴복시키기 위하여, 성행위 이후에는 갈등이 자신의 뜻대로 해결된다는 망상에 빠지는 등의 여러 가지 불순한 의도와 잘못된 판단으로 폭력의 방법으로 처를 강간하는 것은 더 이상 상대를 인격체로 대우하는 것이 아니라 자신의 부당한 욕구충족과 의사관철의 도구로 전락시키는 것이며 자신에게 가장 가까이 있는 사람을 말하자면 사물화하는 것이다. 이 경우에 부부의 성은 저주가 된다. 성적 결합이 부부사이를 유지하는 중요한 요인인 것은 사실이지만, 그것이 전부는 아니다. 그보다는 정신과 영혼의 긴밀한 결합이 두 사람의 삶을 받쳐주어야 하며, 그것은 두 인격체의 깊은 사랑과 신뢰에 그 뿌리를 두어야 한다.

5. 부부는 혼인과 동시에 동거의무를 부담하는 관계상, 특별한 사정이 없는 한 처는 남편의 성적 요구에 응할 의무가 있다. 그러나 이 경우에 처가 자신의 성적 자기결정권을 포기하거나 이론상으로도 같은 권리가 상실된 것으로 볼 것은 아니다. 왜냐하면, 성적 자기결정권은 그 권리의 성격상 특정인에 대하여 이를 포괄적으로 행사하는 것이 아니라 구체적인 경우에 매번 이를 개별적으로 행사하는 것이기 때문이다. 처는 혼인으로 인하여 남편에게 성적 자기결정권의 행사를 일단 유보하거나 완화한 것에 불과하다. 이는 상대가 자신의 의사와 인격을 존중하리라는 기대와 신뢰가 그 바탕에 자리하고 있기 때문이다.

6. 그러므로 남편의 성적 교섭의 요구는 처의 소극적인 성적 자기결정권의 행사가 시작되는 지점에서 멈추어야 한다. 이때 남편으로서는, 현안으로 대두된 갈등양상의 해소를 위하여 대화와 설득 등을 통한 해법을 모색하여야 하고, 그래도 여의치 아니하는 경우에는 동거의무의 불이행을 전제로 한 이혼청구의 방법으로 사태해결을 시도하여야 한다. 국가가 명백하게 불법으로 규정한 폭력적인 방법 등을 동원하여 상대를 굴복시키려고 하는 시도는 그것이 부부사이라고 하여 이를 용인할 것은 아니다. 이를 방치하면, 처는 자신이 부부의 일방 당사자로서 존중받는 사람이 아니라 성의 도구나 노예로 전락하였다는 인식에서, 참을 수 없는 수치심, 모멸감, 자괴감 등을 느끼게 되고, 이러한 감정은 급기야 남편에 대한 분노와 적개심, 복수심 등의 부정적인 생각에 사로잡혀 부부관계는 끝내 파국으로 치닫게 되며, 개인에 따라서는 급성스트레스장애, 사회 및 대인 적응장애, 정도가 심한 우울증, 불면증 등의 심각한 후유증을 겪을 수 있으며, 그 피해는 결국 그들의 자녀에게까지 연장, 확산될 수 있다는 것이 전문가들의 견해이다. 더욱이 수동적이고 방어적인 신체구조의 특성상 폭력적인 성관계로 인한 피해는 여성의 가장 섬세하고 예민한 부위에 그 상흔이 오래도록 고스란히 잔존하면서 단순한 육체적인 것을 넘어 마음과 정신 그리고 영혼에 깊숙이 새겨진다는 점이 문제라고 아니할 수 없다.

>>> 부부문제는 치외법권의 영역에 있는가

7. 헌법 제36조 제1항은 혼인과 가족생활은 개인의 존엄과 양

성의 평등을 기초로 성립되고 유지되어야 하며, 국가는 이를 보장한다고 규정하고, 제2항은 국가는 모성의 보호를 위하여 노력하여야 한다고 규정하고 있다. 한편, 제10조는 모든 국민은 인간으로서의 존엄과 가치를 가치며 행복을 추구할 권리를 가진다. 국가는 개인이 가지는 불가침의 기본적 인권을 확인하고 이를 보장할 의무를 진다고 규정하고 있다. 따라서 모든 국민이 사생활의 비밀과 자유를 침해받지 아니함은 헌법 또한 언명하고 있는 바이지만(제17조), 부부생활이 국가의 치외법권 지역이 아닌 것 역시 위 조항들의 취지에 비추어 당연하다. 그런 관점에서 아동학대와 가족사이의 폭력 및 근친사이에 야기되는 여러 가지 심각한 문제에 대하여 국가가 개입하는 것이다. 부부강간에 국가가 개입하여 혼인관계가 파탄되는 것이 아니라 부부강간 자체로 혼인관계가 이미 파탄된 것이며, 국가는 사회의 구성단위인 가정을 이루는 부부사이에서 발생한 성적 폭력사태를 위와 같은 헌법원리와 정의관념에 입각하여 사후 수습하는 것이다.

8. 요컨대, 남편은 처를 성적으로 함부로 대하여도 된다든가 부부강간은 면책이라는 과거의 그릇된 생각은 만인의 권리의식이 보편화된 이 문명시대에 더 이상 통용될 수 없는 역사의 잔재이며 따라서 우리는 이와 같은 구시대의 관념을 의식 속에서 걷어낼 필요가 있다. 우리 사회 또한 이제는 부부사이의 성윤리에 관한 이 같은 새로운 관점을 능히 수용할 수 있을 만큼 성숙한 단계에 이르렀다고 믿는다.

››› 부부강간의 인정 여부와 폭행, 협박의 정도

9. 위와 같은 논의를 종합하여 이제 결론을 말하자면, ① 우리 형법상의 '부녀'에 '혼인 중의 부녀'가 제외된다고 볼 아무런 근거가 없다. 현행 법률로 부부강간을 처벌 가능하다. 따라서 이를 벌하기 위하여 특별법의 입법에 나아갈 것까지 없다. ② 강간죄의 보호법익을 성적 성실을 의미하는 여성의 '정조'가 아니라 인격권에 해당하는 '성적 자기결정권'으로 보는 이상 처 또한 같은 권리가 있다고 보아야 함이 이론상으로나 연혁적으로나 의문의 여지가 없다. ③ 국가가 개입하여 처에 대한 폭행과 협박 등 강간죄의 수단에 해당하는 행위를 처벌하면서 그보다 훨씬 죄질이 중한 죄를 처벌 못함은 사안에 대한 적절하고도 균형있는 사법상의 조처라고 볼 수 없다. 이를 강요죄 등으로 의율이 가능하다는 주장이 있으나 이는 우회적인 것일 뿐 아니라 특히 의무의 유무에 관하여는 그 자체에 논리모순을 포함하고 있다. ④ 부부사이에 발생하는 심각한 성적 폭력행위로 여성인 처의 자유로운 인격의 실현과 존엄성을 해하는 사태를 국가가 방치하는 것은 인간다운 생활과 행복추구권을 보장한 헌법원리와 정의관념에 현저히 반한다. 가정 내에서 은밀하게 진행되는 부부사이의 성적 폭력 행위를 법률이 적시에, 적정한 방법으로 규제하지 아니하면 계속적, 반복적인 것이 되기 쉽고, 처의 지위가 힘이나 형편에서 상대적으로 열악한 경우에는 더 심각한 사태가 발생할 수 있다. ⑤ 부부강간의 인정이 처에 의해 오용되거나 남용될 가능성이 있거나 입증곤란의 사정을 들어 그 같은 해석에 반대한다는 취지의 견해가 있으나, 이

는 수사와 재판 등 형사사법절차에서의 사실인정 문제로서, 이를 내세워 폭력을 수단으로 한 부부강간을 부정하는 구실로 삼는 것은 본말이 전도된 것이다. 결국, ① 혼인관계가 파탄되어 부부라고 볼만한 실질이 존재하지 아니한다면, 이를 굳이 여타 관계와 법률상 처우를 달리 할 뚜렷한 이유가 없다. 외관만 존재하는 혼인관계만을 보고, 상간을 인정하지 아니할 것은 아니다. 이는 통상의 강간과 조금도 다를 바 없는 것이다. ② 혼인관계가 정상적으로 유지 중인 경우에도 이상과 같은 근거와 이유에서 법률에서 정한 그 요건이 충족될 때, 강간을 인정함이 타당하다. 이른바 부부사이의 강간은 인정되고 처벌되어야 한다. ③ 처가 성적 자기결정권의 행사를 분명히 하였음에도 남편이 성관계를 감행한 경우에 이를 강간으로 인정하기 위하여는 그 수단으로서의 폭행과 협박이 있어야 하고 이 경우의 폭행과 협박은 '처의 거부의사에 명백히 반하는 것으로서 그 의사를 강력하게 억압하는 등의 방법으로 저항을 사실상 곤란하게 하는 것'이면 족하다. 저항이 불가능하거나 현저히 곤란하게 할 정도의 것을 요하는 것은 아니라고 판단된다. 이는 강간죄의 보호법익을 성적 자기결정권으로 보는 당연한 결과이다. 일반 강간의 경우보다 더욱 강력한 정도의 폭행, 협박을 요구하는 것은 처인 피해자에게 지나치게 가혹한 처사라고 아니 할 수 없다. 이때 '저항을 사실상 곤란하게 할 정도의 폭행과 협박'이 있었다고 인정하기 위하여는 범행 당시 남편의 의도와 처의 태도, 남편이 자신의 뜻을 관철하기 위하여 처에 대하여 사용한 폭행과 협박의 태양과 수단 및 정도, 쌍방의 연령과 정신

상태, 남편과 처의 평소 성행, 가족 구성과 현장의 실태 등 모든 구체적인 사정 등을 종합적으로 고려하여 합리적으로 판단하여야 할 것이다. 이 경우, 처가 힘에 밀리는 경우도 있을 것이고 심리적으로 밀리는 경우도 있을 것이다. 그 밖의 여건상 객관적으로는 저항이 가능한 사정이 있음에도, 주관적으로는 이를 달리 해석할 경우도 없지 않을 것으로 본다.

››› 이 사건의 경우

10. 피고인(42세)은 2년 전에 혼인한 필리핀 국적의 외국인 처(24세)가 생리기간 중이라는 신체적인 사정을 들어 성관계를 거부하자 위험한 물건인 가스분사기와 칼날 길이 12cm의 과도를 처의 머리와 가슴에 겨누고 죽여버리겠다고 협박하면서, 처의 유두와 음부를 자르는 시늉을 하여 피해자의 반항을 억압한 후, 처의 옷을 모두 벗게 하여 처를 강간하였다는 것이다. 피고인은 위와 같이 피해자의 정당한 성적 자기결정권의 행사를 무시하고 의심의 여지가 없는 폭력의 방법으로 강간을 자행한 것이므로, 현재 피해자와 그 혼인관계의 실질이 유지되고 있는지의 여부를 떠나서 이를 「성폭력범죄의 처벌 및 피해자보호에 관한 법률」에 정한 특수강간죄(흉기 기타 위험한 물건을 휴대하고 죄를 범한 사실로 처벌이 가중됨)로 의율함에 무슨 문제가 있을 수 없다. 상대가 외국인 국적을 보유하고 있는 이 사건 사안을 통하여 알 수 있듯이, 널리 국제적으로 광범위하게 혼인 등 인적교류가 행하여지는 이 시대에 있어서는 더욱 세계적으로 통용되는 보편적인 법원리에 입각한 정의의 실현이 요

청된다. 바로 이것이 당원이 종래의 법해석을 따르지 아니하고 새로운 태도를 취한 하나의 이유이기도 하다.

성전환자를 강간죄의 객체인 부녀로 인정한 이유

(부산지법 2009. 2. 18. 선고 2008고합669 판결)

⟫⟫ 사람의 성별과 성전환자에 대한 이해

1. 사람의 성(性)을 구분함에 있어 과거에는 성염색체, 생식선(내부성기), 외부성기 등 주로 생물학적 요소에 의존하여 왔다. 그러나 사람은 생물학적 존재임과 동시에 사회적, 정신적 존재이므로, 성개념 또한 자연적인 자웅개념(sex)을 넘어 정신적, 사회적 성별개념(gender)을 이해하고, 이에 따라 새로운 방식으로 사람의 성별을 구분할 수 있어야 한다는 인식이 점차 확산되었다. 그리하여 이제는 위와 같은 생물학적인 요소와 함께, 개인의 성별에 대한 귀속감, 사회적으로 승인된 그 성별에 고유한 행동과 태도, 성격상의 특징으로 드러나는 성역할상의 문제 등 정신의학적, 심리적, 사회적 요소를 종합적으로 고려하여 사회통념에 따라 합리적으로 남녀를 구분하여야 한다는 것이 확립된 견해가 되었다(대법원 1996. 6. 11. 선고 96도791판결, 2006. 6. 22.자 2004스42 전원합의체 결정 참조).

2. 생물학적 성과 정신적 성이 일치하는 대부분의 사람들은 태

어나면서부터 자연스럽게 사회의 일원으로서 자신에게 부여된 성 역할을 수행하면서 삶을 영위할 수 있게 된다. 그러나 외부성기로 표현된 자기 신체의 성과 자신이 인식하는 성이 일치하지 아니하는 성정체성 장애의 일종인 이른바 성전환증(transsexualism)은 자신의 신체적인 성을 극도로 혐오하여 이를 제거하거나 변형하여 상대 성징을 얻으려고 하는 내단히 심각하고도 절실한 고통을 가진 특이한 병적 현상으로서, 사회는 이들에 대하여 의학상, 법률상, 사회생활상의 신중하고도 적절한 처우를 할 필요가 있다.

3. 성전환증에 관하여는, 태내에서 진행된 성(性) 분화 과정 중 어떤 사정으로 성염색체와는 다른 성의 뇌가 형성되거나 원시성기 형성 당시의 성호르몬 분비상의 이상이 그 원인이라는 선천적인 요인설이 유력하다. 성전환증에 대한 의학상의 치료방법은 정신요법, 호르몬 요법, 외과적 수술 등이 있지만, 진성인 경우에는 성전환 수술이 필수적이고 유일한 해법임에 전문가들 사이에 이론(異論)이 없다.

4. 성전환증을 가진 사람이 ① 출생 후 성장에 따라 일관되게 태생의 생물학적 성에 대한 불일치감과 위화감 및 혐오감을 갖고 반대의 성에 귀속감을 느끼면서 그 성으로의 역할을 수행하는 한편, ② 성기를 포함한 신체 외관 역시 다른 성으로의 형성을 강력히 원하여, 정신과적으로 성전환증의 진단을 받고 상당기간 정신치료, 호르몬 치료 등을 받았으나 여전히 그 증세가 치유되지 않

고, 반대의 성에 대한 정신적, 사회적 적응이 이루어짐에 따라, ③ 일반적으로 인정된 판단 및 의료시술기준에 따라 성전환수술을 받고 반대 성으로의 외부성기를 비롯한 신체를 갖추고, ④ 나아가 전환된 신체에 대한 성을 가진 사람으로서 만족감을 가지고 공고한 성정체성의 인식아래 그 성에 맞춘 의복, 두발, 등의 외관을 지니고, 성관계 등 개인적인 영역 및 직업 등 사회적인 영역에서 모두 전환된 성으로서의 역할을 수행함으로써 주위 사람들로부터도 그 성으로서 인식되고 있으며, ⑤ 전환된 성을 그 사람의 성이라고 보더라도 다른 사람들과의 신분관계에 중대한 변동을 초래하거나 사회에 부정적인 영향을 주지 아니하여 사회적으로 허용된다고 볼 수 있다면, 이러한 사정을 종합하여 사람의 성에 대한 평가 기준에 비추어 사회통념상 신체적으로 전환된 성을 갖추고 있다고 인정될 수 있을 것이다(대법원 2006. 6. 22. 자 2004스42 전원합의체 결정 참조).

5. 근래에 이르러 우리나라를 비롯한 세계 각국은 모든 국민들이 가진 행복추구권과 사생활보호, 인간다운 생활을 할 권리에 근거한 헌법 또는 기본법의 원리에 근거하여 위와 같은 성전환 수술을 받은 자의 사정을 깊이 이해하고, 혹은 법원의 재판으로, 혹은 의회의 입법으로, 혹은 헌법재판소의 결정과 이에 따른 입법 명령 등으로 이 시대의 소수자에 해당하는 성전환자의 그 처지와 형편에 합당한 처우를 하고 있는 것이 대세이다.

››› 피해자의 성전환 수술과 이를 전후한 40년 세월의 애환

6. 피해자는 1950. 7. 3. 전남 ○○에서 아들 셋, 딸 셋인 형제 중 넷째로 태어났다. 남자의 외부성기를 가지고 출생하였지만, 피해자는 초등학교 취학 전부터 치마를 입는 등 여성 옷을 입고 여자아이들과 주로 어울리고, 남자아이들은 멀리 하였다. 그 때문에 놀림을 받고 집에서도 이상한 아이로 여김을 받으면서 따돌림을 당하였다.

7. 피해자는 사춘기에 이르러 자신의 성이 신체의 성인 남성이 아니라 여성이라는 분명한 성정체성이 형성되기 시작하였고, 이를 감당하지 못한 피해자는 중학교 재학 중이던 16세경 무작정 집을 떠나 지향 없이 전국을 떠돌면서, 당시 명망 있는 사람들로부터 밤무대 공연을 위한 무용을 배웠다. 그리하여 처음에는 남성 무용수로서 생계를 이어나갔다.

8 피해자는, 나이 스물넷에 이른 1974년경, 성전환수술을 결심하고 당시 서울에 소재한 신○○ 성형외과를 방문하여 우선 자신의 상태에 대한 진지하고도 자세한 상담을 마친 다음, 담당 의사의 권유와 소개에 따라 가까이 있는 한 정신과 병원을 찾아가 정밀진단을 받은 다음, 일정 기간의 심리치료와 관찰을 거쳐 진성의 성전환증이라는 확진을 받았다. 그런 연후에 위 성형외과 병원에서 남성의 성기와 음낭을 제거하고 여성의 질 등 외부성기를 형성하는 수술을 받고 이후 상당기간 호르몬 요법의 시술을 받았다. 그때 이

후 30여 년간 피해자는 여성 무용수로서 우리나라 전 지역은 물론, 일본, 태국, 중국 등을 오가며 밤무대 업소에서 여성 동료들과 함께 춤을 추면서 힘들고 고단하나 자신이 원하는 삶을 그 방식대로 자유롭게 영위하여 왔다.

9. 피해자는 위와 같이 국내에서 최초로 성전환수술을 받은 후 2차로 일본 오사카현 이마사토에 있는 한 성형외과병원에서 가슴형성수술을 받은 바 있고, 3차로는 1998. 2. 부산에 있는 정○○ 성형외과에서, 2000년경에 이르러 태국의 한 병원에서 각 가슴보강수술과 질확장술을 받았다. 오랜 기간 호르몬 요법을 시술받아 왔으나 나이가 50대 후반을 지나면서부터 같은 치료는 이를 중단한 상태이다.

10. 병역에 관하여는 기피자로 분류되어 관련 법률위반죄로 입건, 유죄 판결 선고를 받고 문제가 일단락되었다. 가족들과는 가출 후 10년이 지나면서부터 소식을 주고받으며 관계가 유지되어왔고, 현재 부모는 작고하고, 형제자매 여섯 중 넷이 살아남았으며, 그들은 피해자의 처지와 사정을 잘 이해하고 관계가 개선되었다. 피해자는 지금껏 혼인하지 아니하고 독신으로, 타인의 도움 없이 혼자만의 수입으로 생계를 꾸려왔다. 남성 또는 여성으로서 자녀를 출산한 경험이 없고 생식기능 또한 존재하지 아니한다. 범죄전력이 없으며 신용불량자도 아니다.

11. 피해자는 성전환 수술 후 여성으로서의 성생활이 전혀 지장이 없으며, 특히 피해자의 사정을 이해하는 남성과 과거 10여 년간 동거하며 지속적으로 성관계를 영위함에 아무런 문제가 없었고, 성적 만족도 또한 전혀 이상이 없었다고 한다. 피해자가 국내에 현존할 때는 주로 부산시 소재 일정 지역에 30년 가까이 주거를 정하고 살아왔는데 주민들과는 여성으로서 오랜 세월 동안 친분을 유지하면서 삶의 애환을 같이 하여 왔으며, 자신의 삶을 결코 후회하거나 한탄한 바가 없고, 지금도 여성으로서의 확고부동한 성정체성을 보유하고 있을 뿐 아니라 자신이 여성임에 만족하고 있으며, 자신은 향후 혼인할 생각도 없고, 이런 삶에 큰 불편이 없어 성별정정의 생각은 없으나 같은 처지에 있는 인생 후배들의 법률상 지위가 과거보다 개선된 점에 감사하고 있으며, 그밖에 필요한 보호조치가 추가되었으면 하는 소망을 가지고 있다.

>>> **피해자의 전환된 성과 이에 대한 법적 인식**

12. 형법 제297조는 폭행 또는 협박으로 부녀를 강간한 자는 3년 이상의 유기징역에 처한다고 규정하고 있다. 이 경우에 주거침입 후에 죄를 범하거나, 흉기 또는 위험한 물건을 휴대하거나 2인 이상이 합동하여 죄를 범하면 특별법에 의하여 형이 가중된다. 보호법익은 부녀의 성적 자기결정권이다. 성전환자인 피해자가 위 규정상 부녀에 해당하는지 문제가 된다.

13. 피해자는 앞서 본 바와 같이 ① 성장기부터 남성에 대한 불

일치감과 여성으로서의 귀속감을 나타내면서, 성인이 된 후에는 상당기간을 여성으로 살다가 ② 전문의 진단을 거쳐 성전환수술을 받아 여성의 외부성기와 신체 외관을 갖추었고, ③ 현재 58세의 여성으로서의 성정체성이 확고하여 남성으로의 재전환 가능성이 거의 없음은 물론, ④ 과거 30여 년에 걸친 삶을 통하여, 여성으로서의 성생활에 아무런 문제가 없을 뿐 아니라 개인의 삶이나 사회생활에서도 자타가 여성으로 인식하고 있으며, ⑤ 이 사건의 피고인 또한 범행 당시 피해자를 여성으로 인식하고, 눈으로 직접 피해자의 성기를 확인한 다음 강간의 고의로 그 질에 자신의 성기를 삽입한 사실이 있는 이상, 피해자가 위 법률이 규정한 강간죄의 객체로서 성적 자기결정권을 가진 부녀에 해당하고, 피고인에 의하여 피해자의 위 권리가 침탈당하였음은 의문의 여지가 없다. 의심스러울 때는 피고인의 이익으로 판단한다는 형사절차법상의 준칙을 들어 성전환자를 강간죄의 객체로 볼 수 없다는 견해가 있으나, 이는 관련 법리와 이 사건의 구체적인 사실관계를 고려하지 아니한 막연하고 추상적인 단정에 불과한 것일 뿐, 위에서 본 바와 같이 피해자의 성별을 여성으로 봄에 무슨 의심이 있는 것이 아니다.

››› 공부상의 성별기재의 의미와 성범죄 피해자의 경우

14. 현재 남성으로 된 피해자의 공부상 성별기재는 출생 당시 신고된 성으로서, 이후 성적 귀속감의 발현에 따른 일련의 과정을 거쳐 최종적으로 확인한 피해자의 진정한 성을 표상하지 못하는

것으로서, 이는 성별정정 대상에 해당되는 것이므로(대법원 2006. 6. 22.자 2004스42 전원합의체 결정 참조), 피해자를 위와 같이 강간죄의 객체인 부녀로 인정함에 장애가 되는 것이 아니다. 나아가 공부상 성별을 정정하는 것은 피해자가 남녀 양성체제로 편성된 우리 사회의 엄연한 한 사람의 여성임을 사후적으로 확인하는 조처에 불과할 뿐 그 결성으로 피해자의 성별이 비로소 여성으로 변경되는 것도 아니다.

15. 성전환자가 특별히 성범죄의 피해자가 된 경우에는 공부상 성별기재의 정정 여부를 확인하기보다는, 문제의 성격상, 피해자가 진성의 성전환자로서 공인된 절차를 거쳐 성전환수술을 받고, 상당기간을 다른 성으로 살아온 사정이 인정되는 등의 실질적 요건을 구비한 상태에서, ① 피해자가 보통의 여성과 다름없이 남성과 성행위가 가능한가, ② 이에 근거하여 피해자의 성적 자기결정권을 인정함에 문제가 될 만한 장애사유는 없는가, ③ 범인의 고의적 행위에 의하여 피해자의 질에 범인의 성기가 삽입되는 등의 명백한 성적 침탈행위가 있었는가, 하는 성전환자인 피해자의 성적 자기결정권의 침해여부가 더 중요한 확인사항이라고 할 것이다. 이 사건의 피해자는 위 각 항목의 사정을 모두 충족함으로써 피고인에 의한 강간죄의 피해자로 봄에 아무런 문제가 없다.

>>> **피해자가 당면한 현실과 여건의 개선**

16. 성전환자에 대한 사정과 법리가 이러함에도, 사회구성원들

중에는 사안의 실상을 제대로 이해하려는 진지한 노력도 없이, 자신들과는 다르다는 이유만으로, 편견과 오해에 사로잡혀 그들의 존재에 대한 근거 없는 혐오감이나 막연한 불쾌감을 드러내는 사람들도 있다. 심지어는 자신의 가족들로부터 배척당하기도 한다. 이 때문에 그들은 사람들의 눈을 피하여 주로 야간업소에서 일을 하면서 평생을 외롭고 고단한 삶을 영위할 수밖에 없는 것이 현실이다. 바로 이것이 오늘날 성전환자들이 겪어야 하는 불행의 주된 원인이다. 그들에게 발생한 성정체성의 혼란은 그들의 책임이 아니며, 그들이 새로운 성으로 살겠다는 진정한 성의 주장이 공서양속이나 사회질서에 반하는 것도 아니다.

17. 보편타당한 원리를 추구하는 사법은 본래 사람에 대한 깊은 이해와 관심을 그 바탕으로 한다. 그런 점에서 사법의 본령은 삶의 현장과 소통하는 것이며, 대상 사건의 영역 내에 있는 모든 사람들의 문제와 애환에 진지하게 귀를 기울이는 것이다. 특히 형사사법절차에 있어서는 피고인의 권리보장에 못지않게 범죄의 피해자 등 사건 관련자들에 대하여도 그 지위와 처지에 합당한 배려와 처우를 소홀히 할 수 없는 것은 지극히 당연하고 또 중요하다. 이는 곧 국가가 삶의 제 분야에 있어서 모든 국민의 인간다운 생활과 행복의 추구를 돕고자 하는 헌법 원리를 실질적으로 구현하는 것이다. 이에 당원은 그와 같은 목표에 입각하여 종래의 이론과 선례를 근거로 구체적인 사실관계를 확인한 다음, 성적 소수자인 피해자의 법률상 지위를 위와 같이 인정함으로써, 이러한 배려가, 이

제 노경에 들어서는 피해자로 하여금 우리와 다름없는 이 사회의 보통사람으로서 다른 사람들과 자유로이 어울려 자신의 성정체성에 합당한 편안하고 명예로운 여생을 보낼 수 있게 하는, 하나의 계기가 되기를 기대한다.

위치추적 전자장치 부착명령의 필요성

(부산지법 2008. 10. 31. 선고 2008고합554 판결)

1. 부착명령 청구의 요지

검사는 피고인의 이 사건 범죄사실에 대한 공소를 제기함과 동시에 피고인에 대하여 2007. 4. 27. 법률 제8394호로 제정 · 공포되고, 2008. 6. 13. 법률 제9112호로 일부 개정 · 공포된 후 2008. 9. 1.자로 시행된 「특정 성폭력 범죄자에 대한 위치추적 전자장치 부착에 관한 법률」에 근거하여 형의 집행을 종료한 날 및 이에 준하는 날부터 5년간 전자장치의 부착명령을 청구하였다. 피고인과 변호인은 이 점에 대하여 특별한 의견을 제시한 바 없으나, 위 청구가 관련 법률 시행 후 당원 관할구역 내 해당 사건에 대한 최초의 청구로서, 관련 논점에 대한 다른 의견이 있을 수 있으므로 아래와 같이 법리의 검토를 거쳐 이에 관한 당원의 의견을 개진하기로 한다.

2. 관련 법률의 취지 및 내용과 부착명령의 집행 방법

가. 위 법률은 성폭력 범죄자의 재범방지와 성행교정을 통한 재사회화를 위하여 그의 행적을 추적하여 위치를 확인할 수 있는

전자장치를 신체에 부착하게 하는 부가적인 조치를 취함으로써 성폭력 범죄로부터 국민을 보호함을 목적으로 제정된 법률(제1조)로서, 강간과 강제추행죄를 중심으로 한 성폭력 범죄를 저지른 19세 이상의 자(제2조, 제4조)가, 13세 미만의 자에 대하여 성폭력 범죄를 저지르고 재범의 위험성이 있다고 인정되는 경우(제5조 제1항 제4호 등)에는 1심 판결 선고 전까지 한 검사의 청구에 따라 법원은 10년의 범위 내에서 부착명령을 선고하여야 한다(제5조 제2항, 제9조)고 규정하고 있다. 그리고 여기서 말하는 위치추적 전자장치란 전자파를 발신하고 추적하는 원리를 이용하여 위치를 확인하거나 이동경로를 탐지하는 일련의 기계적 설비를 말한다(제2조 제2호)고 규정하고 있다.

나. 위 법률에서 지칭하는 전자장치는 징역형의 집행종료 후 석방 직전에 부착함으로써 집행되며, 위치추적 전자장치 세트는 ① 성폭력 범죄자가 외출시 항상 휴대하고 다녀야 하고, 그의 위치를 중앙관제센터로 송신하는 기능을 수행하는 휴대용 추적장치와 ② 범죄자의 주거에 설치하여 그의 재택여부를 감독하고 휴대용 추적장치의 충전기능을 하는 재택감독장치 및 ③ 범죄자의 신체(발목)에 부착하여 휴대용 추적장치 및 재택감독장치가 근접거리에 있음을 알려주는 기능을 수행하는 부착장치인 이른바 전자발찌로 구성되어 있다. 전자발찌와 휴대용 추적장치 등이 일정거리 이상 떨어지면 위치추적 및 지도 · 감독 회피 방지를 위해 전자발찌에서 진동이 발생하며, 전자발찌를 훼손하거나 출입을 금한 장소에 범죄자가 들어가거나 접근하면 곧바로 중앙관제센터에서 같은

사실이 확인되어 보호관찰관이 필요한 조치를 취하게 되어 있다.

3. 헌법상의 기본권과 해석원리의 문제

우리나라 헌법 제10조는 모든 국민은 인간으로서의 존엄과 가치를 가진다고 규정하고 있다. 형사소송절차에서 재판을 받는 피고인은 물론, 형이 확정된 수형자나 형의 집행을 종료한 자 역시 위 규정에 의한 국민에 해당함은 의문의 여지가 없다. 그런데 위와 같은 전자장치의 부착에 의한 국민의 감시는 일종의 사회내 처우로서 자유제한적 보안처분에 해당한다고 보아야 할 것이고, 비록 그 처분이 헌법 제12조 제1항에 의한 수권에 근거하여 법률로 규정된 것이기는 하나 전자장치의 부착으로 인하여, 피부착자에 대하여는 그 자존감은 말할 것도 없고, 신체의 자유, 거주 · 이전의 자유, 일반적 행동자유권, 인격권 등 헌법에서 보장하는 기본권의 제한이 불가피하게 수반될 것으로 판단되므로, 위와 같은 조치가 모든 국민에 대한 기본권보장의 취지에 비추어 그 해석원리인 비례의 원칙 및 과잉금지의 원칙에 반하는 것이 아닌가 하는 의문이 있을 수 있다. 그러므로 이러한 전자장치의 부착제도를 신설, 시행할 수밖에 없었던 우리 사회의 현실과 이에 대한 그간의 대응방안에 대한 논의 등이 있었는지에 관하여 살펴보기로 한다.

4. 우리나라의 성폭력 범죄 상황의 변화와 이에 대한 대응조치

검사가 제출한 자료에 의하면, 우리나라의 성폭력 범죄는 1977년 3,244건에서, 2006년 13,573건으로 30년간 4.2배 증가하였고,

연도별로 보면, 대체로 지속적인 증가추세를 유지하고 있을 뿐만 아니라 2006년도에는 전년대비 15.4%나 급증하는 경향을 보였고, 특히 2005년도에 발생한 용산 초등학생 성폭력 · 살해 사건으로 우리나라 국민들은 말할 수 없는 충격과 분노를 느끼는 한편, 이에 대한 사회적인 불안감이 고조되면서 성폭력 범죄를 더욱 효율적으로 국가가 대응하여야 한다는 의견이 비등하였다. 나아가 국민들의 인식 속에 각종 범죄 중 그 폐해가 가장 심각하고 국민들의 생명, 신체 등 안전을 위협하는 악성의 범죄로 권력형 부조리와 살인 등의 범죄를 넘어 이제는 성폭력 범죄를 지목하기에 이르렀고, 거기다가 성폭력 피해자들은 당해 범행으로 인하여 인격권과, 성적 자기결정권 등의 중대한 훼손을 넘어 이후 우울증, 인간에 대한 혐오감, 행동장애, 결혼생활의 장애 등 장기간 정신적 · 정서적 고통을 겪게 되며, 그 중에서도 아동에 대한 성범죄 등 특정유형의 성범죄자는 동종범죄의 재범률이 매우 높다는 조사 결과가 보고되었다.

5. 아동에 대한 성범죄 피해의 심각성

아동이 성범죄로 인하여 입은 육체적 또는 정신적 피해가 어른들의 상상을 초월할 정도로 심각하리라는 점은 누구나 쉽게 예상할 수 있는 일이다. 아동들의 정신력으로는 그와 같은 성적 학대를 받는 순간의 공포와 혼돈을 홀로 감당할 수 없어, 그들은 고통을 외부적으로 표현하는 대신 대개는 고통과 타협을 하게 되면서 아이들의 영혼에 지울 수 없는 상흔을 남기게 된다. 그러므로 성범죄로 인한 피해의 후유증은 즉시 발현될 수도 있지만, 억눌린 상태로 숨어 있다가 오랜 세월이 흐른 후에 나타나기도 하고, 신체적인 이상 징후는 물론 사물에 대한 집중력이 저하되거나, 사회와 사람에 대한 적응 장애가 발생하기도 하며, 외출을 꺼리거나 심리적 불안증을 지속적으로 호소하기도 할 뿐만 아니라, 적절한 시기에 적절한 방법의 정신과 치료를 통하여 충격을 제대로 극복하지 못할 경우 청소년이 된 연후에도 사람을 기피하게 됨은 물론 자존감을 현저하게 상실한 나머지 자살을 기도하는 경우도 있으며, 성에 대한 강한 혐오감과, 자신의 성정체성에 대한 부정적 인식, 그리고 사람에 대한 전반적이고 광범위한 불신 등 대단히 심각한 후유증을 앓게 되어 평생을 정상인으로서 생활하는 것이 거의 불가능하게 될 우려가 매우 크다. 이와 같은 성적 폭력의 심각한 후유증은 인간성의 훼손에 해당하는 것이고 영혼의 살해에 준하는 것으로서 이후 피해아동을 평생토록 괴롭힐 수 있는 것이어서, 그 폐해는 이를 다 열거할 수 없을 정도라고 할 것이다.

6. 입법례와 해석상의 준칙

위에서 본 바와 같은 성폭력 범죄의 피해자가 당하는 신체적 · 정신적 고통과 현재 우리나라가 처한 같은 범죄의 급증상황, 거기에 입법례로 1997년 미국 플로리다 주에서 최초로 이 제도를 시행한 이후 현재 세계 10여 개국(미국에서는 현재 44개주에서 실시)에서 시행중이며 전자장치의 부착제도 실시 이후 재범률이 현저하게 줄었다는 외국의 자료 등을 종합하여 살펴보면, 성폭력 범죄자의 재범 방지와 성행교정을 통한 재사회화 및 그러한 범죄로부터 국민을 보호하기 위하여 앞서 본 기본권의 일부 제한에도 불구하고 새로 도입된 위 제도에 수긍이 간다고 하지 않을 수 없다. 거기다가 위 법률 제17조에 의하면 전자장치의 부착 후 3개월이 경과하면, 보호관찰소의 장, 또는 피부착자는 해당 보호관찰소를 관할하는 심사위원회에 부착명령의 가해제를 신청할 수 있도록 규정하고 있어 부착자의 싱행개선 성도에 따라 부착기간이 단축될 수 있으며, 구체적 사안에 당하여 관련 국가기관이 부착명령과 이의 집행에 대한 법률 요건과 수칙을 하나하나 엄격하게 해석하여 적절하고도 신중하게 이 제도를 운용한다면, 형사절차 및 행형 이후의 사회 내 처우 과정에서 문제될 소지가 있는 개인의 인권침해는 피할 수 있을 것으로 판단된다. 성폭력 범죄는 그 자체로 인간으로서의 존엄과 가치를 심각하게 유린하는 범행일 뿐 아니라 자신의 범행이 있기 상당기간 전에 이미 법률이 제정 · 공포되어 관련 제도의 시행을 알고 있었다고 볼 수밖에 없는 피고인이 그럼에도 불구하고 성폭력 범죄를 감행하여 재범의 위험성까지 객관적이고 명백한 자료에 의하여 인정되는 경우라면, 피고인으로서는 제도 자체의 가혹함을 들어 이를 자신의 범행에 대한 사법권 행사 및 형벌권의 실현을 저지하기 위한 변명의 사유로 삼을 수는 없는 것이다.

7. 구체적 사안의 검토

이 사건 범행내용은, 피고인이 6세에 불과한 여아인 피해자를 보고 성욕을 일으켜 피해자를 지하철에 태워 자신의 집으로 데려간 후 반항하는 피해자의 뺨을 때리는 등으로 피해자의 반항을 억

압한 후 피해자의 음부에 피고인의 손가락을 집어넣고 자신의 성기를 피해자의 입에 집어넣는 등으로 추행하고 피해자에게 처녀막 파열상을 가하였다는 것으로서, 그 죄질과 범정이 대단히 좋지 아니하다. 기록에 의하면, 실제 이 사건 피해자는 사건 이후 어린 동생의 얼굴을 때리고 목을 조르는 행동을 하고, 혼자 학교 또는 집 밖으로 나가기를 극도로 꺼려하며 말수가 적어지고 수시로 짜증을 내며 우울증 증세를 보인다고 한다. 이러한 사태를 초래한 피고인은 범행 이후라도 피해자의 귀가가 용이한 안전한 곳에 데려다 주는 조치도 없이 지하철 역 부근에 버려 놓고 갔다는 것이어서, 피고인의 악성에 놀라움을 금할 수 없다. 그러함에도 피고인은 피해자의 피해회복을 위한 아무런 조처를 행하지도 아니하였다.

8. 피고인의 범죄 전력과 재범의 위험성

가. 그런데다가 피고인은 2회의 동종 범죄전력이 있다. 2회 모두 13세미만의 어린 여자아이를 유인한 후 이 사건 범행 내용과 유사한 방법으로 피해자들을 추행하였다는 것이다. 피고인은 우선 1996. 5. 3. 처음 동종 범죄를 저질러 1996. 10. 9. 부산고등법원에서 특정범죄가중처벌등에관한법률위반(추행유인)죄 등으로 징역 3년을 선고받고 1999. 5. 16. 그 형의 집행을 마쳤는데 출소한 바로 다음 날 다시 동종 범죄를 저질렀다. 그리하여 피고인은 1999. 11. 4. 부산고등법원에서 특정범죄가중처벌등에관한법률위반(추행약취)죄 등으로 징역 4년을 선고받았다. 이후 피고인은 2005. 2. 1. 창원지방법원에서 공문서위조죄 등으로 징역 1년 2월을 선고받

아 2006. 7. 1. 청송직업훈련교도소에서 그 형의 집행을 종료하였는데 그런 후 누범에 해당하는 이 사건 범행을 또다시 저지른 것이어서, 그 비난가능성 또한 대단히 높다.

나. 이러한 과거 동종 전력의 범행내용에 비추어 볼 때, 피고인에게는 어린 여아에게 성욕을 느끼는 성행이 상당한 정도로 고착되었다고 볼 여지가 있는데다가, 이 사건 범행 역시 그와 같은 성행의 발현이라고 보인다. 더욱이 과거 출소한 날의 바로 다음 날 같은 내용의 범행을 저질렀으며, 최종형의 집행을 마친 이후 채 3년도 되지 아니하여 과거의 성행을 개선하지 못하고 동종의 이 사건 범행을 저질렀다는 점에서, 피고인의 어린 여자 아이들에 대한 같은 유형의 성범죄 재범가능성은 대단히 높다고 추단되며, 검사가 제출한 재범의 위험성에 대한 판단자료를 보면, 피고인에 대한, 성범죄자의 재범 척도를 나타내는 KSORAS(Korean Sex Offender Risk Assessment Scale, 13점 이상 재범위험성 "상") 검사 결과가 19점, 그리고 정신병질 성향 척도를 나타내는 조사방법인 PCL-R(Psychopathy Checklist-Revised, 25점 이상 "상") 검사 결과가 29점으로, 객관적인 검사자료에 의하여 피고인은 왜곡된 성 가치관과 높은 정신병질 성향으로 재범의 위험성이 대단히 높은 것으로 밝혀졌다.

9. 피고인에 대한 전자장치의 부착여부의 판단

가. 한편 위치추적 전자장치는 일반적으로 범죄를 저지를 경우 반드시 수사기관에서 그 사실을 인지하고 그로 인해 처벌을 받을

것이라는 인식을 심어 주며, 범죄자와 범행대상자 이외에도 범행 장소에 마치 다른 사람이 있는 것과 같은 효과를 줌으로써 범죄를 억제할 수 있는 다른 사람, 이른바 가디언(a capable guardian against crime)으로서의 역할을 할 수 있다는 것이어서, 재범 방지에 탁월한 기여를 할 것으로 쉽게 추단할 수 있다. 또한 성폭력 범죄에 대한 대응책으로 무조건적인 양형의 강화는 그 재범위험성에도 불구하고 책임주의에 대한 한계가 있고 그로 인하여 그 형을 마치고 난 이후 재범이 방지된다고 단언하기도 어렵다 할 것이어서, 재범의 위험성이 대단히 높은 피고인과 같은 경우 책임주의에 합당한 적정한 양형 및 이후의 사회방위를 위하여서도 위치추적 전자장치 부착의 필요성이 대두된다.

나. 이상의 제반 사정을 종합하면, 피고인에게 이 사건 범행에 대한 형의 선고 이외에 위치추적 전자장치의 부착을 명하고, 이의 실효성 확보를 위하여 주거지를 중심으로 한 피고인의 활동구역 내에서 13세 미만의 아동들이 낮 시간에 산발적 또는 집중적으로 모여 있는 초등학교 등의 보호구역에 상당기간 접근금지를 명함과 동시에 보호관찰소에서 실시하는 성폭력 치료 프로그램을 일정시간 이수할 필요가 있다고 판단되며, 이는 피고인의 기본권을 일부 제한하는 결과를 가져오지만, 위헌법률의 판단에 있어 기준이 되는 헌법 조항의 해석원리인 비례성의 원칙과 과잉금지의 원칙에 반하는 것이라고 볼 것은 아니다. 그러므로 부착명령으로 인한 피고인의 인권 제한의 정도와 재범의 위험성 등 관련 사정을 종합하여 그 부착기간과 보호구역의 접근금지기간을 정하기로 한다.

공직선거법위반 사건의 무죄 판결

[사　건] 울산지방법원 2005. 4. 7. 선고 2004고합309 판결

[피고인] ○ ○ ○

[주　문] 피고인은 무죄

[이　유]

1. 판결의 구성

우선, 검사가 공소사실에서 문제 삼고 있는 TV합동토론에서 피고인이 한 발언의 진정한 의미와 취지를 명확히 한 다음, 그 내용이 공직선거및선거부정방지법 등에 위반되는 지의 여부를 판단함에 있어, 세 가지 고려사항 ① 피고인의 발언 내용이 허위사실인지의 여부 ② 피고인이 허위임을 인식하고 있었는지의 여부 ③ TV합동토론에 있어서의 언론의 자유와 진실증명의 정도와 방법에 관하여 당원이 근거로 한 법률해석의 기준을 제시하고 나서, 피고인과 A의 이 법정에서의 진술 등 4개월 간 11차의 공판기일을 통하여 법정에 현출된 모든 증거를 종합하여 얻은 이 사건 공소사실에 대한 당원의 판단 내용과 결론을 순차로 살펴보기로 한다.

2. 피고인이 한 문제된 발언의 취지

검사가 허위사실공표에 해당한다는 이유로 이 사건 공소를 제기한 문제된 발언의 요지는 ① 국도 24호선 확장공사의 노선을 선정함에 있어 당초 언양 상북의 중심지역인 태화강 제방(둑)을 따라가도록 계획되어 있었는데 ② A가 개입하여 ③ 위 계획안을 자신의 고향 쪽으로 돌아가게끔 변경하도록 하였다는 것이다. 그런데, 피고인이 한, "국도 24호선의 확장공사의 노선이 당초 태화강 제방을 따라가도록 계획되어 있었다"는 표현은, 같은 국도의 원래 노선이 정확하게 태화강 제방으로만 따라가는 것도 아니고 피고인이 주민들의 의견을 청취한 다음 노선선정에 반영하여 달라는 취지로 건의한 내용과도 부합하는 것이 아니어서 같은 부분의 발언은 문제가 될 소지가 없는 것은 아니지만, 종래의 노선이 대체로 태화강의 제방과 같은 방향으로 나란히 언양 상북 쪽으로 진행하고 있었음에 비추어 제방과는 다소간 거리가 있다고 하더라도 그 전체적인 취지를 제방과는 크게 거리가 멀지 않은 지역으로 지나가는 노선이 검토대상이었다는 것을 달리 표현한 것으로 볼 여지도 있는 것이어서 이 부분의 발언을 따로 떼 내어 특별히 문제 삼을 것은 없다고 할 것이고, 나아가 위 ③의 발언 즉, A의 고향 쪽으로 변경하도록 하였다는 부분은 검사의 주장처럼 확정된 노선의 통과지점이 A의 고향인 평리에서 4km정도 떨어진 것은 사실이나 종래의 노선을 기준으로 보면, 평리 쪽으로 접근한 것 또한 사실일 뿐만 아니라 위 ①, ③의 발언은 A가 개입하였다는 취지의 위 ②의 발언의 각 원인과 결과를 이루는 것이어서 이를 별도의 허위사실의 적시로 보거나 위 ②와는 다른 별개의 허위사실의 공표인지의 여부를 따로 검토할 필요는 없고 뒤에서 보는 바와 같은 특히 문제된 ② 부분의 발언과 일괄하여 검토하면 족하다고 할 것이다. 결국 이 사건 공소사실의 당부(當否)를 가리는 쟁점은 A가 개입하여 국도 24호선의 노선을 변경하도록 하였느냐는 점으로 집약된다. 국도 노선의 변경과 이의 확정은 당해 지역을 관할하는 국토관리청장과 이의 감독 · 승인기관인 건설부장관의 소관사항임은 대전지방국토관리청장과 건설부차관의 경력을 가진 피고인은 물론 당해 지역의 국회의원으로서, 건설교통분과위원을 지낸 A 또한 이미 주지하고 있는 바이고, 선거인들 또한 노선선정에 관한 민원과 공청회 또는 국토관리청이 주관하는 설명회 등을 통하여 그와 같은 사정을 알고 있었던 사정을 고려하면, A가 개입하여 국도노선을 변경하도록 하였다는 피고인이 한 쟁점 관련 발언의 취지는 "A가 관할 행정관청에 위 국도 24호선 확장공사의 노선에 관한 의견을 표시하거나 개진하여 그 선정 결과에 영향을 미쳤다"는 내용이 될 것이다.

3. 판단의 기준과 내용

가. 허위사실인지의 여부

공직선거및부정선거방지법 제250조 제2항에서 규정하는 허위사실공표죄 및 형법 제307조 제2항에 정한 명예훼손죄가 성립하기 위하여는 공표된 사실이 허위라는 점에 대한 적극적인 증명이 필요하고, 그 사실이 진실이라는 증명이 없다는 것만으로는 허위사실공표죄가 성립할 수 없다고 할 것이다. 그리고 공소사실의 주된 내용을 이루는 허위사실의 입증의 정도는 법관으로 하여금 합리적인 의심을 할 여지가 없을 정도로 공소사실이 진실한 것이라는 확신을 가지게 할 수 있는 증명력을 가진 증거에 의하여야 한다. 이 사건의 경우, 검사로서는 A가 관할 행정관청에 국도 24호 노선에 관한 의견을 표시하거나 개진하여 그 선정에 영향을 미친 사실이 없다는 점(피고인의 발언이 허위라는 점)을 적극적으로 증명하여야 하고, 이와 같은 사실이 소극적인 사항에 해당한다는 점을 들어 피고인이 그 선정에 영향을 미친 사실이 있다는 점(자신의 발언이 진실이라는 점)을 증명하여야 하는 것이 아니라고 할 것이다. 국도노선의 선정이나 공사에 관련한 사항은 당해 지역을 관할하는 행정관청의 고유권한으로서 그 지역 출신의 국회의원 등 유력인사의 그에 관한 견해나 의견표시 등은 관계법령에 의한 특별한 규정이 없는 이상 상호간에 구두로 주고받는 것이 대부분이고 기록으로 남는 것이 아닌데다가 그와 같은 비공식적인 의견개진에 대한 자료나 기억은, 의견표시가 있지도 아니하였고, 이로 인하여 영향을 미친 바도 없다는 점을 입증하여야 할 검사뿐만 아니라, 이와는 반대로, 의견표시가 있었고, 이로 인하여 영향을 미쳤다는 점을 입증하여야 할 피고인 측에서도 이를 사후에 확보하기 어렵다는 사정은 마찬가지인 점에서 더욱 그렇다고 할 것이다.

그 무렵 제15대 국회의원으로 당선된 A는 선거유세 당시 국도노선의 확장 및 포장을 선거공약으로 제시한 바 있었고, 당선 이후 건설교통분과위원으로 활동하였으며, 종래 논의되던 노선이 태화강변을 따라가거나 태화강변을 남쪽으로 우회하는 것이었는데, 설계 및 기술검토과정에서 논의 중 폐기·보류된 태화강 북쪽 노선이 A가 당선 이후 노선선정 과정의 중간에 다시 등장하게 되었고, 그 노선은 종래 노선에 비하여 A의 고향 쪽인 북쪽을 우회하는 것인데다가, A의 친족 및 선거관련자가 A가 위와 같은 노선을 지지한다는 의견을 표명한 바 있고, 다수의 선거인들 역시 그렇데 믿고 있었다는 것이며, 특히 부산국토관리청 직원과의 접촉과 위 국도 노선 공사에 관한 정보와 자료 입수에 관한 A의 수사기관에서의 진술과 이 법정에서의 진술이 일관성이 없는 점 등을 종합하여 보면, A가 위 국도 노선 선정에 관한 의견을 표시하고 이로 인하여 영향력을 행사하였다고 믿을만한 상당한 정도의 개연성이 있는 자료가 있다고 할 것이므로, 이 사건의 재판에 임하는 법관으로서는 피고인의 발언이 허위라는 점에 관한 합리적인 의심을 할 수밖에 없고, 이러한 경우, 피고인을 유죄라고 인정하기 위하여는 검사로서는 법관의 위와 같은 합리적인 의심을 배제할 만한 뚜렷한 증거를 제시하여야 하고, 그러한 증거가 없는 이상 피고인의 위와 같은 발언을 허위라고 단정할 수는 없는 것이다. 검사가 제출한 일부 증거에 의하면, A가 이 사건 국도노선 선정에 소극적이었고, 그가 관여한 바 없다고 볼 정황에 관한 자료가 일부 있는 것은 사실이지만, 그와 같은 정황들만으로 피고인의 발언이 허위라고 단정하기에는 법관으로 하여금 합리적인 의심을 할 여지가 없을 정도로 공소사실이 진실한 것으로 확신을 가지게 할 만큼 증명되었다고 보기에는 부족하다고 할 것이다.

나. 피고인이 허위사실을 표명하거나 허위임을 인식하였는지의 여부

어떤 표현이 허위사실을 표명한 것인 지의 여부는 일반 선거인이 그 표현을 접하는 통상의 방법을 전제로 그 표현의 전체적인 취지와의 연관 하에서 표현의 객관적 내용, 사용된 어휘의 통상적인 의미, 문구의 연결방법 등을 종합적으로 고려하여 그 표현이 선거인에게 주는 전체적인 인상을 기준으로 판단하여야 하며, 가사 문제된 발언이 허위라고 하더라도 허위사실공표죄에서 공표된 사실이 허위라는 것이 구성요건의 내용을 이루는 것이기 때문에, 행위자의 고의의 내용으로서 그 사항이 허위라는 것의 인식이 필요하다고 할 것이다.

전후 2회에 걸쳐 행한 TV 합동토론회에서 피고인이 한 발언 중 검사는 공소사실의 발언 부분을 추출하여 이를 허위사실의 공표라고 주장하고 있다. 그러나 쌍방이 제출한 방송토론의 녹취록과 비디오테이프의 영상에 의하면, 2004. 3. 25. 제1회 토론 시 공소사실 제1항 기재의 발언이 있기 전, 피고인은 국도노선 선정에 관한 문제를 제기함에 있어 해당 지역에서는 그 노선 선정에 A가 개입하였다는 이야기가 있다는 취지로 전제를 한 사실이 인정되므로, 이와 같은 사정과 이후에 이어지는 문제된 발언의 내용을 전체적으로 판단하면, 피고인이 상대후보에게 노선선정에 개입하였다는 단정적인 사실을 적시한 것이라기보다는 그와 같은 소문의 진상이 무엇이냐는 질문을 한 것으로 볼 여지가 있거나 종래의 노선이나 남쪽을 우회하는 노선보다는 북쪽을 우회하는 노선을 지지한 것으

로 여겨지는 A에게 과연 그와 같은 판단이 적정한 것이었느냐를 추궁하는 질문으로 볼 수도 있다. 이는 이후 피고인의 질문에 대한 A의 대응을 볼 때, 그 정황이 더욱 명백하여진다. A는 피고인의 질문을, 자신이 개입하여 노선을 변경시킨 게 아니냐는 것으로 이해하여 이에 대응한 것이 아니라 제방을 따라가는 종래 노선 등이 적정한 것이 아니었느냐는 취지로 받아들여 그와 같은 피고인의 주장에 공세적으로 반박하여 북쪽 우회 노선의 타당성을 역설하였을 뿐만 아니라 자신의 의사와는 전혀 무관하게 노선이 확정되었다는 점에 대하여는 이렇다 할 아무런 언급이 없었으며, 이후 여러 번에 걸쳐 현안에 관한 공방이 계속되면서, 노선결정에 자신을 걸고 들어가는 피고인의 발언을 문제 삼아 이를 허위라고 지적할 기회가 있었음에도 이에 적극적으로 대응한 바 없고, 그와 같은 방송토론을 시청하는 선거인으로서도 피고인과 A의 질문과 답변의 내용, 사용된 어휘와 어조 및 태도, 공격과 방어의 강도와 숙련의 정도 등을 종합하면, 피고인이 A를 지역의 현안인 국도의 노선결정에 개입하여 자신에게 유리하게 변경한 사람으로 공격하고 있다고 받아들이기보다는 지역의 특수성과 발전 전망, 노선의 확장 및 포장에 따른 선형개발의 곤란 등 기술적인 문제를 아울러 고려하여, 피고인이 주장하는 종래의 노선과 남쪽을 우회하는 노선 및 A가 주장하는 북쪽 노선의 적정성 여부를 두고 상호 공방을 하고 있는 것으로 받아들일 여지가 있다고 할 것이어서, 결국 피고인의 발언은 그 중점이 노선결정의 적정성에 대한 A의 태도를 따지는 것에 있다고 봄이 상당하다고 할 것이고, 그 표현을 접하는 선거인 또한 그렇게 이해하고 있었다고 보는 것이 무리가 없는 해석이라고 할 것이다. 따라서 피고인이 위 방송토론을 통하여 공소사실과 같은 허위사실을 '표명'한 것이라고 할 수도 없다.

가사, 피고인의 발언이 허위사실을 표명한 것이라고 하더라도, 앞서 본 바와 같은 이 사건 국도노선 결정에 관한 A의 행적과 태도, A가 당시 그 지역 출신의 건설교통분과위원으로서 국도노선 변경에 영향력을 행사할 수 있는 지위에 있었던 점, A를 돕거나 A를 위하여 활동하는 사람들의 언동, A의 개입을 시사하는 당해 지역에 광범위하게 유포된 소문, 지역주민들의 변경된 노선저지를 위한 진정과 시위, 노선결정을 전후한 지역 언론의 보도 내용, 피고인이 접촉한 부산지방국토관리청 직원들과의 면담 내용과 태도, 국도노선 결정은 당해 지역 출신의 국회의원의 중요한 관심사이며, 대전국토관리청장과 건설부차관을 지낸 경험에 비추어 국회의원의 의견은 지역주민의 여론을 대표하는 것으로서 사업을 추진하는 행정관청으로서도 이에 관한 검토와 고려의 여지가 있으리라는 피고인 자신의 판단과, 문제된 노선 결정이 있은 것은 8년 전의 일인데다가 사안의 특성상 관련자들로부터 객관적이고 명백한 자료를 입수함에 있어 앞서 본 바와 같은 여러 가지 제약이 있었으리라는 점과 질문 내용을 작성함에 있어 관련 분야에 관한 전문가의 도움을 받은 사정 등을 아울러 고려하여 보면, 피고인으로서는 당시, 문제된 발언을 함에 있어서 그 내용이 허위라는 점을 '인식'하고 있었다고 보기 어렵다.

다. TV합동토론에 있어서의 언론의 자유와 진실 증명의 정도

와 방법

국민의 정치적 의사형성과정으로서의 선거절차는 건전하고 깨끗한 방법으로 공명정대하게 진행되어야 하고, 국민들이 후보자를 올바로 선택하기 위하여 제공되는 자료는 객관적이고 진실한 것이어야 하며, 상대방에 대한 인신공격과 비방 및 근거 없는 허위사실 공표에 의한 선거운동은 지양되어야 함은 재론의 여지가 없다. 그러나 다른 한편, 선거운동에 있어서의 표현행위는 후보자 상호간의 정책논쟁과 상호비판에 의하여 올바른 후보자를 지지하여 달라고 설득하는 것이어서, 이와 같은 한도 내에서는 더욱 강력한 표현의 자유가 허용되어야 한다. 방송매체에 의한 합동토론회는 종래 일방적인 연설회가 의견전달에 있어서 여건상 제한적이고, 자질의 상호대비와 검증에 있어서 비효율적인 점을 시정하여 실시간 선거인의 면전에서 영상과 음성으로 상대후보와의 토론을 통하여 후보자들의 능력과 자질을 대비 · 검증하는 새로운 선거정보제공 방식으로 채택된 것으로서, 이와 같은 경우에는 자신의 것이거나 상대후보에 관한 것이거나를 막론하고, 각 후보자는 오로지 진실에 부합하는 것만을 토론자료로 제시하여야 함은 원칙론으로서는 의문의 여지가 없다고 할 것이지만, 뚜렷하고 객관적인 근거를 완벽하게 구비한 명명백백한 진실만을 제시하여야 한다면, 자유롭고 활발한 토론은 불가불 위축될 수밖에 없을 것이므로, 토론에 임하는 후보자가 당해 시점에서 입수 가능한 모든 자료를 최선을 다하여 성실하게 확보 · 검증하여 이를 토대로 상대후보에 대한 비방과 부당한 공격이 아니라 현안이 된 건전한 정책 대결과 후보자로서의 자질과 능력에 대한 선의의 경쟁을 함으로써 공익의 관점에서 선거인에게 후보선택의 충분한 자료를 제공한다는 자세로 임한 경우에는 그 자료 중 근거를 제시할 수 없는 부분이 일부 포함되어 있다고 할지라도 이에 관하여는 상대후보가 일방적인 의견을 개진하는 연설회와는 달리 반론을 통하여 그 주장사실의 진실 여부를 반박할 수 있고, 이와 같은 사정은 선거인에게도 그대로 드러나 부정확한 정보를 제출한 자의 부담으로 작용할 것이 명백하므로, 이와 같은 경우에 문제된 발언이 허위사실의 공표에 해당하는지의 여부를 판단함에 있어서는 위에서 본 방송토론의 특성을 두루 참작하여 피고인에 대한 죄책 여부를 가려야 할 것이다.

이 사건 공소사실의 내용이 된 피고인이 한 발언은 2회에 걸친 TV 방송토론 과정에서 반론을 전제로 상대후보에 대한 질문의 형식으로 행하여진 것으로서 그 전후의 문맥과 취지, 발언의 의도와 어조, 문제된 발언과 관련하여 피고인이 당시 보유하고 있었던 근거자료의 정도, 상대후보인 A의 대응방식과 내용, 이후 토론 전개과정의 양상과 결과 등을 종합하여 보면, 방송토론에 임하여 한 피고인은 지역의 중요 현안인 국도 노선 선정문제를 정책토론의 한 자료로 제시한 것일 뿐 A를 근거 없이 비난하거나 잘못을 따지기 위한 의도로 제출한 것이라고 할 수 없으므로 이 점으로 보더라도 같은 발언 부분이 공직선거및부정선거방지법 제250조 제2항에 정한 허위사실의 공표 또는 형법 제307조 제2항에 정한 명예훼손에 해당한다고 할 수도 없다. 나아가 피고인이 자신의 발언 내용에 관하여 객관적이고 뚜렷한 근거를 제시하지 아니하였다고 하여 위에서 본 형사소송법상의 원칙과 방송토론의 특성에 비추어 이 점만을 들어 위 각 법률을 위반한 죄로 피고인을 특별히 비난하거나 탓할 수도 없다고 할 것이다.

4. 결론

이상과 같은 이유로, 이 사건 공소사실은 범죄의 증명이 없는 경우에 해당하므로, 형사소송법 제325조 후단에 따라 피고인에 대하여 무죄를 선고하기로 하여 주문과 같이 판결한다.

검사의 서명이 없는 공소장의 효력

(부산지법 2007. 4. 20. 선고 2006고합772 판결)

1. 주장의 요지

서울중앙지방검찰청은 2006. 6. 28. 피고인 B와 C를 서울중앙지방법원 2006고합 671호 특정경제범죄가중처벌등에관한법률위반(수재등), 배임수재로 기소함에 있어 담당검사의 서명날인을 누락하였다. 그 후 위 누락사실이 1회 공판기일인 2006. 7. 27. 발견되어 담당검사는 공판정에서 서명을 보완하였다. 그러나 피고인에 대한 공소제기(이 사건 공소사실 2, 3항)는 그 제기절차가 법률의 규정에 위반하여 무효인 때에 해당하고 그 후에 있는 서명날인의 보완으로 하자가 치유되는 것도 아니므로, 형사소송법 제327조 제2호에 의하여 공소기각의 판결이 선고되어야 한다.

2. 기록에 의하여 인정되는 관련 사실

가. 서울중앙지방법원 당직실에 2006. 6. 28. 20:00경 C와 피고인 B를 공동피고인으로 한 서울중앙지방검찰청 2006형제70739호의 공소장이 제출되었다.

나. 위 공소장에는 검사 X의 기명과 날인은 있었으나 서명은

없었다.

다. 서울중앙지방법원은 위 공소장에 의하여 공소가 제기된 것으로 보고 사건 번호(2006고합671호)를 부여하고 사건배당 등 소송계속을 위한 일련의 절차를 진행하였다.

라. 검사 X는 위 사건 제1회 공판기일(2006. 7. 27.)에 공판검사로 출석하여 위 공소장에 누락된 서명을 보완하였다.

마. 피고인 B에 대한 이 사건 공소사실 2, 3항 사건은 피고인 B에 대한 공소사실 1항과 관련하여 피고인 B가 2006. 11. 17. 구속되어 2006. 12. 1. 부산지방법원에 공소가 제기되자 2006. 12. 28. 피고인의 현재지인 부산지방법원으로 이송되어 이 사건에 병합되었다.

바. 서울중앙지방법원은 2007. 3. 29. 검사의 서명이 없는 공소제기는 소송행위의 요건을 흠결하여 불성립 또는 무효에 해당하고 적법절차의 원칙에 비추어 추후 보완도 허용되지 않는다는 취지로 C에 대한 공소사실 전부에 대하여 공소기각의 판결을 선고하였다.

3. 관련 법령

가. 형사소송법 제41조(재판서의 서명 등) 제1항은 재판서에는 재판한 법관이 서명날인하여야 한다고 규정하고, 제3항은 판결서 기타 대법원규칙이 정하는 재판서를 제외한 재판서에 대하여는 제1항 및 제2항의 서명날인에 갈음하여 기명날인할 수 있다고 규정하고 있다. 같은 법 제57조(공무원의 서류) 제1항은 공무원이 작성하는 서류에는 법률에 다른 규정이 없는 때에는 작성 연월일과 소

속 공무소를 기재하고 서명날인하여야 한다고 규정하고, 제3항은 제1항의 서명날인은 대법원규칙이 정하는 바에 따라 기명날인으로 갈음할 수 있다고 규정하고 있다.

나. 나아가 형사소송규칙 제40조(서명날인의 특칙)는 공무원이 작성하는 서류로서 판결과 각종 영장(감정유치장 및 감정처분허가장 포함) 이외에는 서명날인을 기명날인으로 갈음할 수 있다고 규정하고 있다.

다. 한편 검찰청법 제11조의 위임에 따라 검찰청의 사무에 관하여 필요한 사항을 정한 검찰사건사무규칙 제185조(형사소송규칙 등의 준용)는 특별한 규정이 있는 경우를 제외하고 법원 또는 법관이 하는 심사 · 처분 및 영장의 발부와 검사 또는 사법경찰관리가 하는 처분 및 법원의 심사에 이해관계인으로 참가하는 절차에 관하여는 형사소송규칙을 준용하도록 하면서 같은 규칙 제40조가 포함된 제6장을 열거하고 있다.

4. 판단

가. 형사소송이란 형벌법규의 구체적 실현 절차 즉, 범죄를 행한 자를 발견 · 확인하고, 그에 대한 국가형벌권에 의한 형사제재를 과하기 위하여 마련된 절차로서, 이를 규율하는 형사소송법은 검사의 공소제기에 의하여 특정 피고인에 대한 소송절차가 개시되는 제1심 공판절차를 중심으로, 그 전제가 되는 수사와 1심 공판 이후의 상소와 재판의 집행 등에 관한 절차를 두루 정함과 동시에, 관할, 변호, 재판, 서류 등 형사재판 전반에 관한 일반적인 사항을

총칙으로 규율하고 있다. 그러므로 형사소송법 총칙에 속한 제57조 소정의 '공무원의 서류'에서 말하는 공무원은 형사소송법에 규정된 직무를 수행하는 모든 공무원을 지칭하는 것으로서, 법관과 법원공무원은 물론, 검사와 검찰 공무원 및 사법경찰관을 포괄하는 개념이다. 나아가 그 서류는 그 공무원이 작성하는 형사소송에 관한 일체의 서류를 가리킨다고 할 것이다.

나. 형사소송법 제57조는 형사소송에 관한 서류는 원칙적으로 서명날인하도록 규정하면서, 다만, 예외적으로 대법원규칙이 정하는 바에 따라 기명날인할 수 있도록 하였고, 이의 위임을 받아 같은 규칙 제40조는 판결과 각종 영장을 제외하고는 기명날인할 수 있도록 하였다. 검사가 형사소송법 제57조와 형사소송규칙 제40조에서 말하는 공무원이 분명하고, 검사가 법원에 대하여 특정 피고인에 대한 형사재판을 구하는 의사표시가 기재된 신청서면인 공소장(형사소송법 제254조)이 같은 법령의 해당조항에 말하는 서류임이 또한 명백하므로 공소장의 작성 방식 역시 관련 법조의 규율대상이다. 따라서 공소장이 형사소송관련 서류를 작성함에 있어 서명날인의 원칙이 유지되는 판결서와 각종영장이 아닌 이상 형사소송법 제57조의 적법한 위임에 의한 형사소송규칙 제40조에 따라 서명날인에 대신하여 기명날인할 수 있다고 봄이 상당하다. 그뿐만 아니라 검찰사무규칙 또한 서류작성에 관한 위 형사소송규칙 제40조를 준용하고 있는 바이므로 이에 대하여 다른 해석의 여지는 없다고 보아야 할 것이다.

다. 입법례를 보면, 일본 형사소송규칙 제60의 2는, 제1항에서,

법관 기타 법원 공무원이 서명날인해야 할 경우 서명날인 대신에 기명날인할 수 있다. 다만, 판결서에 서명날인해야 할 경우에 대해서는 그렇지 아니하다고 규정하면서, 제2항에서 검찰관, 검찰 사무관, 사법경찰 직원 기타 일반직 공무원 또는 변호인, 변호인을 선임할 수 있는 자의 의뢰에 의해 변호인이 되려고 하는 자 등의 소송행위에 관한 서류도 기명날인할 수 있다고 구분하여 규정하고 있다. 우리 형사소송규칙은 그와 같은 구분 규정이 없다. 그러나 같은 규칙이 형사소송법 제57조의 위임에 따라 규정된 이상 우리 형사소송규칙 관련 조항은 앞서 본 바와 같이 법관과 법원공무원뿐만 아니라 형사소송절차에 관한 직무를 수행하는 모든 공무원에게 적용되는 것이다. 그런 관점에서 보면, 위 입법례는 단순한 주의적 규정에 불과하고 그와 같은 규정이 우리 규칙에 별도로 없다고 하여 이를 달리 해석할 것은 아니다.

라. 구 형사소송규칙(대법원규칙 제1901호로 개정되기 전의 규칙) 제40조는 서명날인에 관하여 공무원이 작성하는 서류로서, ① 각종 영장(감정유치장 및 감정처분허가장 포함), ② 수사기관에 대한 구속기간 또는 감정유치기간의 연장허가결정, ③ 체포 또는 구속의 적부심사청구에 대한 결정, ④ 보석, 구속취소, 선고유예 또는 집행유예의 취소, 구속집행정지 및 형집행정지에 관한 결정, ⑤ 재정신청에 대한 결정, ⑥ 판결, ⑦ 공소기각결정, ⑧ 정식재판청구 또는 상소(준항고 포함)에 대한 결정, ⑧ 정식재판청구권 또는 상소권의 회복신청에 대한 결정, ⑩ 재심청구에 대한 결정, 기타 대법원예규로써 정하는 것 이외에는 서명날인을 기명날인으로 갈음할 수

있다고 규정함으로써 다수의 문서에 관한 기명날인의 예외가 있었으나 이후 2004. 8. 20. 자의 개정으로 현행 조항과 같이 규정됨으로써 판결서와 각종 영장을 제외한 일체의 서류에 기명날인을 허용하였다. 이와 같은 개정 내용 및 그 취지에 비추어보더라도 공소장의 기명날인은 허용되지 아니한다는 해석은 있을 수 없다고 할 것이다.

마. 형사소송규칙 제40조가 서명날인의 원칙을 유지한 판결서는 피고인에 대한 형벌권 행사의 당부와 그 형의 범위를 법원이 당해 심급에서 심리를 거쳐 완결하는 최종적인 판단으로서 상소 절차에 의하지 아니하고는 이를 변개할 수 없는 것이다. 그리고, 각종 영장은 피고인의 신병에 관한 강제적 처분이 수반되는 것으로서, 이후 법원에 의한 별개의 판단 없이는 그 내용을 함부로 바꿀 수 없는 것이다. 그런 이유로 각 그 판단과 작성에 신중을 기하기 위한 법정책적인 특별배려로써 위와 같이 서명날인을 요구하고 있는 것이다. 공소장은 검사의 법원에 대한 공판 신청의 의사가 기재된 서면으로서, 이후 사정변경에 따라 공소가 취소되거나, 소정의 절차에 따라 공소사실과 적용법조 등을 변경할 수 있는 것이므로, 이를 위에서 본 판결서와 각종 영장과 같이 볼 것은 아니다.

바. 공소장이 형사절차의 소송계속과 공소시효 중단 등 피고인에 대한 관계에서 대단히 중요한 문서이므로, 그 작성자의 의사가 움직일 수 없는 명백한 방식에 의하여 담보되어야 하며, 그러한 방식이 바로 서명날인이라고 볼 여지는 있다. 그러나 위와 같이 중요한 공문서에 작성자의 서명날인을 요구하는 것은 문서 작성에 있

어서의 신중을 기함과 동시에 당해 문서 자체에 의하여 그 작성자의 의사가 명백하게 확인되어야 한다는 실무상의 필요에 기인한 것이므로, 서명날인이 법령으로 요구되는 사항이 아닌 이상 굳이 이를 고집할 것은 아니라고 여겨지고, 가사 기명날인만으로 그 의사가 불명하거나 의심스러운 특수한 경우에는 다른 방법으로 이를 확인하거나, 차후 이를 보완하는 방법으로 해결하면 족한 것이다.

사. 이 사건 공소장에 서울중앙지방검찰청 검사 X의 기명날인이 있다면 그 인영이 검사 X의 것이 아니거나 X가 아닌 제3자에 의하여 날인된 것이라고 의심할 만한 특별한 사정이 없는 이상 이는 검사 X의 의사에 의한 공소제기라고 보아야 할 것이다. 더구나 제1회 공판기일에 그 검사가 법정에 출석하여 서명을 보완하고, 그에 기하여 기소요지 진술까지 하였다면, 이로써 위 공소제기는 완전히 유효한 것이고, 거기다가 법원이 당해 사건에 관한 적법한 소송계속을 전제로 수차에 걸쳐 공판을 진행하였다면, 가령 위 해석과 달리 공소장에 서명날인을 요한다고 보더라도 그로써 이전의 하자는 치유된 것이고, 이를 문제삼아 뒤늦게 공소기각의 판결을 할 수는 없는 것이다.

아. 공소장을 제출함에 있어 기명날인만으로 족하다고 보거나 또 그렇게 해석하는 것이 공소시효 등의 완성과 관련하여 피고인에게 불이익이 있다고 볼 것도 아니다. 특정 피고인에 대한 공소가 제기되기 전에 이미 그는 피의자로서 수사를 받은 바 있고, 그에 대하여 공소가 제기되면 그 부본의 송달로써 피고인으로서는 특정 검사에 의한 공소제기 사실과 그 내용을 분명하게 인지할 수 있게

되므로, 법원에 제출한 공소장에 기명날인만 있다고 하여 피고인에게 무슨 불이익이 있다고 볼 것은 아니다. 피고인의 방어권행사라는 점에서 그보다 더 중요한 것은 형사소송법 제254조 제3항 소정의 피고인, 죄명, 공소사실(특히 범행 일시, 장소, 방법을 명시하여 사실을 특정하여야 함), 적용법조 등이다. 그와 같은 사항 중 일부가 누락되거나 특정되지 아니한 경우에는 공소장의 보정에 의하여 하자의 치유를 인정하면서 기명날인 있는 공소장에 의한 공소제기가 단지 서명이 없다는 작성방식상의 문제만을 들어 그 하자가 중대하여 이를 무효라고 하거나 불성립에 해당한다고 볼 것은 아니다.

법인세 부당행위계산부인 판결

(부산지법 2004. 11. 4. 선고 2003구합3179 판결)

1. 처분의 경위

가. 원고회사는 관할 관청으로부터 공유수면에 대한 매립면허를 받아 공사를 끝낸 다음, 자본금 316억 원을 260억 원으로 감자하고 위 공사로 조성된 매립지 98,572㎡에 대한 매립면허권을 주식소유 지분 비율에 따라 12개 주주회사들에게 이전하였다(이하 이 사건 거래라 한다).

나. 과세관청인 피고는 원고회사가 감자의 방법으로 주주회사들에게 매립면허권을 이전한 것을 재화의 공급으로 보고, 특수관계자에게 매립면허권을 저가양도한 것으로 보아 부당행위계산부인하여 매립면허권의 감정평가액 432억 원을 매립면허권의 시가로 보아 익금산입하고, 이 사건 매립공사에 소요된 건설공사원가(건설 중인 자산계정) 266억 원을 손금산입하며, 매입세액 3억 8,700만 원을 손금불산입하는 등의 세무조정을 거쳐 세액을 산출한 다음, 2003. 5. 1. 원고회사에 대하여 한 2001년 귀속 법인세 73억 6,772만 원의 부과처분을 하였다.

2. 원고의 주장

가. 이 사건 거래는 자본감소 절차에서 이루어진 것으로 자본감소의 결과 발생한 감자차익은 자본잉여금으로 계상됨으로써 그에 상응하는 원고회사의 순자산의 증가가 없고, 시가와 장부가액 간의 미실현이득 역시 법인세법상 익금에 산입되지 아니하는 자본거래 과정에서 발생한 것으로서 부당행위계산부인의 대상이 되지 아니한다.

나. 그렇지 않더라도 주주회사들은 각 회사별로 위 공유수면 매립면허를 받고자 하였으나 사업추진상의 편의와 효율성 제고를 위하여 별도의 1개 법인을 설립하여 매립면허를 받으라는 해운항만청의 지시에 따라 원고회사를 설립하였고, 이 사건 매립공사의 완료에 따라 설립목적을 달성한 원고회사가 각자의 지분에 상응하는 매립지를 실제 권리자인 12개 주주회사들에게, 사업수행으로 인한 차익을 인식하거나 실현함이 없이 회사법상 감자의 방식으로 되돌려 준 것으로서, 원고회사의 설립 목적, 이 사건 거래의 경위 등을 종합하여 볼 때, 이 사건 거래는 조세부담을 부당하게 감소시키는 거래라고 할 수 없다.

3. 법인세 부과처분의 적법 여부

가. 과세처분의 부당행위계산제도의 취지와 판단기준

법인세법 제52조가 정하고 있는 부당행위계산부인이라 함은 법인이 특수관계에 있는 자와 거래를 함에 있어 같은법 시행령 제88조 제1항 각 호에 열거된 제반 거래형태를 빙자하여 이를 남용하거나 우회행위, 다단계행위, 기타 이상한 거래형식을 취함으로써 통상의 합리적인 거래형식을 취할 때 생기는 조세의 부담을 부당하게 회피하거나 경감시켰다고 인정되는 경우에 과세권자가 이를 부인하고 법령에 정하는 방법에 의하여 객관적이고 타당하다고 보이는 소득이 있는 것으로 의제함으로써 과세의 공평을 기하고 조세회피행위를 방지하기 위한 제도로서, 정상적인 경제인의 합리적인 방법에 의하지 아니하고 부자연스럽고 불합리한 행위계산을 하여 경제적 합리성을 무시하였다고 인정되는 경우에 적용된다 할 것이고, 이러한 경제적 합리성의 유무는 일차적으로 경제인이 통상적으로 선택할 거래가 판단기준이 되겠으나, 당해 거래행위의 대가관계만을 따로 떼내어 단순히 특수관계자가 아닌 자와의 거래행태에서는 통상 행하여지지 아니하는 것이라 하여 바로 이에 해당되는 것으로 볼 것이 아니라, 거래행위의 제반사정을 구체적으로 고려하여 과연 그 거래행위가 건전한 사회통념이나 상관행에 비추어 경제적 합리성을 결여한 것인지의 여부에 따라 판단하여야 할 것이다(대법원 1997. 5. 28. 선고 95누18697 판결 등 참조).

나. 자본감소절차에서 발생한 감자차익 및 자본거래가 부당행위계산부인의 대상이 되는지의 여부

법인세법 제17조 제2호는 자본거래로 인한 감자차익은 내국법인의 각 사업연도의 소득금액계산에 있어 익금으로 산입하지 아니한다고 규정하고 있으므로, 문제된 소득금액이 위 차익에 해당되는 경우에는 위 조항에 따라 익금산입에서 제외된다고 할 것이다. 그러나 피고는 처분의 전제가 되는 이 사건 거래를 통하여 감소되

는 자본액(290억 원)과 환급으로 처리되는 장부가액(266억 원)과의 차액인 이른바 감자차익 24억 원(290억 원 - 266억 원)의 익금산입 누락을 문제 삼은 것이 아니라, 당해 자산의 시가와 장부가액과의 차액인 187억 원(최종 시가감정평가액 454억 원 - 장부가액인 공사원가 267억 원)을 문제 삼아 이의 소득계산누락을 부당행위계산으로 판단한 것으로서, 위와 같은 차익이 위 조항에서 말하는 감자차익에 해당하는 것이라고 할 수도 없다. 그리고, 같은 법 제52조는 부당행위계산의 대상에 대하여 특수관계자와의 거래로 인하여 그 법인의 소득에 대한 조세의 부담을 부당히 감소시킨 것으로 인정되는 경우로 정하고 있을 뿐, 위 경우 외에는 자본거래를 제외하지 않고 있으며, 위와 같은 부당행위계산부인의 취지에 비추어 법인의 소득금액에 영향을 미치는 이상, 부인의 대상으로서의 부당행위계산에는 자본거래나 손익계산에 포함되지 않는 비경상적 손익거래도 포함된다 할 것이어서 이 사건 거래가 자산을 저가양도한 것이거나 이익을 분여한 것이라고 볼 수 있다면, 일단 원고회사의 그와 같은 행위는 법인세법 제52조 제1항, 같은법 시행령 제88조 제1항 제3호, 제9호가 정한 부당행위계산이 될 수 있다고 할 것이다(대법원 2004. 2. 13. 선고 2002두7005판결 참조).

다. 이 사건 거래가 경제적 합리성을 결여함으로써 조세부담을 부당하게 회피 내지 경감한 것인지의 여부

원고회사가 이 사건 매립면허권(토지)을 특수관계자인 주주회사들에게 건설공사원가에 이전한 것은 특수관계자 아닌 자와의 거래행태에서는 통상 행하여지지 아니하는 것이나, 앞서 본 법리에

비추어, 그로써 곧 부당행위계산에 해당한다고 볼 수는 없고 제반 사정을 구체적으로 고려하여 이 사건 거래가 과연 건전한 사회통념이나 상관행에 비추어 경제적 합리성을 결여한 것인지 여부를 살펴보아야 할 것이다.

위 인정사실(생략)에 의하면, 매립면허의 부여권한을 가지는 관계 당국이 사업추진상의 편의를 위하여 관련회사가 아니라 그들을 주주로 하는 별도 법인을 설립하여야만 매립면허권을 부여하겠다는 지침을 제시함에 따라 주주회사들은 다른 법형성의 가능성을 박탈당한 채 부득이 원고회사를 설립하였는데, 원고회사의 존립목적은 원양어업 전용부두 설치 공사와 매립면허조건에 부가한 공공귀속시설물의 유지보수책임의 이행을 위하여 필요한 사업에 한정되어 있고, 그 외에 별도의 수익사업을 영위하고자 하였거나 실제로 영위한 바가 없을 뿐 아니라, 당초부터 주주회사들은 물론 담당공무원들도 이 사건 매립공사로 조성되는 매립지의 궁극적인 소유권은 주주회사에게 귀속하는 것으로 예정하고 있었으며, 이에 따라 공유수면매립 준공인가를 앞두고 원고회사의 피면허자 변경요청에 대하여 당국은 이를 받아들여 피면허자를 원고회사에서 원고회사 및 12개 주주회사로 변경해 주었을 뿐 아니라, 이 사건 매립공사가 사실상 완료됨에 따라 원고회사는 그 목적을 달성하였음에도 공공귀속시설물에 대하여 준공인가일로부터 5년 간 하자보수책임을 부담하기로 한 약정에 따라 원고회사를 존속시키기로 하되, 다만 주주회사들의 사업목적에 필요한 전체 매립지 중 92%에 해당하는 매립지를 출자비율에 비례하여 주주회사에게 매립면허권을 이전하는 방법으로 귀속시키면서 형식상으로는 원고회사의 자본금을 감소시키고(당초부터 원고회사의 자본금은 이 사건 매립공사 비용에 충당하기 위한 것이었고, 이 사건 매립공사에 소요된 비용항목의 합계액은 289억 원으로 감자액 290억 원에 대체로 부합한다), 그 주식 소각의 대가로서 이 사건 매립면허권을 이전하는 방식을 취한 사정을 알 수 있는바, 위와 같은 이 사건 매립공사의 시행경위, 원고회사의 설립 동기와 사업목적, 주주회사들의 출자 의도, 이 사건 거래의 전체적인 경위 등을 두루 참작하면, 이 사건 거래가 건전한 사회통념이나 상관행에 비추어 경제적 합리성을 결여한 비정상적인 것이라고는 할 수 없다. 위와 같이 이 사건 매립공사로 발생한 미실현이득(시가와 장부가액 간의 차액)의 실질상 귀속자인 주주회사들이 의제배당으로 인한 법인세를 부담하였음에도 그에 더하여 이 사건 거래를 같은 법 소정의 부당행위계산이라 하여 이를 부인하고 명목상 귀속자에 불과한 원고회사에 대하여 까지 법인세를 부과하는 것은 위 사실관계에 비추어 지나치게 가혹할 뿐 아니라 행위계산의 부당성 여부를 판단함에 있어서는 당해 거래의 구체적 사정을 종합적으로 고려하여야 한다는 앞서 본 제도의 법리와 판단기준에도 반하는 것이라고 아니할 수 없다.

라. 피고의 주장에 대한 판단

첫째, 이 사건 거래는 숨은 이익처분이 자본거래 속에 은폐되어 있는 손익거래에 해당하는 것이므로, 원고로서는 자산이 현물로 처분될 당시 그 시가와 장부가액의 차액을 회계처리상 수익으로 당연히 인식하여야 한다고 주장한다. 그러나, 이 점에 관하여는, 이 사건 거래가 자본거래냐, 손익거래냐 하는 것을 따지는 것이 중요한 것이 아니라, 원고회사가 이 사건 거래를 통하여 매립토지를 감자의 방식으로 주주회사들에게 제공하면서 위 주장의 차액 상당을 법인의 수익으로 인식하지 아니한 것이 경제적 합리성을 결여한 것으로 그와 같은 행위계산은 부당하여 법인세법의 관련조항에 의한 부인대상에 해당하는지의 여부를 가려보는 것이 문제의 관건이라고 할 것이다. 이는 곧 거래의 내용과 당사자의 의사를 기초로 판단하여야 할 법률행위의 해석의 문제이고, 이 경우에는 실질과세의 원칙상 단순히 거래주체나 내용의 법적 형식에만 의존할 것이 아니라 거래에 관련된 당사자의 의사와 결정방법 및 그로 인한 약정의 내용은 물론 그 이행과정과 경위, 주고받는 자금의 성격과 용도, 거래의 결과 등 문제된 거래의 전체과정을 종합하여 실질적으로 판단하여야 할 것이다. 앞서 본 바와 같이 원고회사는 자체 보유자금으로 공유수면을 매립하고, 그로 인하여 형성된 토지를 원고회사의 고유 의사와 계획에 따라 주주회사들에게 분양한 것이 아니라, 매립토지의 수요자이자 실질적인 사업수행을 의도한 회사들의 활동을 매개 또는 대행하는 한편, 사업추진을 지원하거나 지도하는 행정관청과의 교섭창구를 단일화 함으로써 사업수행의 편의를 도모하기 위하여 정부의 방침에 따라 위 회사들이 주주참여의 방식으로 각 그 지분에 상응하는 매립자금을 제공하여, 그 회사들과는 별도의 법인인 원고회사를 설립하고, 원고회사 명의로 매립면허를 취득한 후, 원고 회사는 주주회사들의 자금으로 유일한 목적사업인 이 사건 매립공사를 수행하면서, 준공 후 취득하게 되는 토지에 관하여는 이후 목적범위 내에서 일정기간 존속하게 되는 원고회사의 존립을 위한 필요한 최소한도내의 것을 제외한 전 토지를 각 주주회사에게 지분비율에 따라 귀속·반환시키기로 약정하고, 공사 종료후 위와 같은 약정의 이행으로 매립토지에 관한 권리를 이전한 것이므로, 그 토지를 사실상 원시취득한 것은 원고회사가 아니라 매립자금의 제공자들인 주주회사들이라고 함이 상당하고, 따라서 원고회사가 자본 감소의 방법으로 위 토지를 사실상의 소유자인 주주회사들에게 반환하는 것은 원고회사의 설립 목적과 위 약정에 따른 것으로서 명의상의 사업수행자에 불과하여 이 사건 매립공사로 인하여 투자차익의 실현을 의도하지 아니한 원고회사로서는 매립토지의 시가와 장부가액 사이에 위 인정의 차액이 발생하였다고 하더라도 이를 원고회사의 수익으로 인식하거나 실현할 것은 아니라고 할 것이고, 위 사실관계에 비추어 또 그와 같은 원고회사의 회계처리를 탓할 수는 없다고 할 것이다. 이 점에 관하여 피고는, 이 사건 매립공사는 사업이윤이 사업비의 10%를 차지하고 있고, 원가가산방식을 채용하는 등 공사업자의 이익이 보장되는 건설공사로서 이는 곧 공사수익에 해당하는 것이라고 주장하나, 원고회사와 주주회사들과의 위와 같은 상호관계에 비추어 그와 같은 공사추진과 관련한 세부적이고 구체적인 사정만을 들어 곧바로 그 사업으로 인하여 발생한 수익을 원고회사에 귀속될 공사수익으로 단정할 것은 아니다.

둘째, 주식의 환급으로 현금이 아니라 현물을 지급한 경우에는 당해 자산의 시가와 장부가액의 차액은 양도법인의 수익으로 실현되고 바로 그 수익이 양수법인에 배당되는 것이므로 그 수익을 주고받는 쌍방은 위 자산에 대한 양도가액을 장부가액이 아니라 시가로 계산하여야 한다고 주장한다. 그러나 이 사건 거래가 자본거래에 해당하는 경우라면, 원고회사가 문제된 차액을 수익으로 인식하였는지의 여부와 상관없이 주주회사들이 취득하는 재산가액 중 그 주식 등을 취득하기 위하여 소요된 금액을 초과하는 금액에 관하여 주주회사들은 의제배당의 관련규정(법인세법 제16조 제1항 제1호)에 따라 법인세를 부담하여야 할 것이고, 만약 손익거래에 해당하는 경우에는 자산을 양도한 원고회사가 양도가액을 익금으로, 취득가액(장부가액)을 손금으로 각 산입함으로써 그 차액만큼 원고회사의 순자산을 증가하게 하여, 같은 금액은 소득처분의 절차를 거쳐 주주회사들에게 배당 조치된 후, 각 회사는 법인세를 부담하게 될 것이므로, 주주회사들이 위와 같은 주식의 환급에 따른 권리의 이전으로 위 차액 상당의 이득을 취하고 이에 대한 법인세를 부담한다고 하여 원고회사가 반드시 그 자산에 대한 가액을 장부가액이 아니라 시가로 계산하여야 하는 것은 아니다.

셋째, 이 사건 거래를 부당행위계산으로 보지 아니하는 것은 원고회사의 법인격을 부인하게 되는 오류를 범하게 되는 것이라고 주장한다. 그러나 원고회사가 위 차액을 수익으로 인식하지 아니한 것이 부당한 행위계산이 아니라고 본 것은 문제된 매립토지의 취득경위 등 앞서 본 바와 같은 이 사건 거래의 원인이 되는 특수한 사정을 종합적으로 고려하여 그와 같은 조치에 경제적 합리성이 있다고 판단한 결과에 기인한 것이지, 원고회사의 법인격을 부인함에 따른 것이 아니다.

결국 위와 같은 피고의 각 주장은 원고회사의 설립목적과 이 사건 사업추진 과정 및 사업종료 이후의 매립지 반환경위 등 이 사건 사안에 특수한 사정을 전혀 고려하지 아니한 채 일반적인 경우에 있어서 적용될 법리를 거론하면서 경제적 합리성이 결여된 것으로 볼 수 없는 원고회사가 한 이 사건 거래상의 행위계산을 비난하는 것으로 모두 이유 없다.

4. 결론

따라서 이 사건 거래는 조세의 부담을 부당하게 회피 내지 경감한 것이 아니라고 할 것이므로, 이를 부당행위계산에 해당하는 것으로 보고 원고회사에 대하여 한 피고의 이 사건 처분은 위법하다.

성추행범에 대한 양형의 이유

(부산지법 2007. 4. 13. 선고 2007고합90 판결)

1. 피고인에게 아무런 전과가 없고, 부양가족이 있으며, 피고인이 평소 인터넷 등으로 음란물을 즐겨 보다가 우발적으로 이 사건 범행에 이르게 된 것으로 보인다. 그리고, 이 사건 피해자를 구타하지는 아니하였고, 다른 아동들에 대한 강제추행으로 나아가지 않았으며, 촬영한 사진이나 동영상을 타에 유포한 바는 없고, 자신의 범행을 모두 자백하고 깊이 뉘우치고 있는 점 등 피고인에게 일부 유리한 정상이 없는 것은 아니다. 그러나 피고인이 저지른 이 사건 범행으로 인한 피해의 심각성, 이로 인하여 피해아동과 그 가족이 기왕에 겪었거나 앞으로 겪게 될 크나큰 고통의 강도에 비추어 보면 위와 같은 정상을 모두 감안한다고 하더라도 피고인은 다음과 같은 이유로 중한 벌을 면하기 어렵다.

2. 여성이 지니고 있는 모성은 출산정지에 이르는 연령에 이르기까지 가족은 물론 우리 사회가 마땅히 이에 대한 적정한 보호를 베풀어야 한다. 왜냐하면 그와 같은 모성은 우리의 다음 세대를 출산하고 양육하는 대단히 중요한 기능과 역할을 수행하기 때문이

다. 특히 민감하고 상처받기 쉬운 성장 중의 여자 아동에 대하여는 더욱 신중하고 특별한 배려가 필요하다고 할 것이다. 아동이 성범죄로 인하여 입은 육체적 또는 정신적 피해가 어른들의 상상을 초월할 정도로 심각하리라는 점은 누구나 충분히 예상할 수 있는 일이다. 아동들의 정신력으로는 성적 학대를 받는 순간의 공포와 혼돈을 홀로 감당할 수 없어, 그들은 고통을 외부적으로 표현하는 대신 대개는 고통과 타협을 하게 되면서 아이들의 영혼에 지울 수 없는 상흔을 남기게 된다. 그러므로, 성범죄로 인한 피해의 후유증은 즉시 발현될 수도 있지만, 억눌린 상태로 숨어 있다가 오랜 세월이 흐른 후에 나타나기도 하고, 신체적인 이상 징후는 물론 사물에 대한 집중력이 저하되거나, 사회와 사람에 대한 적응 장애가 발생하기도 하며, 외출을 꺼리거나 심리적 불안증을 지속적으로 호소하기도 할 뿐만 아니라, 적절한 시기에 적절한 방법의 정신과 치료를 통하여 충격을 제대로 극복하지 못할 경우 청소년이 된 연후에도 남자를 기피하게 됨은 물론 자존감을 현저하게 상실한 나머지 자살을 기도하는 경우도 있으며, 성에 대한 강한 혐오감과, 자신의 성정체성에 대한 부정적 인식, 그리고 사람에 대한 전반적이고 광범위한 불신 등 대단히 심각한 후유증을 앓게 되어 평생을 정상인으로서 생활하는 것이 거의 불가능하게 될 우려가 매우 크다. 이와 같은 성적 폭력의 심각한 후유증은 모성의 훼손에 해당하는 것으로서 이후 피해아동을 평생토록 괴롭힐 수 있는 것이어서, 그 폐해는 이를 다 열거할 수 없을 정도라고 할 것이다.

3. 피고인이 피해아동을 최초로 강제추행할 당시 아이의 나이가 7세 정도에 불과하였다. 피고인은 자신이 운영하는 Y도장에 다니던 피해아동으로 하여금 무려 3년에 걸쳐 수십 회씩이나 지속적인 추행을 자행하였다. 피해아동의 아버지와는 청년회 활동을 하면서 평소 알고 지내던 사이였고, 이런 연유로 피해아동의 아버지가 피해아동을 피고인의 Y도장에 보내게 되었음에도 오히려 위와 같은 사정을 이용하여 피해아동을 장기간 성추행하였고, 추행장소가 주로 Y도장 안 관장실이었는데 때로는 대담하게도 밖에서 운동하는 아이들이 있음에도 범행을 감행하기도 하였다. 추행에서 나아가 그 장면을 상세하게 촬영까지 하여 그 사진 및 동영상을 피해아동을 협박하는데 사용하거나 자신이 그 장면을 되풀이 하여 보는 등 변태적인 모습을 보이기도 하였다. 그밖에 피해아동이 피고인의 Y도장을 그만 두었음에도 피해아동의 집까지 찾아가 피해아동을 자신의 도장으로 유인하여 추행을 하는 등 그와 같은 범행을 전혀 멈추려 하지 않은 점 등의 위에서 본 전후 사정을 종합하여 보면, 피고인이 저지른 위 범행의 죄질이 대단히 좋지 못하고, 피해정도가 너무나도 심각하다. 그뿐 아니라 피고인은 결혼을 하여 범행이 계속되던 중에 딸을 출산하여 어엿한 가장으로, 그리고 한 딸의 아버지로 버젓이 행세하면서 어떻게 다른 사람의 어린 딸을 상대로 그와 같은 참담한 내용의 범행을 자행할 수 있었는지 그저 놀랍고도 개탄스러울 뿐이다. 위와 같은 범행의 방법이나 기간, 그 대담성 등에 비추어 볼 때 유사 동종의 재범으로 이어질 위험성도 높다고 할 수 밖에 없다. 그러므로, 피고인을 장기간 사회에서

격리하여 다른 피해자의 발생을 예방하는 한편 위 범행에서 나타난 우려스러운 피고인의 성행을 교정할 필요가 있다고 할 것이다. 거기에 피고인의 연령과 건강상태 등 변론에 나타난 양형의 자료가 되는 모든 사정을 참작하여 피고인의 이 사건 범행에 대한 형을 주문과 같이 정하기로 한다.

피고인과 그 가족들에게

– 형사 판결의 선고 법정에서

1. 피고인들과 가족 여러분들은 그간의 재판 과정 내내 대단히 힘들고 괴로웠으리라고 봅니다. 더구나 오늘의 판결 선고 내용이 여러분들이 원하거나 만족스러운 것이 못 될 때에는 실망과 낙담이 클 것으로 여겨집니다. 거기다가 사실관계에 대한 판단이나 형을 정한 사정을 설명하면서 여러분들을 크게 나무라는 듯 한 말을 들을 때에는 적지 않게 괴로우리라고 짐작합니다. 이 때문에 여러분들이 받게 될 상처를 안타깝게 생각합니다. 그러나 이는 다만, 이번에 재판을 받은, 문제된 행위에 대한 법원의 판단 내용을 설명하는 것에 지나지 않습니다.

2. 사람은 누구나 실수를 할 수 있고 때로는 순간적인 잘못 판단으로 국가의 법령을 위반하기도 합니다. 우리 재판부는 피고인들의 신체적 고통과 정신적 아픔을 깊이 헤아리면서 모든 증거를 종합하여 사안의 실체와 양형자료를 신중하게 검토하고 판단하였습니다. 저희로서는 최선을 다하였다고 할 수 있습니다. 그러나 사실 인정을 위한 증거가치나 행위의 평가가 사람에 따라 다를 수도

있습니다. 혹시라도 미처 헤아리지 못한 부분이 있다면 이 점을 미안스럽게 생각합니다.

3. 이 사건의 판결로 밝혀진 사실관계와 양형이 자신의 생각과 다를 경우에는 법률이 정하는 바에 따라 항소하여 권리를 구제받을 수 있습니다. 형사재판, 그중에서도 특히 구금이라는 고통은 피고인뿐만 아니라 가족들이 함께 감당하여야 하는 몹시도 괴로운 경험입니다. 그럼에도 우리들의 삶은 소중하며 사랑하는 사람들과 더불어 의지하고 살아가는 이 지상의 삶은 귀한 것입니다. 고통 없이는 성숙도 없으며 우리들의 삶은 언제나 일정한 대가와 비용을 필요로 합니다. 화가 변하여 복이 된다는 말도 있습니다.

4. 아울러 본의든 아니든 간에 피고인 여러분의 행위로 심신의 피해를 입은 분들의 고통 또한 헤아리면서 이번 일을 계기로, 필요한 경우 삶의 방식과 언행을 가다듬는 계기로 삼기 바랍니다. 힘든 가운데서도 누구를 탓하기 보다는 서로 격려하면서 이 어려운 시기를 잘 건너기 바랍니다. 피고인들에게 깊은 위로를 전함과 동시에 이후에라도 좋은 결과를 얻어 관련 사안이 원만히 마무리되기를 기원합니다.

피해자의 유족들과 피고인의 가족들에게

(부산지법 2007. 6. 15. 선고 2007고합96 판결)

1. 너무나도 애달프고 안타까운 이 사건의 재판을 시종일관 지켜 본 피해자의 유족들에게 말씀드립니다. 이제 1심 재판이 마무리되었습니다. 여러분은 피고인에 대한 이후의 재판과 확정 이후의 집행을 국가에 모두 맡겨 주시고 힘든 일인 줄은 압니다마는 되도록 마음의 안정을 되찾기 바랍니다. 하늘이 치유할 수 없는 땅의 슬픔은 없다고 하였습니다. 여러분과 고통을 함께 하시는 분이 계시며, 십자가의 도는 결국 어둠의 세월을 이기고 맙니다. 차디찬 땅 속이 아니라 여러분의 막막하고도 뜨거운 가슴, 여러분의 쓰라린 기억 속에 묻을 수밖에 없는, 고인에 대한 아름다웠던 추억만을 회상하면서, 부활의 소망을 바탕으로, 다음 세상에서의 재회를 기다리며, 조용히 여러분들에게 주어진 소중한 삶을 남은 가족들과 더불어 충실하게 영위하여야 할 것입니다. 여전히 몹시도 아프고 힘들겠지만, 피해자가 믿었던 신앙은, "이 세상에서의 삶은 하나님과 함께 하는 영원한 삶의 시작일 뿐이라는 것"입니다. 사랑하는 사람을 떠나보낸 여러분의 앞날에 하나님의 무한한 위로와 깊은 사랑이 임하시길 빕니다. 검찰과 법원은 피고인에 대한 이후의

절차를 관련 법령에 따라 엄정하게 진행할 것입니다. 국가의 형벌권 행사를 위한 일체의 절차 진행을 신뢰하시고, 부디 주 안에서 평강을 누리시기를 바랍니다.

2. 이 사건 범행으로 중형을 선고받는 피고인을 바라보는 가족들에게 말씀드립니다. 갑자기 닥친 이 뜻밖의 사태로 입은 충격을 말로 다 표현할 수 없을 것이며, 피고인을 대신하여 피해자의 유족들에게 가슴 깊이 눈물로 사죄하고 싶은 심정이리라는 점도 잘 알고 있습니다. 피고인이 향후 감당하여야 할 오랜 기간의 형벌 그 이상으로, 여러분들은 더 큰 마음의 고통과 괴로움을 앞으로 상당 기간 감내하여야 할 것입니다. 그러나 여러분들이 아무리 괴롭고 힘들다고 한들 피해자의 유족들이 겪는 비통함에 어찌 비할 수가 있겠습니까? 그러니 이제 조용히 생각과 마음을 수습하시기 바랍니다. 아무쪼록 자중자애(自重自愛)하셔서 긴 세월을 가족들과 헤어져 살아야 할 피고인을 위하여, 그리고 영혼의 깊은 상처를 입은 피해자의 유족들을 위하여도, 그 치유와 회복을 위하여 간절한 마음으로 끝까지 기도하여 주시기 바랍니다.

사상통합파 피고인들에 대한 훈계문

(부산지법 2007. 4. 2. 선고 2006고합624 판결)

1. 현재로서는 피고인 여러분들의 기소된 범행에 대한 제1심 재판이 끝났을 뿐입니다. 증거능력과 그 가치에 대한 해석과 관점은 사람에 따라 다를 수 있습니다. 그러므로 여러분들은 겸허히 다음 절차를 기다리면서 자숙할지언정 결코 경거망동하여서는 아니 될 것입니다. 다만, 다시는 여러분을 이 자리에서 볼 기회가 없으리라고 믿기에, 그리고 여러분들은 아직 젊기 때문에, 자신의 의지에 따라서는 얼마든지 폭력과 마약으로 인한 반복된 처벌이라는 종래의 악순환을 끊고, 새로운 삶을 개척할 여지가 없는 것은 아니라고 여겨지므로, 이에 당원은 특별히 몇 마디 당부를 덧붙이고자 합니다.

2. 작금의 세태는 여러 매체를 통하여 폭력조직원들의 생활을 멋있게 묘사하거나 희화화하고, 폭력조직원들 사이의 부적절한 유대감마저 의리라는 이름으로 미화시키곤 합니다. 그러나 폭력이란 앞서 언급한 것처럼 어떠한 이유에서도 정당화될 수 없습니다. 더구나 조직의 세를 등에 업은 폭력은 비열하고 야비하기까지 합니

다. 의리란 사람으로서 지켜야 할 바른 도리 또는 신의를 지켜야 할 교제상의 도리를 일컫는 것이므로, 범죄행위를 함께 하는 자들 사이에서의 유대감까지 의리라고 부를 수는 없다는 점을 지적하지 않을 수 없습니다. 피고인들이 지켜야 한다고 혹시 믿고 있을지 모르는 의리라는 것은, 피고인들을 포함한 선후배나 친구들이 건전한 사회인으로 처신하는 경우에만 지켜질 수 있는 것이므로, 그 선후배나 친구들이 부적절한 처신으로 범죄행위에 연루되어 있을 때는, 이들을 적극적으로 교화하거나 혹은 이들을 멀리 하는 것이 바로 의리라는 점을 주의적으로 환기시키고자 합니다.

3. 피고인들의 자세한 성장환경과 삶의 여건을 우리는 구체적으로 알지는 못하나, 증거에 의하면, 여러분들은 대부분 잘못된 선배나 친구를 사귀거나 혹은 자신의 순간적인 오판으로 마약에 손을 대기도 하였고 조직적인 폭력 세계에 몸을 담은 후 이를 기반으로 무위도식하고, 이러한 죄책으로 처벌받아 수형생활을 반복하는 연쇄적인 악순환이 계속되는 것으로 보입니다. 조직적인 폭력의 힘에 기대어 아무런 노동이나 정당한 대가도 없이 손쉽게 금전적 이득을 취하고 권력을 휘두르는 것은 대단히 유혹적일 수 있습니다. 그러나 피고인들이 잠시 동안 향유한 힘과 손에 넣은 소소한 금전적 이득은 아무런 대가가 없는 것이 결코 아닙니다. 크지 않은 돈 몇 푼과 신체에 대한 위해를 면하려고 마지못해 굴복한 사람들의 내키지 않은 대접, 그것들과 여러분이 맞바꾼 것은 무엇입니까? 그건 바로 무엇보다 소중한 여러분들의 자유와 여러분들이 반

성문을 통하여 그 소중함을 깨달았노라고 누누이 말한, 여러분들을 의지하는 가족들의 고통과 희생입니다. 과연 어느 것이 더 소중한 것인지는 묻지 않아도 명백합니다. 차후에라도 또 다시 범죄의 유혹이 다가올 때마다 이 점을 먼저 상기하여 볼 것을 권면합니다.

4. 중증 장애자등 세상에는 실로 말할 수 없는 지극한 고통 가운데 있으면서도 적으면 적은 대로, 많으면 많은 대로, 자신의 몸을 던져 땀 흘려 일하여 번 소득으로 건전하게 살아가려고 몸부림치는 아름다운 사람들이 많이 있습니다. 여러분들은 부모로부터 좋은 신체를 물려받고 무슨 일이든 할 수 있는 건강을 보유하고 있으면서 어떻게 열심히 그리고 선하게 살려는 사람들에게 기생하여 그들을 괴롭히고, 떼지어 몰려다니면서, 내나라 내 땅의 선량한 이웃들을 못살게 군단 말입니까? 이 시간 이후 여러분들은 심기일전하여 크든 작든 기왕에 관여한 불법조직을 해체하거나 탈퇴하고 필요한 경우 거주지를 옮기는 한이 있더라도, 삶의 방식을 획기적으로 바꾸어야 할 것이며, 과거의 잘못된 행태를 청산하려는 뼈를 깎는 노력이 뒤따라야 할 것입니다. 관계기관은 차후 여러분의 태도와 변화는 물론이요 이동경로나 움직임을 더욱 유심히 관찰할 것이라는 사실을 명심하기 바랍니다.

5. 이 사건 공판과정 내내 피고인들의 무거운 죄과에도 불구하고 피고인들의 장기적인 부재를 안타까워하고 피고인들을 간절히 그리워하는 수많은 사람들의 진심어린 탄원이 줄을 이었습니다.

위 탄원들 속에 비친 피고인들의 모습은 조직적으로 폭력을 행사하여 협박하거나 갈취를 하고 마약에 탐닉하는 범죄자들이 아니라 누군가의 사랑스런 자식이고, 자랑스러운 아버지이며, 믿음직한 남편이자, 다정한 친구와 이웃이었습니다. 피고인들의 가족과 지인들의 애절한 희구 때문에 피고인들의 죄책이 가려질 수도 없고 결코 가려져서도 안 되는 것이기는 하나 당원 역시 누구보다 피고인들의 교화를 바라는 생각에서 마지막으로 당부하건대, 피고인들이 이 사건 범죄로 인한 응분의 죄책을 치른 후에는 이번을 끝으로, 부디 반복되는 범죄와 처벌이라는 악순환의 고리를 단호히 끊고, 참된 노동의 가치를 깨달아 피고인들의 석방을 간절히 구하는 많은 탄원인들의 바람처럼, 또 피고인들 자신들이 반성문에서 구구절절이 맹세하고 약속하였던 것처럼 열심히 일하면서 삶의 보람과 기쁨을 맛보며 건전하게 살아가는, 우리가 흔히 거리에서 마주치고 인사하는 보통의 자식과 아버지로서, 한 남편과 이웃으로서, 한 사람의 건전한 시민으로서, 우리 사회에 떳떳이 복귀하기를, 그리하여 다시는 법정에서 이런 불미스러운 일로 여러분들을 대면하는 일이 없기를 간곡히 바라는 바입니다.

성전환자 강간 피고인에 대한 훈계문

(부산지법 2009. 2. 18. 선고 2008고합669 판결)

1. 피고인은 타인의 주거에 침입하여 돈을 훔치고, 칼로 위협하여 자신의 어머니와 나이가 비슷한 피해자를 강간하였습니다. 강간의 방법도 대단히 좋지 아니합니다. 피고인이 초범이고, 피해자와 합의하였다고는 하지만, 법정형이 무거울 뿐만 아니라 죄질이 극히 불량하여 엄중한 형으로 다스려야 할 필요가 있는 사건입니다.

2. 그러나 자신은 피고인에 의한 범행으로 심각한 후유증에 시달리면서도 젊은이의 앞날을 생각하여 부디 선처하여 달라는 피해자의 법정 진술이 있었습니다. 강간당한 것보다 칼로 자신의 생명을 위협당한 것이 더 무서웠고 고통스러웠다고 거듭 호소하면서도 피고인에 대한 관용을 구하였습니다.

3. 이와 같이 어렵고 힘들게 살아가는 사람들이 자신에게 악행을 한 다른 사람들에게 더 관대한 것을 이해할 수 있습니까? 이는 일종의 신비입니다. 아마 그들이 삶의 진정한 가치가 무엇인지를

알고 있기 때문이 아닌가 합니다. 우리 사회는 피해자와 같은 성적 소수자는 물론 많은 분야에 소수자의 지위에 있는 사람이 있으며, 여러 형태의 장애로, 질병으로, 가난으로, 고아로, 참으로 고달프고 힘들게 사는 사람들이 너무나 많이 있습니다. 그런데도 이들은 결코 자신의 운명을 원망하거나 남을 괴롭히면서 살지 않습니다. 그저 견뎌낼 뿐입니다.

4. 피고인은 그런 사람들 중 한 사람을 운명적으로 조우하였고, 피고인은 아무런 잘못을 행한 바 없는 그에게 실로 이해할 수 없는 크나큰 잘못을 저질렀습니다. 좋은 부모와 건강한 신체를 가진 피고인이 말입니다. 그럼에도 피해자는 진심으로 피고인에 대한 선처를 바라고 있습니다. 나는 힘들지만 괜찮다면서 젊은이의 앞길을 막지 말라는 취지의 언명을 하였습니다.

5. 피고인은 2009. 2. 18.을 기억하기 바랍니다. 이 날을 기점으로 삶의 태도와 방식을 바꾸어야 합니다. 피고인은 주변을 둘러보기 바랍니다. 어려운 사람들이 많이 보일 것입니다. 다가가서 무슨 일이든 좋은 일을 행하세요. 도움이 필요한 사람들에게 도움을 주세요. 소수자의 곁에 서세요. 그러라고 신은 피고인에게 좋은 신체와 건강한 정신을 주신 것입니다.

6. 이 말이 그냥 허공을 치지 아니하고 피고인의 가슴에 새겨지기를 바랍니다. 피고인이 지금 들은 대로 그렇게 마음을 먹고 행동

하기 시작하면, 바로 그 지점에서 세상은 조금씩 변화할 것입니다. 법이 언제나 온정적이지는 않습니다. 재범의 경우 더 이상의 관용은 없을 것입니다. 피고인은 초범에 너무나 큰 잘못을 행하였지만, 그 잘못을 능히 덮을 만한 더 큰 선행을 하여야 합니다. 뉘우치는 것은 말이 아니라 행동으로 보여주어야 합니다. 그런 기대와 희망을 가지고, 성전환자인 피해자의 간청을 받아들여 중한 범행을 한 피고인을 이와 같이 선처하는 것입니다. 피고인에게 상당한 정도의 부담으로 작용할 집행유예 기간 중에 법원이 피고인에게 가지고 있는 일말의 의심과 우려를 말끔히 씻어내기 바랍니다. 그럴 수 있으리라고 봅니다.

제 4 부

인사문 기타

사람 · 자연 · 예술에 대한 이해와 표현

부산지법 가정지원의 가사조정위원들에게

– 평화로운 가정은 건강하고 행복한 사회를 보장합니다

1. 찬 기운과 바람 끝이 여전히 매섭기는 하지만, 2002년 새해, 새봄의 숨소리가 가까이서 들리는 듯한, 입춘 절후를 앞둔 구정 세밑입니다. 지난해 3월 개원한 저희 가정지원의 역사적인 원년 조정위원으로서, 한 해 동안 조정 등 법원의 재판업무에 협력을 아끼지 않으심은 물론, 여러모로 저희를 격려하시고 사랑하여 주신 김일국 회장님을 비롯한 스물 한 분의 위원님 여러분께 이 자리를 빌어 먼저 경의를 표하는 바입니다. 오늘 이 자리에서 김일국 회장님과 스물한 분의 위원님들, 그리고 특히 오늘 새로이 맞게 되는 여덟 분의 위원님 등 모두 서른 분을 저희 지원의 제2년차 조정위원으로 모시게 됨을 저희로서는 매우 뜻깊고 영광스러운 일로 생각합니다. 본무로 언제나 분주하실 터임에도 이와 같이 흔쾌히 참여하여 주신 여러 위원님들께 깊은 감사의 말씀을 드립니다.

2. 우리나라 헌법 제10조는 모든 국민은 인간으로서의 존엄과 가치를 가지며, 행복을 추구할 권리를 가진다고 선언하고 있습니다. 이와 같은 소중한 권리의 실현은 모름지기 신분관계의 안정과 가정평화를 그 바탕으로 한다고 말할 수 있습니다. 남녀가 만나 혼

인을 통하여 가정을 이루면서 시작되는 가족공동체야말로 우리 사회의 가장 기본적인 구성단위이자 안식처이며, 삶의 기쁨과 행복의 원천이라고 할 것입니다. 우리 헌법은 이러한 관점에서 혼인과 가족생활은 개인의 존엄과 양성의 평등을 기초로 성립되고 유지되어야 하며 국가는 이를 보장한다고 언명하고 있습니다.

3. 위와 같은 헌법 규정의 취지를 구현하기 위한 일환으로 아시는 바와 같이 가사소송사건과 가정보호사건, 그리고 호적사건과 소년보호사건 등 가정 관련 업무를 기능적으로 통합, 관리함으로써 가정평화와 안정을 회복 · 유지함은 물론 모든 개인이 가정에서 편안하고 건강한 삶을 누릴 수 있도록 하는 후견적 기능을 수행하기 위하여 저희 가정지원이 설립되었습니다.

4. 가정은 부부와 친자를 중심으로 하는 인간 본연의 애정으로 결합되고 유지되는 공동체로서 우리의 다음 세대인 국민을 양육하는 역할을 하고 있으며, 두루 아시는 바와 같이 유아기와 성장기의 가정환경과 교육이 그 자녀의 성격형성에 결정적인 영향을 미치는 관계상 가정의 중요성은 실로 크다고 아니할 수 없을 것입니다. 국가가 가정 사건에 특별한 관심을 가지는 이유가 바로 여기에 있다고 할 것입니다.

5. 최근, 실업과 취업난 등의 사정으로 인한 경제적 어려움이 증가하고, 종래의 가부장적 가치관이 개인 중심의 사고방식과 부

뒷쳐 갈등이 심화됨으로써, 급기야 가족 공동체의 기반이 흔들리면서, 이로 인하여 가정폭력과 비행소년이 늘어나는 한편, 가족구성원의 권리의무에 관한 법의식의 향상에 따라 법적 해결을 요하는 다수의 가정 사건이 발생하고 있습니다. 최근 자료에 의하면, 우리나라에서 한 해 동안 33만 커플이 혼인을 하고, 12만 커플이 이혼을 한다고 합니다. 매일 915개의 가정이 새로이 생겨나는데, 깨어지는 가정도 329개나 된다는 수치입니다. 이와 같은 이혼 사건 수는 지난 30년간 꼭 10배가 증가한 결과이며, 이혼율로서는 영국과 미국보다는 다소 낮은 편이지만, 일본, 독일, 프랑스, 캐나다, 스위스, 스웨덴, 대만 등 여러 선진국보다 높은 수준입니다.

6. 가정 내부의 문제 및 친족사이의 분쟁을 주된 대상으로 하는 가정 사건은 주로 서로간의 감정과 심리적 갈등에서 비롯되는 것으로서, 재산관계의 분쟁이 법 이론적 합리성을 띠는 것과는 달리, 그 발생요인이 복잡하고 분쟁의 경과가 유동적이어서 예단이 허용되지 아니하는 등 비합리성을 띠는 까닭에, 이의 해결을 위하여는 인간성에 대한 깊은 이해와 통찰을 필요로 하며, 인간사의 허다한 희비애락의 본질을 꿰뚫어 알 수 있는 폭넓은 인생경험과 경륜이 있어야 할 것입니다. 특히 요즈음은 이른바 6호 이혼시대, 즉 기타 사유로 인한 이혼이라 하여 생각과 가치관의 차이에서 비롯한 갈등을 끝내 해소하지 못하고, 자존심의 대결로 치달아 결국 이혼으로 끝을 내고 마는 경향도 생겨나고 있는 형편입니다. 따라서 이혼 사건이야말로 냉엄한 법이론에 의한 판결보다는 법을 넘어서는 모

든 사정까지 두루 살펴서 원만한 결말에 이르고자 함을 목적으로 하는 조정에 적합한 사건으로서, 관련법령이 이혼 사건의 경우 소송절차에 나아가기에 앞서 반드시 조정절차를 거치도록 한 것은 바로 그와 같은 사정에 기인한 것입니다.

7. 위원님들께서는 여러 가지 크고 작은 어려움을 극복하고, 각 분야에서 소망하시던 뜻을 이루신, 우리 지역사회에서 존경받는 분들로서, 그간에 얻은 삶과 일, 그리고 인간관계에 대한 지식과 경험으로 인생후배인 젊은 사람들에게 충고와 권면의 말씀을 들려줄 수 있는 자격을 넉넉히 구비한 분들이십니다. 재판상 이혼을 중심으로 하는 가사조정제도는 앞서 말씀드린 가정사건의 특성을 고려하여, 판결과 심판으로보다는, 위원님들의 세상사와 인정기미에 관한 식견과 경륜으로, 중재와 알선 등의 방법으로 도움을 제공함으로써, 당사자가 서로의 인격을 해함이 없이 대립된 감정과 모순된 환경의 조정을 거쳐, 사건을 평화적으로 해결함에 그 목적이 있습니다.

8. 우리는 사건을 통하여, 귀한 인연으로 서로 만나 사랑과 행복을 다짐하면서 출발한 혼인공동체가 자녀들의 장래까지 뒷전으로 밀어놓고, 여러 가지 경위로 상대방을 원망하고 증오하면서, 끝내 파국으로 향하는, 참으로 딱하고 안타까운 사정을 많이 보게 될 것입니다. 이혼은 결코 최선의 방법이 아니라 최악의 사태를 막는 차선의 선택일 뿐인데도 이와 같은 사정을 제대로 고려하지 않는

부부들을 만나게 될 것입니다. 위원님들께서는 괴로워하는 당사자들의 처지와 아픈 사연을 충분히 들으시고, 겉으로 드러난 대결 양상의 저변에 자리잡고 있는 문제가 무엇인지를 살피셔서, 때로는 심리적 한풀이를 할 수 있는 기회도 제공하시면서, 인연이 다하여 결국 헤어질 수밖에 없다고 하더라도, 그들이 언제까지나 원수로 남는 일이 없도록 상대방을 용서하고 이해하도록 설득하는 한편, 위자료와 자녀양육, 재산분할에 관하여는 각자의 처지와 형편에 맞게 적정하고 원만한 합의를 이끌어 내실 수 있도록 배려하여 주시기 바랍니다. 그리하여 가정의 재편성과정이 피차 큰 상처 없이, 그리고 이후에 크게 후회할 일 없이, 잘 마무리되면서, 이별을 결단하는 자리가 결코 행복하고 아름다운 추억이 될 리는 없겠지만, 조정과정에서 위원님들이 들려주신 따뜻한 위로의 말씀 몇 마디라도 최소한 그들의 기억에 남을 수 있게 된다면 더 이상 바랄 것이 없으리라고 봅니다.

9. 저희 가정지원의 사무실이 동부지원 청사를 거쳐 이곳 거제동 본원 신청사로 이전하여 근무분위기가 안정되기까지 관심을 기울여 주시고, 저희를 사랑하여 주신 김일국 회장님과 여러 위원님들께 다시 한 번 감사의 말씀을 드리면서, 오늘의 이 자리가 위원님들 상호간의 우의를 다짐과 동시에 세상살이에 관련된 즐거운 담소와 함께, 부산 지역 내 가정 분쟁에 대한 피스메이커(peacemaker)로서의 중요한 소임을 다하고자 하시는 여러분들의 귀한 뜻을 펴기 위한 계획 등을, 편안하고 자유롭게 논의하는 좋은 기회가 되기를

바랍니다.

10. 지금 창밖에는 대지와 수목들이 겨울바람 속에서 잿빛 색조로 조용히 숨을 죽이고 있습니다. 그러나, 머잖아 봄비와 눈부신 햇빛이, 목마르고 언 땅을 녹이면, 날씨가 풀리면서, 여기저기서 부드럽고 밝은 빛깔의 파스텔 톤으로, 매화를 시작으로 개나리, 진달래, 벚꽃 등 화려한 꽃들과 나뭇잎, 그리고 풀잎들이 일제히 새로 피어날 것입니다. 찬란한 부활의 봄을 잉태한 늦은 겨울날에 즈음하여, 두터운 껍질을 깨고 나오는 강력한 생명의 에너지를 막을 힘은 세상에 아무 것도 없습니다. 지금은 나라 형편도, 개인적인 삶도 모두가 어렵고 힘들지만, 희망이 있는 한, 우리의 삶과 국가경제도 반드시 그와 같이 좋아지리라고 믿어 의심치 않습니다.

11. 어느 시인은 청춘은 결코 인생의 한 시기가 아니라 마음의 상태일 뿐이며, 자연을 향하여, 사람을 향하여, 불멸의 가치를 향하여 우리가 마음을 열면, 연령과는 상관없이 사람에게는 신선하고 깊은 영혼의 샘물에서 기쁨과 용기와 활력이 솟아난다고 합니다. 금년 한해에도 회장님과 위원님들 모두 내내 몸과 마음을 활력이 충만한 청춘의 상태로 가꾸고 보전하시면서, 다가오는 세월의 하루하루가 일과 삶을 통하여 행복하고 보람된 나날이 되기를 바라는 마음 간절합니다. 아울러 여러분과 여러분의 가정에 하나님의 크신 은총과 행운이 함께 하시기를 진심으로 기원합니다. 감사합니다. (2002. 2. 1.)

부산 관내 호적관장자들에게

– 호적사무는 신분관계의 안정에 기여합니다

1. 지난 몇 달 사이 우리는 한 시대의 전설로 길이 기억될 유월의 월드컵 축구대회와 가공할 위력을 지닌 팔월의 자연재해를 겪은 바 있습니다. 그와 같은 환희와 감격, 그리고 그에 이은 크나큰 고통과 상처를 미처 추스를 겨를도 없이 계절은 다시 바뀌어, 이제 계곡의 물소리에 실린 바람이 초록에 지친 마른 잎과 옷깃을 흔드는 가을날로 들어섰습니다. 때를 같이하여 지금 이 곳 부산에서는 많은 외국 손님들을 맞아 37억 아시아인의 운동경기가 진행되고 있습니다.

2. 이러한 때에, 오늘, 본원 회의실에서, 우리 지역 주민들을 위한 호적업무를 관장하고 계시는 여러분과 호적법령의 적용과 집행에 관한 제 문제를 논의하는 자리를 마련하고, 그 기회에 이렇게 여러분을 뵙게 되어, 한편으로는 뜻 깊고, 다른 한편으로는 반갑다는 말씀을 드림과 아울러, 저희 지원의 구성원들과 더불어 여러분들을 진심으로 환영하는 바입니다.

3. 여러분들께서는 일선 행정의 책임자이거나 그에 준하는 지위에 있는 분들이자, 국가의 중요한 업무인 호적사무를 담당하는 분들로서, 그간 부족한 인력과 예산에 불편한 시설 등 어려운 여건에도 불구하고 직무의 성공적인 수행과 함께, 미비한 제도의 개선을 위하여 지금까지 여러모로 애써 오셨습니다. 이 자리를 빌려, 여러분들의 그간의 헌신과 노고에 깊은 감사를 드리는 바입니다. 아울러, 앞서 표창을 받으신 호적공무원 여러분들에게 축하의 말씀을 드립니다. 인원제한으로 더 많은 분들을 표창할 수 없어 안타깝게 생각한다는 법원행정처장님과 법원장님의 뜻을 대신 전합니다.

4. 잘 아시는 바와 같이 호적사무는 출생 시부터 혼인을 거쳐 사망에 이르기까지, 한 인간의 전 생애에 걸쳐 이루어지는 신분관계의 변동내용을 등록한 다음, 이를 공시하고 공증하는 것을 기본적인 사명으로 합니다. 이처럼 호적부는 개인의 정체성과 가족관계에 관한 대단히 중요한 공적 장부로서, 그 기재사항은 특별한 사정이 없는 한 진정한 것으로 추정되며, 그 자료는 공법상으로는 교육 및 병무행정 등과 관련한 국가정책 수립의 토대가 되고, 사법상으로는 친족과 상속문제 등에 있어 중요한 법적 판단의 근거가 되고 있습니다.

5. 빠른 속도로 발전 · 변모하는 현대사회에 있어서, 개인의 활동영역이 점차 확대되어 감에 따라 신분관계도 날로 복잡 · 다양해지고 있습니다. 특히 해외이주, 외국인과의 혼인, 입양 등으로 인

한 새로운 신분관계의 창설 등 섭외적인 호적사무와 재외국민에 관한 호적업무도 늘고 있습니다. 이제 전국 어디에서나 호적부와 제적부의 등 · 초본을 발급받을 수 있는 모사전송에 의한 민원처리 제도가 이미 시행 중에 있고, 나아가 호적정보화종합계획에 의한 전산처리 시스템의 구축 등 국민에게 더 많은 편의의 제공을 목적으로 2001년에 시작한 호적전산화 작업이 관내에서도 오는 10. 21.이면 강서구청과 서구청을 마지막으로 마침내 완료됨으로써 총 63만여 가정에 이르는 관내 전 호적부의 관리 · 운용이 이제 일제히 전산처리 될 수 있게 되었습니다. 그간 과중한 업무 가운데서도 이 사업의 완수를 위하여 애쓰신 관련 공무원들의 노력에 다시 한 번 깊은 감사의 말씀을 드립니다.

6. 이토록 호적관련업무의 부담증가 속도가 날로 커지고 있음에도 이의 효율적인 업무처리를 위한 행정적인 뒷받침이 충분하지 못한 관계로 그간 여러분께서 많은 어려움을 겪고 계신 줄 압니다. 그럼에도 우리는 호적사무의 중요성과 신속 · 적정한 호적사무의 처리를 원하는 국민들의 기대에 비추어, 여건만을 탓할 수도 없는 형편입니다. 현재로서는 최선을 다하여 연구 · 노력하면서 가능한 범위 내에서 처리방법의 다각적인 개선을 통한 업무의 효율화를 기할 수밖에 없다고 봅니다. 다행스럽게도 앞서 말한 바와 같이 호적전산화사업이 종료됨에 따라 앞으로는 여러분들의 업무량과 근무여건이 획기적으로 개선되리라고 기대합니다.

7. 그다지 새삼스러운 것은 아닙니다마는 저는 오늘, 여러분을 이렇게 모처럼 뵙게 된 기회에, 호적사무의 관리 · 운용에 관한 몇 가지 부탁말씀을 드리고자 합니다.

8. 첫째로, 여러분의 기관에 사실상의 호적실무담임자가 따로 있다고 하더라도 호적사무는 관장자인 여러분 자신의 이름으로 처리됨과 동시에, 그 책임 또한 여러분에게 귀속되는 관장자의 고유사무라는 점을 다시 한 번 기억하여 주시기를 바랍니다.

9. 호적공부에 관련정보를 입력함에 있어 성별이나 성명, 출생일 또는 사망일 등 신분관계의 형성, 변동에 관한 자료를 착오 또는 한자 해득이나 전산처리의 오류 등으로 신고내용과는 다르게 처리된 사례가 가끔 발견됩니다. 이와 같은 경우, 신청관련자료의 폐기 이후에는 당사자들로 하여금 법원을 통한 별도의 정정이나 개명허가를 받아야 하는 번거로움과 불편을 초래하게 됩니다. 이 점을 특별히 인식하시고 잘 지도하여 주셨으면 합니다.

10. 둘째로, 호적사무는 민법과 호적법 등 관련 법령은 물론 예규와 통첩 등에서 문제된 선례를 충분히 이해하고 있어야 하는 전문적인 업무입니다. 따라서, 호적업무의 담임자가 법규에 맞게 제대로 사무를 처리하고 있는지를 항상 지도하고 감독하여야 할 것입니다. 특히 위와 같은 법규의 이해와 숙지에는 상당한 시간과 노력이 요구되는 실정이므로, 적임자를 가려 호적업무를 담임하게 하

고, 관련 지식과 경험은 상당한 기간에 걸쳐 축적되는 것이므로, 일단 호적담임자가 지정된 후에는 담당자의 빈번한 교체로 인하여 업무처리의 연속성을 해하는 일이 없도록 배려하여 주셨으면 합니다.

11. 셋째로, 날로 증가하는 호적업무의 수요에 적절하게 부응하기 위하여는 호적관장자인 여러분들께서는 주민들과 호적실무자들의 중간에 서서 양편을 향한 특별하고도 세심한 관심과 정성을 기울여야 하리라고 봅니다. 주민들에 대하여는 그 기대수준과 내용을 잘 살펴 그에 상응한 서비스가 이루어질 수 있도록 하면서, 주민들의 현실적인 불편을 궁극적으로 해소할 수 있는 조치와 업무지휘가 능동적으로 수행되어야 할 것입니다. 한편, 과중한 업무에 시달리는 담당직원들에 대하여는 따뜻한 사랑으로 애로사항을 진지하게 청취하면서, 수시로 그들을 격려하고, 제도적인 문제점과 불비한 여건에 관하여는, 가능한 부분부터 점차로 고쳐나가되, 업무량의 분석을 통한 인원의 적절한 배치전환을 도모함으로써 직원들의 과로가 누적되지 않도록 배려하여 주셨으면 합니다. 나아가, 되도록 노후된 사무장비를 점차적으로 교체하여 업무가 효율적이고 원활하게 처리될 수 있도록 조치하시면서, 호적부와 제적부 등 제 장부의 보존, 관리에도 만전을 기하여 주시기 바랍니다. 일부 관서에서는 호적서고에 이동식 서가를 비치하거나 제습기 등을 설치하여 전산호적부의 관리보존에 만전을 기하고 있어서 깊은 인상을 받았습니다.

12. 호적사무 자체가 생산적이거나 재미있는 일은 아닐지도 모르고, 해당 부서가 그다지 인기 있는 부서가 아닐지는 모르겠습니다마는 한 인간의 삶과 그가 추구하는 행복은, 모름지기 자신의 동일성 또는 정체성이 확고하게 정립되어 있음을 전제로 하는 것이며, 따라서 가족과 신분관계에 관한 호적공부가 정확하게 기록되고, 같은 자료가 안전하게 유지 · 관리되면서, 이에 근거한 공시와 공증업무가 신속하고, 정확하게 이루어지는 것은 곧바로 개인의 자긍심 유지와 사회 내 인간관계에 있어 심리적 안정을 기함에 크게 기여하게 될 것입니다. 그런 관점에서 볼 때 호적사무는 대단히 소중하고 보람된 업무라는 점을 말씀드리고 싶습니다.

13. 호적사무를 관장하시는 여러분들께서는 지금까지도 그래 오셨던 것처럼 앞으로도 변함없이 이 업무의 중요성을 깊이 인식하고, 앞으로도 신속하고 정확한 업무수행에 최선을 다하여 주시기 바랍니다.

14. 오늘의 이 모임을 통하여, 모처럼 같은 업무를 처리하는 분들께서 이와 같이 한 자리에서 만났으므로, 상호간에 함께 우의를 다지는 한편 그간에 얻은 지식과 경험을 공유하는 좋은 기회가 되기를 바랍니다. 나아가 이 시간이 호적사무의 중요성을 다시 한번 인식하고, 아울러 이 시간 이후 호적담임자들에게도 전보다도 더욱 따뜻한 격려와 관심을 기울여 그들 또한 업무에 대한 자부심과 긍지를 가질 수 있도록 배려하리라는 종래의 다짐을 다시 한 번 되

새기는 자리가 되길 바라는 마음 간절합니다.

15. 지금 창밖에는 소슬한 바람이 마른 잎을 흔들고, 머지않아 가까이 또는 멀리서 우리를 에워싸고 있는 조국의 산천은, 거울같이 맑은 계곡물과 그곳에 비친 눈부신 햇빛과 하늘, 그리고 꽃보다도 화려한 단풍들로 가득할 것입니다.

16. 어느 시인은 이 가을을 노래하여, "가을이면/ 아득히 머언 들녘에 서서/ 사랑을 생각하듯/ 별을 보리라./ 별을 우러르듯/ 사랑을 꿈꾸리라"고 소망하였습니다. 풍요롭고 아름다운 이 가을처럼, 스쳐가는 시간을 붙잡고 싶은, 이 가을이 주는 살아있음의 기쁨처럼, 부디, 여러분들의 삶과 꿈이 즐거운 추억과 행복한 결실로 엮어지기를 바랍니다. 아울러 여러분 앞에 놓인 하루하루가 가족들과 친지들, 그리고 동료들과의 사랑과 우정으로 충만하기를 바라며, 세상 끝날까지 여러분과 여러분의 가정에, 하나님의 무한한 은총과 행운이 함께 하기를 기원합니다. 좋은 시간되시기를 바랍니다. 감사합니다. (2002. 10. 2.)

부산소년분류심사원 직원들에게

– 소년들은 우리의 미래이며 희망입니다

1. 지금 창밖에는, 멀리 또는 가까이서 싱그러운 녹음과 파란 바다, 들판에 출렁이는 녹색의 물결, 신선하고도 향긋한 첫여름의 바람이 이곳을 감싸고 있습니다.

2. 오늘, 소년보호를 주된 직무로 하는 국가기관간의 협의를 위하여 이 곳을 방문한 기회에, 이렇듯 아름다운 전원에 묻혀, 소년들을 보살피고 교육하는, 귀하고 보람된 직무에 종사하고 계시는 여러분을 만나는 이 시간은 제게 큰 기쁨이고 보람된 순간입니다. 원장님을 중심으로 힘들고도 고달픈 직무를 어려운 여건 가운데서도 성공적으로 수행하여 오신 직원 여러분들의 그간의 헌신과 노력에 깊은 감사의 뜻을 표하는 바입니다.

3. 잘 아시는 바와 같이 소년보호사건은 비행이 있는 소년들에 대하여 환경의 조정과 성행의 교정에 관한 보호처분을 행함으로써 소년의 건전한 육성을 기하는 특별절차로서 형사사건과는 그 취지를 달리하고 있습니다. 형사사건이 사회적 정의를 구현하는 사법

절차라고 한다면, 소년보호사건은 비행소년들의 보호와 교육이라는 이른바 부성적 정의를 실현하는 사법절차라고 할 것입니다.

4. 소년재판절차는 형사재판절차와는 달리 법원, 소년분류심사원, 소년원, 보호관찰소, 교육청 등 국가기관과, 자원보호자, 청소년상담실, 소년선도위원 등 민간인들과의 협력 등 국가 및 사회자원이 총동원되는 방식으로 진행되고 있습니다. 그만큼 소년보호업무가 중요하다는 인식이 반영된 것입니다.

5. 분류심사원에서는 소년들에 대한 기초적이고 기본적인 정신교육을 실시하고, 각 분야의 전문가인 심사관들이 소년들의 성행과 개선에 관한 심사보고의견을 등을 작성합니다. 이를 토대로 법원 소년부는 보호소년에 대한 적절한 처우를 결정 · 고지하게 됩니다. 이어, 국가 시설내 처우기관인 소년원에서는 보통교육, 직업훈련, 심성순화, 심신의 보호와 지도 등을 통하여 보호소년이 사회에 원만하게 적응하고, 전인적인 성장 · 발달을 기할 수 있도록 하며, 사회내 처우로 보호자나 자원보호자에게 위탁된 소년들에 대하여는 보호관찰소에서 재비행방지를 위하여 보호관찰을 실시함과 아울러 사회봉사와 수강명령의 집행을 통하여 지도 · 원호를 함으로써 소년들의 건전한 사회복귀가 이루어질 수 있도록 하고 있는 것입니다.

6. 일련의 절차로 계속되는 비행소년에 대한 처우과정을 크게

나눈다면, 보호처분의 결정과 이의 집행이 될 것이며, 그 중 보호처분의 선택과 이를 위한 분류심사업무는 다양한 과학적 기법을 동원하여 구체적이고도 자세한 조사를 거쳐 가장 합리적이고, 형평과 정의관념에 부합하는 엄밀한 판단이 이루어져야 할 것입니다. 이 경우에 자칫 정에 끌리다 보면, 우리들의 업무는 감상적 인도주의에 흐르게 되고, 그렇게 되면, 국가가 많은 예산을 들여 소년에 대한 특별한 처우를 마련한 제도적 취지가 무색하게 될 것입니다. 그러나 일단 결정 고지된 보호처분을 집행함에 있어서는 이른바 국친 사상에 연유한 부모의 심정으로 아이들을 품에 안아 따뜻하고 편안하게 보호 · 교육하여야 할 것입니다. 소년사법절차에 있어서도 법이 지향하는 정의와 사랑이라는 지도이념은 양자가 적절하게 균형을 이루면서 효과적인 상호작용이 계속적으로 진행되어야 하리라고 봅니다.

7. 비행소년들의 지도는 흔히들 질병의 진단과 치료과정에 비유하고 있습니다. 사람이 병에 걸려 앓게 되는 것이 전적으로 그 사람만의 책임이 아니라 가정적인 문제와 사회 환경적인 요인도 적지 않게 작용하고 있으며, 모름지기 질병은 적기에 정확한 진단을 거쳐 집중적이고, 효과적인 치료를 받아야 한다는 점을 고려할 때, 이와 같은 인식은 우리가 소년사건 관리의 메카니즘을 이해하고, 문제의 해결방법을 모색함에 도움이 된다고 할 것입니다. 비행소년들에 대한 적절한 처우결정을 위한 분류심사업무는 곧 질병의 진단업무와 다름없으며, 그 결과에 따라 사회 내에서, 또는 국가시

설 내에서 교육을 실시하는 것은 그 질병의 통원 또는 입원치료나 자가 치료를 행하는 것입니다. 진단은 정밀하게 과학적으로 이루어져야 하되, 완치를 위하여는 겉으로 드러나거나 발견된 그 질병뿐만 아니라 그 사람을 둘러싼 가정 및 사회환경의 조정도 병행되어야 한다는 점에서 양자는 공통점이 있습니다.

8. 비행소년들의 보호자들은 아이들에 대한 학업결손을 걱정하고, 자나 깨나 공부를 걱정하고 있습니다마는 이 보다 더 중요한 것은 가정과 사회에서의 인간관계의 파탄이고, 자기관리능력의 상실입니다. 그리고 잘못된 학습방법 등의 문제이며, 특히 이로 인하여 상처받은 아이들의 마음이 문제입니다. 공부에 앞서 이를 치유하거나 바로잡아 주지 않고서는 아무리 우수하고 유능한 교사라도 아이들을 원하는 교육목표에 이르게 하지는 못할 것입니다.

9. 그동안 심사원 직원 여러분들은 학교교육과는 다른 방식으로 문제에 접근하여, 아이들에 대한 처우결정에 필요한 심사분류의 전문성을 제고하고 기능을 강화하기 위하여 여러모로 노력하는 한편, 다양한 인성개선 프로그램을 마련함은 물론 미래사회가 요구하는 외국어나 정보처리능력의 습득 교육을 실시하는가 하면, 창의성을 함양시킴과 동시에 사회봉사활동을 통한 공동체의식을 기르고 이웃사랑을 실천하는 등의 양질의 교육을 실시함으로써 국민의 기대에 부응하고 있음은 특히 고무적인 일이라고 아니할 수 없습니다. 나아가 약 3주간 실시하는 단기간의 기본교육을 통하여

문제 많은 아이들을 맡아 허다한 난관과 장애를 극복하고, 아이들과 동고동락하면서 수많은 소년들의 인성을 밝고 건강하고 긍정적으로 바꾸는 한편, 궁극적으로는 삶의 과정에서 부딪치게 될 문제에 대한 해결능력을 신장시키고, 사회적응능력을 증진시켜 사회에 복귀시켜 왔습니다.

10. 소년분류심사원에서 실시하는 교육은 국가시설 내에서의 교육이면서도 통상의 학교에서 실시하는 공적 교육의 제도적 한계를 극복할 수 있을 뿐만 아니라 앞서 말한 교육을 위한 필요하고도 충분한 기초를 다질 수 있는 대단히 바람직한 교육훈련 시스템이라고 할 수 있습니다. 그런 뜻에서 국가가 시도하는 대안학교 형태의 교육을 실시하고 있다고 할 수 있을 것입니다.

11. 그동안 이와 같은 보람된 일에 묵묵히 소임을 다하여 오신 여러분들이 이룩한 "소년들의 건전한 육성"이라는 과업의 성취는 우리의 미래를 밝게 할 것이며, 여러분들의 귀한 노고는 우리나라 소년보호 역사의 한 장에 기록될 것입니다.

12. 최근, 각종 사고와 질병이 증가함에 따라 부모가 사망하고, 경제사정의 악화 등으로 부모가 이혼하거나 가출하는 등의 사정을 통하여 다수의 가정이 해체되면서 아이들이 길거리로 나오고 있습니다. 그러나 이들을 따뜻이 품에 안을 이렇다 할 복지시설은 많지 아니하고, 어른들이 생업을 핑계로 조성한 유해환경과 범죄유인들

은 도처에 널려 있는 것이 현실입니다. 그리하여 버림받고 잊혀진 우리의 가련한 소년들은 걷잡을 수 없는 비행의 늪으로 빠져들고 있습니다.

13. 저희 지원의 관할지역내에서만 한해에 4,000명이 넘는 소년법상의 비행소년이 발생하고 있으며, 지금도 매주 100명의 소년이 추가로 송치되고 있을 뿐 아니라 현재 600명의 소년이 저희 지원 소년부의 보호처분을 기다리고 있는 실정입니다. 그 중 대부분의 소년들이 가정에 결손이 있거나 보호기능이 매우 취약한 상태에서 심각한 애정결핍과 관심의 결여라는 안타까운 여건으로 인하여 정상적인 교육과 성장이 지체되고 있습니다.

14. 사랑의 반대는 증오가 아니라 무관심이라고 합니다. 그리고 세상에서 가장 불행한 사람은 잊혀진 사람이라고 합니다. 비행소년들이 지닌 공격성향과 충동적인 기질은 어떻게 보면, 버림받고 잊혀진 상태에서, 충족되지 못한 사랑을 갈구하면서 자신들에 대한 관심을 환기시키기 위한 처절한 몸부림이라고 볼 여지가 있습니다.

15. 그와 같이 버림받고 소외된 상태에서 내면에 깊은 상처와 고통이 쌓여 치유가 지연되면, 아이들은 마침내 세상을 향하여 어둠의 장막을 치고 그 안에 들어앉게 됩니다. 삶에 대한 희망이 안으로 숨어드는 것입니다. 어른들인 우리가 할 일은 그 아이가 위치

한 내면의 어둠 속으로 들어가, 소년을 도와 세상을 향한 두꺼운 장막을 걷어내는 것입니다. 그리하여 우리들의 사랑과 아이들의 희망이 만나 하나가 될 때, 우리의 임무는 완수되는 것이며, 국가가 소년들의 자질 심사, 심성순화교육, 소년재판을 통하여 지향하는 목적은 달성되는 것입니다.

16. 정신지체 장애인들을 위한 공동체의 설립자인 장 바니에 신부는 "두 손으로 가볍게 컵을 쥔 모양의 손"이라는 이미지를 통하여 "보호를 요하는 사람들의 성장이 이루어지는 장소"를 설명한 바 있습니다.

> 내 손에 상처 입은 새 한 마리가 있다고 가정합시다. 내가 만일 두 손을 꽉 누른다면 그 새는 어떻게 되겠습니까? 그야 그 새가 짓눌려서 죽고 말겠지요. 그렇다면 내가 만일 두 손을 완전히 벌린다면 어떻게 되겠습니까? 그러면 그 새가 달아나려고 퍼덕거리다가 떨어져 죽을 겁니다. 그렇습니다. 가장 좋은 곳은 완전히 벌린 것도 아니고, 완전히 닫힌 곳도 아닌 컵 모양의 이 손과 같은 곳입니다. 성장은 바로 그런 곳에서 일어납니다.

17. 이와 같이 우리는 가볍게 컵을 쥔 모양의 손으로 우리의 자녀들은 물론, 비행소년들도 그렇게 보호하여야 하리라고 봅니다. 그래야만 그들은 충분한 자유가 있어서 마음껏 몸을 뻗을 수도 있고 자랄 수도 있습니다. 그와 같은 보호라야만 아이들이 다치지도

않고, 다쳤다고 하여도 고침 받을 수 있습니다. 앞서 “컵을 쥔 모양의 손”이라고 하였습니다마는 일정한 거리를 두고 그 손을 보면, 이제 막 피려고 하는 한 송이의 꽃봉오리를 연상할 수도 있을 것입니다. 한편으로는 기도하는 손의 형태이기도 합니다. 꽃봉오리라고 할 수 밖에 없는 우리의 소년들을 위하여, 어른들의 기도하는 손이야말로 이 시대의 새로운 사랑방식이 되어야 하리라고 봅니다.

18. 우리가 타인을 위하여 그 중에서도 특히 몸과 마음을 의지할 데 없는 소년들을 위하여 사랑으로 한 일은, 확신하건대 그들의 기억 속에 새겨질 것입니다. 우리가 그들의 손을 잡는 순간, 그들의 삶과 세계는, 부정에서 긍정으로, 거부에서 수용으로, 증오에서 사랑으로 바뀌게 될 것입니다. 소년들의 상상력과 정신영역, 그리고 가능성은 무한히 크고 다양한 것이어서 그들은 세계를 품에 안고 있습니다. 따라서 그들을 품에 안는 것은 세계를 품에 안는 것입니다.

19. 소년관련 법령의 이상은 우리가 맡은 소년들 전원의 완전한 선도이며 심성의 순화입니다마는 과연 그럴 수 있겠습니까? 단 한사람의 영혼이 중요합니다. 작은 학교를 지향하는 미국 매트스쿨의 설립자 겸 교장인 엘리어트 워셔는 “적어도 한 학생을 철저하게 아는 교사가 1명은 있어야 제대로 지도할 수 있다”고 말한 바 있습니다. 마더 테레사는 “나는 세계를 구원할 생각도 능력도 없

다. 나는 단 한 사람의 영혼 구원을 목표로 한다."고 하였습니다. 한 영혼이 중요합니다. 우리는 모든 소년들을 구할 수 없습니다. 우리들 각자 한사람이 소년 한 사람씩만 확실하게 구한다는 목표가 오히려 더 현실적이고, 실현 가능합니다.

20. 소년들을 지도하고 교육하시면서, 속상하는 일이나 힘든 일, 때로는 이 일에 회의를 느낄 때가 있으리라고 봅니다. 그러나 "선한 일을 하다가 낙심하지 말지니, 포기하지 아니하면 때가 되매 이루리라"는 성경에 기록된 말씀대로, 최선을 다하여 부모와 같은 심정으로 아이들에게 사랑과 정성을 쏟는다면, 때가 되면, 반드시 결실을 볼 것이며, 이로써 우리의 임무는 끝나는 것입니다. 어려움이 있더라도 우리는 결코 이 일을 소홀히 하거나 포기할 수 없습니다. 왜냐하면, 우리가 하고 있는 바로 이 일에, 우리 조국의 미래가 걸려있기 때문입니다. 이보다도 더 보람 있는 일이 어디 있겠습니까?

21. 눈물 없는 이 시대에, 우리의 소년들이 겪어야 하는 슬픔과 고통의 한 자락을 매만지면서, 때로는 그들로서는 차마 감당할 수 없는 기막히고 가슴 저리는 사연 때문에, 함께 울기도 하면서, 그들 눈높이의 낮은 자세로, 그들의 아픔을 치유하고자 하는 여러분들의 사랑은 가련한 소년들의 맑은 영혼에 자리 잡을 것이며 언젠가는 그들 또한 여러분들로부터 받은 사랑을 순차로 다른 누구에게 나누게 될 것입니다. 사람들은 여러분의 진정과 수고를 그저 일

로만 편하할 것이지만, 제가 믿는 바로는 소년들을 위하여 바친 정성과 시간으로 하늘에 기록된 여러분의 행적 하나하나는 길이 지워지지 아니할 것입니다.

22. 러시아의 문호 도스토예프스키는 불후의 세계명작 까라마조프가의 형제들 중에서 한 등장인물의 입을 빌려 우리에게 다음과 같은 권면을 하고 있습니다.

> "나뭇잎과 풀잎을 사랑하라. 동물들을 사랑하라. 무엇보다도 사람의 영혼을 사랑하라. 그대 이웃의 절망과 눈물을 사랑하라. 그대 앞에 떨어지는 한 줄기의 햇빛, 빗방울 하나까지도. 만일 그대가 이 모든 것을 사랑할 수 있다면, 이윽고 그 속에 담긴 하늘의 신비를 보게 되리라. 만일 그대가 그들 가운데 있는 신비를 본다면, 날마다 더 많은 것을 알게 되리라. 그리하여 마침내는 모든 것을 받아들이고, 그대 자신과 세상 전체를 사랑하게 되리라."

23. 세월이 지나면, 우리가 오늘 이 자리에서 나눈 말과 생각은 말할 것도 없고, 우리들의 사회적 지위와 이름들은 잊혀질 것이며, 우리들이 가진 재물은 이윽고 흩어지겠지만, 어린 영혼들의 가슴에 남긴 여러분들의 사랑은 쉽게 지워지지 아니할 것이며, 그 사랑이 그들의 삶 가운데 새롭게 역사할 때, 세상은 그들의 사랑으로 풍요로울 것입니다.

24. 이 곳 들판을 가로질러 흐르는 첫 여름의 바람 속에는, 신록이 뿜어내는 맑고도 신선한 나뭇잎과 풀잎 냄새, 붉은 장미꽃의 달콤한 향기, 열기에 달아오른 흙냄새와 멀리까지 건너 온 바다 냄새가 그득히 들어 있습니다. 생명의 활력으로 충만한 이즈음, 우리는 저렇듯 창밖에 눈부시게 쏟아지는 햇빛과 같은 조국의 밝은 미래를 내다보면서, 우리에게 부과된 소임을 다하리라는 결의를 다져야 할 것입니다.

25. 소년선도를 위하여 쏟은 여러분의 정성과 노고에 다시 한 번, 깊은 감사를 드리면서 앞으로도 변함없이 여러분들의 품안을 드나드는 소년들을 아끼고 사랑하여 주실 것을 부탁드립니다.

26. 여러분의 가정과 앞날에, 하늘로부터 받은 여러분의 소명 위에, 여러분이 손을 잡거나 품에 안는 소년들의 장래 위에, 하나님의 한없는 은총이 함께 하시길 기원합니다. 부디 건강 보전하시고, 오는 세월이 아름다운 추억과 즐겁고 보람된 순간들로 이어지기를 빕니다. 감사합니다. (2002. 6. 7.)

국회의원선거의 개표를 위하여

– 개표사무는 선거의 열매를 거두는 일입니다

1. 개표사무원, 참관인, 일반관람인, 그리고 보도요원 여러분, 우리는 오늘, 희망의 정치를 갈망하는 국민의 기대 속에 치른, 우리나라 제17대 국회의원 선거의 개표업무 수행을 위하여 이곳에 모였습니다. 최근 획기적으로 바뀐 정치개혁법의 영향과 국민들의 성숙된 의식 등에 힘입어 조용하고 차분하게 전개된 그간의 선거과정을 통하여, 우리들의 수준 높은 정치의식과 민주 역량을 세계에 알리는 계기가 되었다고 봅니다.

2. 국민들은 풍성한 수확을 기대하며 좋은 씨앗을 고르는 농부의 마음으로, 풍어를 기다리며 그물을 다듬는 어부의 정성으로, 오늘 투표에 임한 줄 압니다. 이제, 선거 절차의 마지막 단계에 이르렀습니다. 선거인의 투표결과를 집계하여 후보자의 당락을 확인한 다음 이를 선언하는 개표업무의 중요성에 관하여는, 제가 새삼스럽게 말씀드리지 않더라도 여러분들께서 이미 잘 알고 계실 줄 믿습니다. 개표 전 선거운동과정이 민주정치의 꽃이라면, 개표는 그 열매라고 할 것입니다. 이 시간 국민들의 관심이 일제히 전국의 243개 개표소로 향하고 있습니다.

3. 지금 우리는, 가을날, 과목에서 잘 익은 과일을 다치지 않게 하나하나 조심스럽게 따는, 경건하고 겸허한 농부의 마음으로, 그물에 걸린 물고기를 정확하게 확인 · 분류하는, 즐겁고 감사하는 어부의 마음으로, 오늘 하루, 투표를 통하여 드러난 우리 수영구 주민들의 정치적 의사를 밝혀 보고자 합니다.

4. 헌법과 법률의 규정에 따라, 개표업무의 권한을 위임받은 우리 위원회는, 투표함의 개함에서부터 후보자별 득표수의 공표에 이르기까지, 법령이 정하는 바에 따라, 개표의 전 과정을 엄격하고 공정하게, 그리고 추호의 착오도 없이 수행할 것을 먼저 약속드립니다. 투표의 효력에 관하여 이의가 있는 때에는 선거인의 의사를 존중하여 합의체 헌법기관인 저희 위원회의 의결로 결정할 것입니다. 개표의 전 과정은 개표록, 집계록, 선거록 등의 기록으로 정리 · 보존되며, 선거에 관한 일체의 서류는 일정기간 보관됩니다.

5. 특히 지난 대선 이후, 개표업무 중 부재자 투표함의 개표를 제외한 일반 투표함의 전 개표 라인에 자동개표기를 도입 · 가동함으로써, 그 진행상황을 실시간 국민에게 제공할 수 있게 되었습니다. 개표기의 기능에 관하여는 저희 위원회에서 그간 실제 상황과 유사한 여건에서 수많은 연습가동을 통하여 일체의 뒤섞임 현상이 없이 후보자별로 정확히 분류 · 집계됨과 동시에 투표결과가 조금만 의심스러워도 미분류로 처리되는 등 그 기능이나 운용상 아무

런 문제가 없음이 확인되었을 뿐만 아니라, 기계작업 이후에도 개표사무원들이 일일이 손으로 별도의 확인 작업을 거치게 되므로, 이와 같은 개표방식에 관하여는 조금도 걱정을 아니 하셔도 좋을 것입니다.

6. 다만, 이 저녁, 자리를 함께 하신 여러분들께, 우리 위원회가 오늘의 개표업무를 성공적으로 마무리할 수 있도록 다음과 같은 협력을 부탁드립니다.

7. 개표업무에 종사하는 여러분들은 오늘, 밤늦은 시각까지 수고가 많으실 줄 압니다. 여러분들은 국민들의 정치적 결단을 확인 · 분류 · 집계하는, 중요한 선거관련 사무의 담당자로 선택된, 명예로운 분들입니다. 고생스럽기는 하겠습니다마는 여러분들의 손으로 선거인들의 소중한 정치적 의사가 확인, 집계된다는 점을 다시 한 번 인식하시고, 정확하고 공정한 개표업무가 진행될 수 있도록 노력하여 주시기 바랍니다. 특히 투표를 무효로 하는 경우에 관하여는 법령과 예규에 자세하게 규정하고 있을 뿐 아니라 그간 저희 위원회가 다수의 선거를 치르면서 보유하고 있는 수많은 경험이 관행으로 정리되어 있으므로, 조금이라도 의문이 있으면 저희 위원회와 직원의 판단을 받으시기 바랍니다.

8. 참관인과 일반관람인 여러분, 여러분들의 기대에 어긋나지 않게 최선을 다하리라는 저희 위원회와 개표사무원의 다짐을 신뢰

하시고, 질서정연한 가운데 이후의 진행과정을 지켜보아 주시기 바랍니다. 특히 참관인 여러분들을 위하여는 별도의 안내말씀이 있겠습니다마는 법령에 정한 개표참관의 방법에 따라 개표업무의 수행에 적극적으로 협력하여 주시기 바랍니다.

9. 보도요원 여러분, 여러분들은 국민들에게 중요 정보의 신속한 제공을 그 사명으로 하고 있습니다. 그러나 중요 정보일수록 그 내용은 정확하여야 한다는 점에서 공직자 선거법 제178조 제3항은 누구든지 선거관리위원장에 의한 후보자별 득표수의 공표 전에는 이를 보도할 수 없도록 규정하고 있습니다. 이 점을 유의하여 확정전의 득표수가 사전 보도되는 일이 없도록 협조하여 주시기 바랍니다.

10. 끝으로, 개표사무원 여러분과 여러분의 소속기관, 개표장소를 제공한 수영중학교, 그리고 경비, 전기, 전화, 소방, 의료 분야를 맡아, 보이지 않는 곳에서 묵묵히 개표업무의 원활한 진행을 위하여 애쓰고 계시는 여러분들께, 깊은 감사의 뜻을 표합니다.

11. 이제 우리는 겸허한 자세로, 시간과 장소 사정으로 다소간 불편이 없을 수 없으나, 민주정치의 흥겨운 잔치인 선거와 개표 등 일련의 과정을 통하여, 몇 시간 후면 당선인으로 밝혀질 우리 지역의 새 대표자를 기다리면서, 아무쪼록 이 밤을 즐거운 마음으로, 함께 보낼 수 있게 되기를 바라마지 않습니다. 감사합니다. (2004. 4. 15. 부산 수영구 선거관리위원회)

깊고도 높은 영남알프스, 그 속삭임을 곁에서 들으며

– 어느 법원 산악인의 산행기 출간을 축하하며

1. 우리는 느긋하게 주위를 두루 살피며 하늘과 바람과 초목들과 이런저런 이야기를 나누면서, 한 걸음 한걸음 발로 땅을 차근차근 딛고 지나간 연후에야, 겨우 "그곳을 내가 조금 안다"고 말할 수 있을 것입니다. 바로 그 순간에 대지와 그 품안의 식구들은 우리의 몸 안에 흘러들어와 우리와 일체가 됩니다.

2. 영남알프스는 국토의 등뼈인 백두대간에서 서남쪽으로 갈라져 나온 중요한 늑골인 낙동정맥에 위치한 산줄기로서, 울산, 양산, 밀양, 경주, 청도 등 5개 시군에 걸쳐 표고 1,240m의 최고봉 가지산을 정점으로 동서남북 장장 칠백여리에 달하는 1,000m 이상의 고산준령과 기암괴석, 그리고 광활한 억새 평원과 아름다운 계곡 등으로 이루어진, 도저하고 범접할 수 없는 기품을 지닌 천혜의 예술적인 자연 성벽입니다. 먼 그대라고 부를 수밖에 없는 이런 능선과 그 깊은 가슴속의 사연들을 누가 감히 안다고 말할 수 있겠습니까?

3. 오늘, 이 자리에, "내가 그 산들을 안다"고 말하는 불혹을 눈앞에 둔 한 사나이가 있습니다. 그는 지난 7년간의 구애와 5년간의 밀월기간을 거쳐 통산 12년간, 영남알프스와 주고받은 사랑의 사연을 기록한 산행보고서를 들고 우리 앞에 나타났습니다. 주말이면 시중에서 도무지 얼굴을 볼 수 없었던 남자. 배낭, 나침반, 고도계, 무전기, 선글라스, 모자, 식량, 폴, 로프 등 첨단장비를 갖춘 냉철한 전천후 전사의 모습을 하고 있지만, 열 살 소년의 천진무구한 웃음이 얼굴 가득 고여 있는 남자. 부드럽고 섬세한 스무 살 사춘기의 감수성이 그 가슴에서 출렁거리는 남자. 햇빛과 바람과 물소리와 새의 노래, 나무와 풀들의 향기, 그리고 숨어서 피는 야생화의 해맑은 표정까지 모두 불러 허리에 두르고, 표연히 맑은 눈을 두리번거리며 한 마리의 사슴처럼 영남알프스의 산록을 헤매던 남자. 12년 만에 우리 앞에 나타난 남자가 바로 그 사람입니다.

4. 혼례를 마친 신부가 너울을 들어 수줍은 표정으로 연인을 지긋이 바라보듯, 눈 덮인 가지산 쌀바위가 바로 우리들 곁에서 얼굴을 드러내고 조용히 웃고 있습니다. 매봉과 어곡산의 억새가 푸른 하늘을 우러러 팔을 휘저으며 한껏 자태를 뽐내는 모습은 또 어떻습니까? 이 아름다운 책을 펼치면, 비로소 모습을 드러내는 곳곳의 비경과, 인생의 사계를 은유로 보여주며 계절 따라 변하는 산수의 눈부시고 화려한 빛깔, 묵직한 침묵을 배경으로 들려오는 자연의 노래 소리. 그리고 그 남자의 숨소리, 그리고 산과 도란도란 이

야기를 나누는 그의 목소리가 들려옵니다. 사진은 또 어떻습니까? 영남알프스의 식구들이 그때그때 그의 앵글에 맞춰 멋지게 포즈를 취하여 주었습니다. 아마도 그가 산과 돌과 나무의 자세를 이리저리 바꿔보라고 끈질기게 주문을 했나봅니다. 바람, 햇빛, 테르펜의 향기를 닮은 그의 땀 냄새도 스며있습니다. 그러므로 이 책은 읽는 것만으로는 부족하고, 들여다보고, 듣고, 만지고, 냄새 맡고, 맛보아야 할 것입니다.

5. 독자가 어떤 텍스트를 읽고 해석하는 과정은 또한 텍스트가 독자를 읽고 해석하는 과정이기도 합니다. 그는 산이라는 텍스트를 진지하게 읽고 해석하였지만, 그 과정은 산이 또한 그를 치밀하게 읽고 해석하는 과정이기도 합니다. 산 사나이며 영남알프스의 애인인 그의 모습이 적나라하게 행간에 드러나고 있습니다. 마찬가지로 우리가 이 책을 주의 깊게 읽는다면, 이 책 역시 우리를 읽고 해석할 것입니다. 우리의 현재의 상태를 말해 줄 것이며, 앞으로 우리가 무엇을 하여야 할 것인지를 가르쳐 줄 것입니다.

6. 우리 법원 산악회 총무이자 산행대장인 이병진의 이 아름다운 책의 출간을 여러분과 더불어 진심으로 축하합니다. 12년간 자기만의 시간으로 분주하던 그가 이렇게 드디어 타인의 시간에 나타나 준 것을 감사하며, 그의 건승과 정진을 기원함과 아울러 이병진의 산과의 러브스토리가 더욱 깊어지고 높아져서, 마침내 언젠

가는 국토의 등뼈인 장엄한 백두대간을 타오르는 담대한 상승의 꿈이 이루어지기를, 그리하여 훗날 더욱 절절하고 뜨거운 러브레터가 우리에게 오늘처럼 공개되기를 기대하는 바입니다. (2006. 11. 29.)

추억, 사랑, 행복의 공유를 위하여

– 울산법원 소식지 발간에 즈음하여(일하며 생각하며)

1. 우리는 사람과 사물을 이해하고, 그 느낌과 생각을 표현하면서 살아갑니다. 그 도구는 주로 말과 글이지만, 어찌 그 뿐이겠습니까? 마음과 마음으로도 우리는 뜻을 주고받습니다. 울산법원의 가족들은 그와 같이, 하나뿐인 우리들의 삶을 생각하며, 서로를 무던히도 아끼고 사랑하며, 지금껏 열심히 일하여 왔습니다. 마치 초여름의 저 옥동 푸른 숲을 흐르는 시원한 바람처럼. 영남알프스의 계곡을 노래하며 흐르는 맑은 물처럼. 창밖으로 아득하게 보이는 저 보랏빛 능선의 어깨를 쓰다듬는 부드러운 이내처럼. 활짝 웃는 붉은 장미의 입술 위에 얹힌 이슬방울에 아롱지는 눈부신 아침 햇살처럼.

2. 우리들의 곁을 스치고 지나가는 이런저런 사연들, 가슴에 샘물처럼 고여 있는 아름다운 이야기들, 일을 통하여 체험하는 크고 작은 보람과 기쁨들, 만나서 서로 마주보다가 그러고는 헤어지고 다시 만남을 기약하는 우리들의 한 시절의 추억을 위하여, 여기, 소식지라는 이름으로 울산법원 가족들을 위한 아담하고 향기

로운 한 작은 공간을 마련하고자 합니다.

3. 세상에 태어나서, 귀한 인연으로, 우리 서로 한 가족으로 만나, 함께 숨쉬며, 꿈꾸며, 일하며, 웃으며, 힘들어 하며, 한 세월을 보내기로 작정한 사랑하는 이들이여. 이제, 일상의 여정 가운데 피고 지는 우리의 마음들을, 주고받는 따뜻한 정들을, 오고가는 숱한 사연들을 정성스럽게 꾸준히 모아, 그때마다 서로의 얼굴을 들여다보듯 차 한 잔의 한가로움을 누리며, 앞에 놓인 소식지를 받아 읽으며, 우리 서로, 웃으며, 기뻐하고, 즐거워하는 시간을 갖도록 합시다.

4. 두 지점 사이의 최단거리는 사랑이라고 하였던가요. 숲속에 난 오솔길과 같은 작은 통로이기는 하지만, 한낮의 숲이 길을 걷는 사람에게 황금색 솔잎을 깔아 발을 받쳐주고, 테르펜 향기로 정신을 쇄락하게 하듯, 짧은 글의 행간을 통하여, 이슬비가 목마른 대지를 적시듯이, 우리들의 사랑이 서로의 가슴에 스며들고, 숨은 진정이 소통되며, 그리하여 새삼스럽게 우리들이 한 식구임을 깨닫는 계기가 되었으면 합니다. 확신하건대, 울산법원 가족 여러분들의 전원 참여로, 만남을 거듭하게 되면서, 우리 모두 그만큼씩 더, 비록 조금씩이라도 더 행복해 질 것입니다. (2006. 6. 2.)

이동식의 '찔레꽃과 된장'을 읽고

– 예술의 혼을 불태운 선조들의 기쁨과 눈물이 보입니다

1. 일전의 때 아닌 추위와 강풍, 그에 이은 늦가을의 찬비가 지나간 뒤, 한때 은성했던 숲길을 들어서면 길바닥에 느티와 벚나무, 감나무 등의 단풍잎이 수북이 깔려있습니다. 스산한 시절을 보내야 할 잎갈이 나무들이 안쓰러워 보입니다.

2. 귀한 저서를 받은 뒤 이후 한 달이 지났는데도 여태껏 감사의 말씀 채 드리지 못한 점, 미안스럽게 생각합니다. 여러 가지 업무로 경황이 없기도 했습니다마는, 그보다는 총국장님의 책이 그냥 죽 계속해서 한 번 읽고 말 내용을 담은 것이 아니어서 시간을 두고 그 맛과 멋을 음미하면서 깊은 뜻을 새기느라고 어느새 많은 날들을 넘겨버리고 말았습니다.

3. 오래 전 고유섭과 최순우, 김원룡과 이동주, 이어령, 그리고 최근에는 오주석의 글 등을 통하여 자연을 가슴에 품고 예술로 삶을 가꾸며 진정한 아름다움이 무엇인가를 알고 이를 생활 속에 구현하여 온 우리 조상들을 자랑스러워하며 제가 그런 분들의 후손

인 한국인임을 은총으로 생각하여 왔습니다.

4. 이제 총국장님의 아름다운 글과 그 글에 밴 조국의 산천과 문화예술에 대한 사랑을 통하여 이 놀라운 인연과 정체성을 다시 한 번 되새기게 되어 얼마나 다행스러운지 모르겠습니다.

5. 와당과 석불, 탈 등에 음영의 형태로 드러난 우리의 얼굴, 자기(瓷器)의 비색(翡色)과 부드러운 어깨선, 전통음악에 서린 피가 끓는 우리 민족의 애환, 그리고 길 없는 길을 혼자 개척하면서 외롭고도 고단한 예술의 혼을 불태운 이 시대의 숱한 예인들, 궁핍의 세월을 견디며 조선 한지에 불멸의 문장을 혈서를 쓰듯 한 자 한 자 써내려간 우리의 빛나는 학자 선비들, 그 밖의 많은 상념들이 총국장님의 글을 통하여 마치 깊은 산 속에서 맑은 샘물이 솟아나듯 제 마음 속에 홍건히 고이는 귀한 시간을 가졌습니다.

6. 시냇물이 곁에서 나직이 속삭이듯 그렇게 총국장님의 글은 제게 많은 이야기를 들려주며 글과 함께 행간에 깔린 천년을 살아온 조국의 들판과 하늘과 강이, 그리고 숨소리가 제 영혼에 서서히 스며들었습니다.

7. 이런 좋은 글을 초면인 사람에게 기꺼이 내어 주심을 감사드리며 앞으로도 마치 제 어린 날의 발길을 멈추게 하던 고향 길가의 찔레꽃 덤불과 봄쑥 내음이 그득하던 외할머니의 된장국, 그 향기

와 그 맛을 생각하며 두고두고 읽겠습니다.

8. 다시 한 번 총국장님의 뜻 깊은 저작에 대하여 감사와 경의를 표하며 계속 좋은 글 기대하겠습니다. 건강과 정진을 기원합니다. (2008. 11. 25.)

바다, 만남, 그리고 해운대의 추억

– 언론중재위원회 전국 워크숍 사회자 인사

1. 부산중재부의 고종주입니다. 모시게 된 것을 큰 보람으로 여깁니다. 어제 마침, 봄 비답지 않은 꽤 많은 비가 내려서, 주변의 신록들이 순도 높은 에메랄드빛으로 생명의 에너지를 내뿜고 있습니다. 이곳에 처음 오신 분은 안 계신 걸로 압니다마는 오늘 보는 해운대 바닷가의 느낌이 어떠셨는지 모르겠습니다. 시인들은 저 엄청난 양의 물과 전율할 만한 부드러움 앞에 서면, 어디서 오는지 모를 이국정조와, 일말의 페이소스에 젖는다고들 합니다. 단 한 개의 선과 두개의 색상으로 이루어진 저토록 단순한 구도의 바다가 무엇 때문에 사람을 그렇게 설레게 하는지 그게 제게는 늘 의문입니다.

2. 바다 하면, 우선 수평선, 파도, 해변이 생각나지 않습니까? 그런데 이 세 가지가 모두 두개의 사물이 만나는 접점이자 경계에 해당합니다. 하늘과 바다가 만나는 수평선, 바다와 육지가 만나는 해변, 바다와 바람이 만나는 파도 말입니다. 아마 이 세 가지가 사람들에게는 그리움의 표상이자 낭만의 상징물이어서, 바다는 언제

봐도 늘 그렇게 사람의 마음을 흔드는가 봅니다. 1,100년 전인 9세기 말에, 고운 최치원 선생이 전국을 주유하던 중에, 이곳에 잠깐 들러 기분 좋게 쉬면서, 좋은 시와 해운대란 이곳 이름을 남기고 가셨습니다. 여러 위원님들께서도 일박의 짧은 시간입니다마는 아무쪼록 편안하게 쉬면서 이번의 방문이 부디 좋은 추억으로 오래 기억되길 빌겠습니다. 이 해운대 바다에 또 하나의 만남을 보태시면서 말입니다.

3. 법조인 몇 분을 제외하고는 위원님들께서는 대부분 과거 또는 현재 언론분야의 현장과 강단에서 활동하시면서, 말과 글로서는 우리나라에서 단연 최고의 위치에 있는 분들입니다. 그래서 사실, 사회자의 마음이 그렇게 편한 것은 아닙니다. 그러나 위원장님께서 받쳐주시리라 믿고, 또 여러분들께서 잘 협력해 주실 것으로 알고 진행을 하겠습니다. 미흡하거나 다소간 일탈이 있더라도 널리 이해해 주시기 바랍니다.

4. 오늘의 주제는 '개정언론중재법의 효율적 운용 방안'이 그 하나이고 'ADR기법에 관한 연구'가 다른 하나입니다. 언론사건을 다룰 때 우리는 언제나, 헌법에 규정된, 언론의 자유와 인격권에 바탕을 둔 명예의 보호라는 두 가지 가치의 균형과 조화를 모색합니다. 그런 관점에서 오늘 이 자리에서 논의되는 두 주제는, 작금에 우리가 직면한 언론시장의 현실 인식과 이를 기초로 한 피해구제의 효율적인 방안의 검토라는 시의적절한 것이어서 더욱 뜻 깊

다고 하겠습니다.

5. 한 주제 당 발표 시간은 20분이고, 토론 시간은 30분입니다. 중간에 15분간의 휴식시간이 있습니다. 그런 후 마지막으로 오늘의 논의를 최종적으로 정리하는 토론시간이 25분간 배정되어 있습니다. 전 단계에서 논의가 충분하고, 남은 시간이 부족하면 이 과정은 생략해도 되지 않을까 합니다. 그런 다음 위원장님께서 총괄적인 평가를 하시면 모든 절차가 종결됩니다. 총 소요시간은 2시간 30분, 마치는 시각은 오후 5시쯤입니다.

6. 워크숍(workshop)은 연구집회란 뜻으로 '강의식이 아닌 참가자의 자주적인 활동방식의 강습회'라고 사전은 풀이하고 있습니다. 토론자가 별도로 지정되어 있지 않기 때문에 발표 시에 메모를 하셨다가 토론 시간에 발표자에게 질문을 하시거나, 쟁점에 관한 자신의 의견을 말씀해 주시면 고맙겠습니다. 즐겁고 편안한 시간이 되리라고 기대합니다. (2009. 5. 15. 해운대 그랜드호텔 20층 세미나실)

후배법관과의 대화

– 겸손, 균형감각, 사물의 본질

1. 지난 29년간 법관으로 살아오셨는데 돌아보시면 감회가 어떠신지요.

먼저 고맙고 감사하다는 말씀을 드리겠습니다. 전적으로 하나님의 은혜이며, 수많은 법원가족들의 덕분입니다. 훌륭한 분들과 함께 할 수 있었던 것은 특권이자 크나큰 행복이었습니다. 29년의 세월이 금방이라는 느낌입니다. 마치 어느 여름날 하루, 나무에 등을 기대고 잠깐 눈을 붙인 사이에, 대단히 드라마틱하고 아기자기한 꿈을 꾼 것 같습니다. 꿈을 깨고 나면 잠시 어리둥절하겠지만, 그 꿈의 장면들이 잔상으로 남아, 앞으로도 여전히 행복하리라고 믿습니다.

2. 법관이 갖추어야 할 소양이 있다면 딱 한 가지 어떤 것이 있을까요.

법관은 우선 탄탄한 법률지식을 바탕으로 엄밀한 논증과 명석한 사고를 하여야겠지요. 그러자면 무엇보다 사람과 사물에 대한 이해가 깊고 표현 또한 정확하고 절실해야 하리라고 봅니다. 그 점에서 세계문학고전의 독서를 포함한 인문학에 대한 식견과 소양이 추가되면 좋을 것입니다. 몇 가지 더 보태자면, 사람들과의 절제된 교제, 국내외의 여행, 예술에 대한 이해 등도 필요하겠지요.

3. 후배법관들에게 해 주고 싶은 말이 있다면 어떤 것인가요.

법관의 말과 글은 대단한 권위와 힘을 가지고 있습니다. 그러나 법관도 사람인 이상 모든 것을 알 수 없고, 실수도 할 수 있습니다. 그러므로 법관은 마땅히 사람과 법률 앞에 겸허하여야 합니다. 그리고 법관은 인생사의 다양한 가치가 충돌하는 분쟁의 현장에 있습니다. 이 때 필요한 것이 균형감각이라고 봅니다. 나아가 사물의 본질과 핵심을 중시하라고 부탁드리고 싶습니다.

4. 부장님께 시란 어떤 의미인가요.

시는 내 인생의 은총이자 위로입니다. 시는 나를 꿈꾸게 하고, 소년 시절을 되돌려주며, 사물과 대화하게 하고, 나로 하여금 병들고 가난한 내 이웃들, 고통 속에 있는 수많은 사람들의 삶과 눈물 속으로 들어가게 합니다. 시는 파도치는 바다, 끝없이 펼쳐진 아득한 하늘과 산맥, 굽이치는 강줄기, 목마른 대지를 두들기는 여름날의 시원한 소나기, 나무와 꽃과 새들, 원시림, 태풍과 천둥번개, 인생살이의 기쁨과 슬픔입니다. 시는 이 모든 것들입니다. 시는 우리의 모국어가 세상에서 가장 아름다운 언어라고 내 귓가에 속삭입니다. 시를 통하여 발견한 모국어의 아름다움은 내게 말할 수 없는 축복이자 선물입니다.

5. 다시 태어나도 법관이 되겠는지요.

두렵고 힘든 것은 마찬가지겠지만, 그럴 수만 있다면 과거의 부족하고 아쉬웠던 부분을 보충하고 싶습니다. 지금보다 조금은 더 나은 법관이 되지 않을까 생각합니다. (2010. 12. 13.)

예수님을 향한 눈물과 사랑

– 내 인생의 상흔과 기적, 평화의 단비

1. 내게 있어 회심은 한 순간의 불꽃이 아니라 주님을 향한 은혜로운 여정이자 일상의 체험이다. 십여 년 전, 눈물의 은사로 시작된 우리 주님과의 첫 만남을 회상하면서, 한자 한 자 돌 판에 새기듯 펜으로 잉크를 찍어 사랑을 고백하던 그 무렵의 밀월이 생각난다.

2. 참된 그리스도인이란 어떠한 사람인가? 우선 눈물을 되돌려 받은 사람이다. 눈물은 일찍이 우리가 어머니의 품안에 있던 시절, 유일한 욕구표현의 수단이었다. 젖먹이에게는 눈물이야말로 거의 절대적이고 간절한 의사를 담은 언어이다. 눈물은 가장 많은 말을 함축한, 때로는 찬양의, 때로는 슬픔의 말없는 말이다. 어린 날의 그 그리운 눈물이 되돌아오는 듯한 예감을 느낀다. 예수님을 생각하면, 어느새 눈물이 맺힌다.

3. 말이 끝나는 자리에 눈물이 찾아오는 경험을 나는 이미 겪은 바 있다. 한 여자를 만난 1973년의 봄, 월남전의 상처를 가슴에 안

고 슬픔과 고독으로 몸부림치던 나는 말의 다른 형태인 글로써 연인에게 다가 갔다. 수십 통의 사연을 밤새워 쓰고 또 썼다. 말, 말, 그리고, 또 말, 그러면서 나는 그러한 내 정열이 연인에 대한 뜨겁고 지극한 사랑의 표현이라 생각했다. 그러나 아니었다. 그 해 가을, 갑자기 말문이 막히면서, 무거운 침묵이 다가오더니 급기야 눈물이 흐르기 시작하였다. 그 무렵에는 전혀 까닭을 몰랐던 주체할 수 없었던 눈물, 나는 그 눈물이 사랑하는 사람과 더불어 맞이한 계절인 가을 때문으로 알았다. 이별을 상징하는 그 아름다운 가을 속에서 나는 울고 또 울었다. 지금 생각하면, 그때의 눈물은 가을 때문이 아니라 사랑 때문이었다. 진정한 사랑이 그제사 비로소 자리를 잡게 된 것이었다. 말이 남아 있을 때에는 아직 진정으로 사랑하는 것이 아니다. 말이 끝나면서 눈물이 흐르고, 그러면서 사랑이 시작되는 법이다.

4. 어느 날, 슬피 우는 아이를 가리키며 "저 아이의 눈물 속에 갇힌 나를 구하여 다오"라는 예수님의 간절한 목소리를 들었다는 분이 있다. 예수님은 그런 방식으로 눈물의 사랑을 원하신다. 예수님을 위하여는 언제나 눈물이 마련되어 있다고 말하는 분도 있다. 새끼를 낳는 짐승이 뚝뚝 흘리는 눈물, 말을 모르는 그 눈물이 화살이 되어 자기의 가슴에 와서 박힌다고 한 그는 "내 슬픔이 나를 울게 하는 서러움의 눈물이다"라고 덧붙인다. 신앙 간증에 임한 사람들은 회개의 순간에 넘쳐흐르는 눈물을 이야기 한다. 예수님과의 사랑을 눈물로 시작한 것이다.

5. 예수님을 어떻게 볼 것인가? 찬양인가, 눈물인가? 말로 드리는 찬양은 아직 진정한 사랑이 아니다. 참 사랑은 말을 거두어 간다. 침묵 끝에 맺히는 눈물을 드려야 하리라. 눈물이 돌아오는 예감, 예수님이 내게 눈물을 되돌려 주시는 예감이 나를 황홀하게 한다. 이제 예수님을 생각하면, 절로 눈물이 난다. 예수님과의 진정한 사랑이 이제 시작되는 것일까.

6. 삶을 바라보는 두 가지 시선이 있다고 한다. 하나는 기적이란 없다고 보는 것이며, 또 하나는 모든 것을 기적이라고 보는 것이다. 돌이켜 보면, 예수님께서 격랑이 이는 내 삶의 밤바다를 걸어오셔서, 말씀으로 파도를 잔잔케 하신 다음, 고단한 내 생의 한 줄기 빛으로 영원히 살아 계신다는 사실이 내게는 무엇보다 일생일대의 사건이며, 내가 목숨보다 사랑한 연인과, 바다와 하늘이 만나 수평선이 되듯이, 바다와 바람이 만나 파도가 되듯이, 바다와 뭍이 만나 해변이 되듯이, 그렇게 서로 만나 사랑과 고통과 슬픔을 배워가면서 인간사의 온갖 시름과 희비애락을 공유할 수 있는 것 또한 기적이며, 나아가 내게 주신 세 딸과 건강과 소명, 벳새다의 소경에게 그랬던 것처럼 두 번의 안수를 거쳐 시력을 회복시켜 주신 것도 기적이며, 하루하루의 삶 자체가 기적과 다름없으므로, 결국 모든 것이 기적이라고 아니할 수 없다. 그러나 실은 이러한 기적이야말로 하나님의 선물임을 나는 안다.

7. 혼인 이후, 아름다운 삶에 대한 기대와 환상이 무너지면서,

여리고 예민한 아내는 여러 가지 아픔과 상처로 눈물을 달고 살았지만, 나는 증인들 앞에서의 서약을 망각한 채 경상도 남자 특유의 무관심으로, 혹은 어릴 때 받은 상처의 전가로, 때로는 폭풍우가 몰아치고 있음에도 엉뚱한 곳에 우산을 받쳐주는 등의 소행으로, 한동안 아내를 향한 가해자의 위치에 머물러 있었다. 그러나 내 자신이 그런 사람이라는 사실을 미처 깨닫기도 전부터 이미 주님은 아내의 고단한 삶 가운데 구원의 주로 좌정하고 계셨고, 주님은 당신의 옷깃을 붙드는 아내의 눈물 맺힌 눈앞에 친히 무지개를 걸어 주셨으며, 그 쓸쓸하고 참담한 생의 터전에 한없는 위로와 참다운 평화의 단비를 뿌리고 계셨음을 뒤늦게 알게 되었다. 대신 하나님은 당신을 원망하면서 믿음에서 자꾸만 도망가려는 내가, 아킬레스건의 파열로 병원에 두 달간을 갇히게 되자, 거의 매일같이 원목(院牧)님을 병실에 보내시어 말씀을 한 입 한 입 떠먹이는 방법으로 갈하고 지친 내 영혼을 소성(蘇醒)시키시는가 하면, 집무 중에 사무실에서 쓰러져 병원에 실려 간 다음에는, 세상의 지위와 명예 등 모든 것을 다 내려놓으라고 말씀하시기도 하였다. 이렇듯 하나님은 각기 다른 방법으로 우리 부부를 품에 안아 주셨다.

8. 이와 같은 일련의 과정을 통하여 나는 뿌리 깊은 자신의 죄성(罪性)을 들여다보게 되었고, 그리하여 끝내는, 십자가에 달리신 우리 주님을 눈물 젖은 눈으로 바라보면서 가슴을 찢는 아픔으로 참회할 수밖에 없는 고통을 기꺼이 받아들였다. 그러나 하나님의 사랑은 나의 죄보다도 더욱 크고 깊은 것이어서, 그 다함없는 사랑

의 파도가 내 삶에 밀려오면서, 그리고 지금도 그 사랑의 파도들이 크고 작은 영혼의 상처들을 씻어 주면서, 철조망 자국을 지닌 나무와 같은 내 인생의 상흔들은 결국은 하나님을 아는 은혜의 통로가 되었음을 감사한다.

9. 씻기지 못할 만큼 더러운 발도 없고, 돕지 못할 만큼 비천한 사람도 없으며, 예수 그리스도를 위하여 행하지 못할 만큼 불쾌한 일도 없다. 그런 일을 못할 만큼 위대한 사람도 없다고 본다. 이제 나는 부름 받은 자들의 공동체인 에클레시아(ecclesia)의 일원으로서, 사랑과 감사와 겸손의 삶을 살아가고자 한다. 하나님께 대한 우리의 사랑은 사람과 더불어 살아가는 삶의 현장에서 그 진실성이 증명되는 것이며, 모든 것을 감사함으로 받고, 당연한 것으로 여기지 않는 연습이 일상적으로 이루어져야 함은 물론, 겸손이야말로 하나님의 거룩하신 성품을 내 마음속에 머물게 하고, 또 거기서 빛을 발하게 하며 하나님의 은혜가 뿌리박을 수 있는 유일한 마음 밭이라는 말을 나는 굳게 믿는다. 움직이는 교회인 디아스포라(diaspora)의 한 개체로서 나는, 사역의 장(場)인 세상가운데 살면서, 하나님께서 나의 삶을 통하여 이루시고자 하는 꿈의 실현을 위하여 기도와 묵상의 생활과 함께 제자도에 합당한 삶을 살기 위하여 노력할 것이다. 나아가 하나님의 선물(the present of God)만을 기대하기보다는 하나님의 임재(the presence of God)를 갈망하며, 매일의 매순간을 하나님께 헌정하는 삶을 살려고 한다. (2001. 4. 15. 수영로교회)

제2 시집 출간에 즈음하여

– 슬픔, 사랑, 추억에 대한 헌사

1. 나이지리아의 노벨문학상 수상 시인 월레 소잉카는, 시의 기능을 치유라고 말하는 우리나라 시인 고은과의 대담에서, 자신은 치유보다는 위로라고 생각한다고 말한 것을 기억한다. 시가 작은 것들, 사라져가는 것들에 대한 헌사임은 분명하지만, 고통과 슬픔이 편만한 이 각박한 세상살이에서 위로만큼 소중한 가치가 없으며, 위로가 진행되면 결국에는 사람의 삶과 영혼에 새겨진 깊은 상흔도 점차적으로 치유되리라는 점에서 나는 위 두 분의 말이 모두 옳다고 생각한다.

2. 2003년 8월 이후 갑자기 나를 찾아온 시는 내 삶의 크나큰 위로이자 은총이었다. 섬광처럼 찾아온 그와 같은 신비롭고도 놀랄만한 언어들은 9개월 만에 제1시집을 얻게 하였다. 이후 어느 날, 내 가슴에 화인처럼 박혀있는 어느 지역의 대형사고가, 원고청탁을 받는 우연한 기회에 마치 봇물 터지듯 쏟아진 위로의 메시지로 모습을 바꾸어 나를 덮쳤다. 그 시가 제2시집의 표제작인 “대구지하철 중앙로역에서”가 되었고, 모두 4편인 그 연작시의 주된 정

서가 제2시집을 구성하는 전체적인 주조음이 되었다. 다시 시인 고은의 말을 빌리면, 시인은 세상의 풍경을 가슴으로 녹여 자기화하는 것이다. 철학자 쇼펜하우어는 고결한 성품을 가진 자는 타인들 속에 자신의 존재를 인식하며, 타인의 운명을 자기의 운명으로 공감하며, 자신의 불행보다 더 가혹한 불행을 항상 체험한다고 말한 바 있다. 진정한 인격자는 사람들의 고통과 슬픔을 대리 체험할 수 있어야 한다는 것이다. 내가 시를 쓰는 이유는 바로 이와 같은 관점에 서 있다.

3. 절박한 한계상황이나 참담한 슬픔 가운데 있는 사람들은 그렇지 아니한 사람들의 겉발림이나 거짓 위로에 식상하며 분노한다. 나는 그저 곁에서 잠잠히 그들을 지켜볼 뿐이다. 같이 속앓이를 할 뿐이다. 내가 할 수 있는 것은 그뿐이고, 그 과정에서 나를 찾아온 언어들을 모은 것이 이번의 글들이다.

4. 진정한 아름다움은 슬픔과 그 슬픔을 이겨내는 인간의 표정 가운데 있으며, 그 점에서 나의 모국어는 탁월한 표현수단이다. 형식의 아름다움과 내용의 슬픔을 동시에 체험하면서 나는 다만 한 순간만이라도 내 곁의 사람들이 부족한 나의 글로 작은 위로나마 받을 수 있다면 더 바랄 것이 없겠다.

5. 이미지 중심의 소품이 줄고 호흡이 긴 이야기 시가 늘었다. 나로서는 실험의 의미가 있기도 하지만, 이야기를 통하여 이웃들

의 삶 속으로 파고들고자 하는 의도가 깔려있기도 하다. 시 또한 스토리를 포용할 수 있는 품이 있다고 보았기 때문이다. 그 대신 말은 늘고 뜻은 준 느낌이 있어 언어의 경제적 운용에는 실패한 감이 없지 않다. 다시 시작한다면 아주 짧은 경구 형식의, 하이쿠를 닮은 소품으로 돌아갈 것 같다.

6. 나의 시는 독자들의 입술에서 생명을 얻는다. 시집은 풍경과 마음을 담은 모국어의 곳간에 지나지 아니한다. 독자들이 시편 하나하나를 읽을 때, 시는 생명을 얻어 우주의 기운과 교감하면서 사람들의 삶속으로 파고든다.

7. 법관과 시인은 두 사람인가, 한 사람인가? 미국 스탠포드 대학교 로스쿨 학장 래리 크래머 박사는, 법학은 과학이라기보다는 예술에 가깝다고 하였다. 위대한 미국의 법률가 올리버 웬델 홈즈는 법률의 생명력은 언제나 논리보다는 경험에서 나오는 것이라고 언명하였다. 재판과 시작(詩作)은 언어를 표현수단으로 하면서 설득과 감동을 추구한다는 점에서 그 궤를 같이 하며, 좋은 시가 예술작품으로서의 향기를 풍기듯이 잘 된 재판은 예술로서의 재판이다. 법관과 시인은 두 사람이 아니라 한 사람이다. 사람과 사물에 대한 이해와 표현의 과정이라는 점에서 인간의 삶의 한 양식으로서의 재판과 시작은 이 점에서 서로 손을 잡는다.

8. 나의 시는 내 이웃들에게 전하는 사랑의 메시지이며 편지

다. 독백으로 시를 쓰는 것이 아니라 늘 상대방과 대화하면서 시를 쓴다. 시적 화자를 달리 하고 있지만, 그들이 말하는 키워드는 결국 사랑이다. 사랑만이 세상을 구원한다는 낡은 말을 다시 전할 수밖에 없다. 내 시집을 징검다리로 하여 더 좋은 시로, 더 좋은 시집으로 나아가기를 소망한다. 그렇게 되는 것만으로도 나의 시집 출간의 노력은 보상을 받은 것이다. 우리 곁에 모국어로 된 보석 같은 시, 주옥같은 시집은 얼마나 많은가! 내 시집을 밟고 그러한 시와 시집으로 나아가기를 바랄 뿐이다. (2009. 10. 21.)

제 5 부

우리들의 행복론

삶과 일, 그 모든 것들에 대한 이해와 표현

물질 원소, 사랑과 행복을 말하다

– 모든 질문에 대한 대답은 사랑이다

1. 왜 물질원소인가

(1) 구약성경의 창세기는 이렇게 시작합니다. "태초에 하나님이 천지를 창조하시니라. 땅이 혼돈하고 공허하며 흑암이 깊음 위에 있고 하나님의 신은 수면에 운행하시니라. 하나님이 가라사대 빛이 있으라 하시니 빛이 있었고 그 빛이 하나님이 보시기에 좋았더라." 여기서 하나님의 신은 히브리어로 루아흐(Ruach), 즉, 바람을 일컫습니다. 이와 같이 성경은, 만물이 형체 없는 땅과 깊은 물, 신선한 바람, 그리고 창조의 빛 등 네 가지 기본원소로 만들어졌다는 걸 말해 줍니다.

(2) 그리스 철학자 엠페도클레스는 성경과 같은 관점에서 만물은 물, 불, 흙, 공기로 이루어졌다고 하고, 이 네 원소를 결합하는 것이 사랑이고, 분리시키는 것이 미움이며, 역사는 사랑과 미움의 갈등과정이라고 규정하였습니다.

(3) 물질 4원소는 인간 생존의 근원이기도 합니다. 태초에 인간

은 흙으로 빚어졌다고 하며, 우리의 체액과 혈액은 물이고, 뜨거운 심장과 체온은 불이며, 우리 몸을 드나드는 공기 등을 생각하면, 인체의 재료 또한 4원소라고 할 수 있습니다. 이러한 4원소 없이는 우리는 이 땅에서 잠시도 살 수가 없습니다. 마치 우리가 이 세상에서 사랑 없이 하루도 살 수 없는 것과 마찬가집니다. 성경의 궁극적인 주제도 사랑이고, 엠페도클레스가 말한 물질 4원소의 조화로운 결합도 사랑입니다. 일부 심리학자들은 물질원소의 속성에 따라 사람의 성격을 나누기도 하였습니다.

(4) 우리 지역의 낙동강을 예로 들어 생각해 봅시다. 강원도 태백시 황지연에 떨어진 빗방울 하나는 그곳에서 솟는 물방울과 함께, 샘이 넘치기를 기다렸다가, 한반도의 동남쪽 앞가슴을 헤집어, 2,000만 주민들의 삶의 터전을 적시면서, 500여㎞를 남하하여 부산 몰운대에서 그 대장정의 막을 내립니다. 든든한 강둑과 바닥, 그 엄청난 양의 강물, 강물 위에 떨어지는 햇빛, 강물을 춤추게 하는 바람, 이 또한 물, 불, 흙, 공기의 어울림이라고 할 것입니다.

(5) 그리하여 우리는 이제 그들로 하여금 자신들의 속성을 이야기 하게 하고 그와 같은 속성이 아름답게 조화를 이루어 우리가 그토록 원하는 사랑의 나라, 행복한 삶에 도달하고자 하는 소망을 가져보고자 합니다. 흙은 우리에게 먼저 심신이 건강하고 실력이 탄탄하여야 한다고 말합니다. 이는 곧 공직자로서 끊임없이 지성을 함양하여야 함을 일깨워 줍니다. 불은 밝고 긍정적인 생각, 의

욕에 넘치는 삶을 주문합니다. 의지를 지칭하는 것입니다. 물은 유연하고 깨끗한 일상을 권하고 있습니다. 감성이 메마른 이 시대에 때로는 눈시울이 촉촉이 젖는 그런 감동의 언행을 주고받을 필요가 있음을 보여주고 있습니다. 바람은 또 어떻습니까? 창의적이고 활력이 넘치는 삶을 추구하면서도 유한한 이 지상의 삶과 죽음을 깊이 묵상하는 여유와 지혜가 필요하다고 말합니다. 영성은 인간인 우리가 저 무한한 절대자와 대화할 수 있는 깊고도 놀라운 비책을 알려 줍니다. 이제 그들의 목소리를 더욱 자세하게 들어보도록 합시다.

2. 흙은 말한다(심신이 건강하고 실력이 탄탄하다) – 지성

››› 흙의 속성과 이미지(단단하고 다산성이다)

(6) 흙은 견고한 대지의 이미지로 우리에게 다가옵니다(이하, 4원소의 기본 특성에 대하여는 로리 베스 존스, '성공의 4원소', 2006. 베이스캠프 참조). 대지는 우리가 행하는 모든 일의 기초가 되고, 집이자 근거이며 정박지입니다. 대지는 단단합니다. 계절에 따라 일정하게 변하고 순환하며 언제나 완벽하게 준비된 상태로 조화를 이루고 있습니다. 대지는 너무도 다양한 것들을 품고 있습니다. 생명체를 길러주고 그들을 편안히 품어주며, 사계절 내내 쉬지 않고 일합니다. 대지는 비축하고 저장하며 조용하고 꾸준히 일하면서 수많은 생명체들을 먹여 살립니다. 대지는 언제나 조화와 항상성을 추구하며 풍요롭고 비옥하고 광활하며, 풍부한 자원을 간직하고 있습니다. 이와 같이 흙의 속성은 단단하고 잠재력이 풍부하며

다산성입니다. 이로써 우리가 깨닫는 바는, 인간의 삶은 우선 그 기초가 튼튼하여야 한다는 것입니다. 이는 곧 심신이 건강하고 실력이 탄탄해야 한다는 말로 바꿀 수 있습니다.

>>> 몸이 건강하여야 한다

(7) 우선 몸의 건강에 유의하여야 합니다. 지나친 것도 좋지 않지만 무심한 것도 문제입니다. 적당한 섭생과 운동으로 좋은 건강상태를 유지하여야 합니다. 우리는 많은 사람들과 인연을 맺고 살아갑니다. 세계로 보면 여러분은 각자 한 사람에 지나지 않지만, 어떤 사람에게 여러분 개개인은 세계가 되기도 합니다(To the world you may be one person, but to one person you may be the world). 그러므로 여러분이 무너지면 그들로서는 세계가 무너지는 것입니다. 중병이든, 사고로 인한 고통이든, 죽음이든 그런 불행은 우리들 한 사람만의 것이 아닙니다.

>>> 마음 또한 건강하여야 한다(착하고 겸손하며 잘 참으며 감사한다)

(8) 우리를 행복하게 하는 것은 우리의 지위가 아니라 성품입니다(It isn't our position but our disposition that makes us happy). 인간은 그가 무엇을 하느냐가 아니라 그가 어떠한 사람이냐에 따라서 판가름됩니다. 인간은 human doing이 아니라 human being입니다. 정말 중요한 질문은 행함(doing)이 아니라 존재(being)에 대한 것입니다. 사람은 그 마음바탕이 선량하고 겸손하며 매사에 잘 참고 모든 것에 감사할 줄 알아야 합니다. 그 중 착한 성품이 제

일입니다. 기본적으로는 타고나는 것이지만, 노력으로도 다듬고 가꿀 수 있다고 봅니다. 이 경우, 종교는 큰 역할을 할 것입니다.

(9) 겸손한 사람이 아름다운 사람입니다. 라틴어의 후무스(humus)라는 단어는 부엽토라는 뜻인데, 여기서 영어의 휴밀리티(humility)라는 단어가 생겨났다고 합니다. 부엽토는 나무 가지에서 떨어진 잎이 사람과 짐승들의 발에 밟히고 썩어서 된 것입니다. 그런 흙은 비옥한 토양이 되어 많은 식물을 자라나게 하고 꽃을 피우고 열매를 맺게 합니다. 겸손한 사람은 자기보다 못한 사람을 무시하지 아니 합니다. 언제나 말석에 앉으려 하고 남을 존중합니다. 때로는 굴욕을 감수하기도 합니다. 겸손한 사람은 남을 미워하거나 질투하지 아니하고 남과 과도하게 경쟁하지 아니 합니다. 남이 잘 되는 것을 기뻐합니다. 자신보다 남을 먼저 생각합니다.

(10) 우리가 이렇게 서로 만나 이야기를 나누고 있는 것 자체가 축복입니다. 그러므로 우리는 우리가 누리는 모든 것에 대하여 감사하여야 합니다. 조지 허버트는 이렇게 기도하였습니다. "하나님은 제게 너무나 많은 것을 주셨나이다. 제게 한 가지만 더 주십시오. 감사하는 마음을." "나의 주된 인생관은 모든 것을 감사함으로 받고 무엇이든 당연한 것으로 여기지 않도록 연습하는 것이다." 체스터튼의 말입니다. 시인 오든은 "당신의 마지막 생각이 모두 감사가 되도록 하라"고 했습니다. 살아 있는 것 자체가 축복입니다. 마땅히 감사하여야 합니다. 불의의 죽음과 고통이 많은 이 바

람 불고 비오는 험난한 세상에서, 먼저 간 분들이 채 못 이루고 간 뜻을 펴거나, 그들의 꿈을 대신 성취함으로써, 우리는 살아남은 자로서의 소명에 충실하여야 합니다. 마이스터 에크하르트는, "당신이 평생 동안 기도를 단 한번 밖에 드리지 않았는데 그 기도가, 감사합니다, 였다면 당신의 삶은 그것으로 충분하다"고 했습니다.

(11) 미국 시카고 노스웨스턴 대학교의 졸업생 중에 에드워드 스펜서라는 사람이 있습니다. 1860. 9. 8. 폭풍우가 몰아치는 밤에 캠퍼스 옆 미시간 호에서 여객선이 침몰해 187명이 사망하는 대참사가 발생하였습니다. 그 때 스펜서는 육지에서 800미터 떨어진 침몰 현장을 16차례나 헤엄쳐 17명을 구조했고 그 후유증으로 장애를 얻게 되었습니다. 그는 휠체어에 의지해 81세까지 살았답니다. 그가 세상을 떠나기 1년 전에 신문기자가 찾아와 그를 인터뷰했습니다. "당신은 무엇이 가장 기억에 남습니까?" 스펜서는 "내가 구조한 17명 가운데 훗날 나를 찾아와 감사를 표현한 사람이 단 한사람도 없었습니다. 그 일이 자꾸 섭섭하게 생각납니다!"라고 말했다고 합니다. 인간은 감사를 모르고 감사에 익숙하지 못한 존재임에 틀림없나 봅니다.

››› 나누고 돕는 사람이 되어야 한다

(12) 어떤 프로젝트나 과업에 중심인물 한 사람만으로 되는 일이 없지 않습니까? 많은 돕는 사람들의 역할이 중요합니다. 주인공들은 대개 그 나름의 보상을 받지만, 조연들은 그 역할에 합당한

대가와 인정을 못 받는 경우가 많으니 더욱 그렇지요. 저는 역사상에서 어떤 일의 성공에 결정적인 기여를 하고도 이름도 없이 빛도 없이 주인공의 등 뒤로 모습을 감춘 수많은 사람들을 생각하면서 인류의 역사는 그와 같은 무명의 돕는 사람들 때문에 이만큼의 수준에 이르렀다는 확신을 가지고 있습니다. 남이 잘되는 것을 기뻐하고 남과 과도하게 경쟁하지 말아야 합니다. 그리고 자신의 소명에 충실하는 것 그 자체로 만족하고 사람들이 여러분을 기억하지 못하더라도 섭섭하게 여기지 말아야 합니다. 공자는 人不知不慍이면 不亦君子乎라고 했습니다. "사람들이 나를 알아주지 않더라도 화내지 않으면 이 또한 군자가 아니겠는가"라는 뜻입니다. 일의 성취로 우리는 보상을 받은 것입니다. 그 일을 통하여 누가 알아주든 말든 보람을 느꼈으며, 내 가족 등 사랑하는 사람들을 부양하였으면 그것으로 충분한 것입니다. 고대 이스라엘의 사울왕은 다윗을 시기하여 여섯 번이나 그를 죽이려 했습니다. 그런데 그 아들인 요나단 왕자는 다윗을 운명적으로 아끼고 사랑하여 질투에 눈이 먼 그런 부왕의 살해 위험에서 여러 번 친구인 그의 목숨을 구해주었습니다. 그는 역사의 전면에서 활동한 사람들의 등 뒤에 숨어 있어 잘 보이지 않는 사람이지만 그를 아름다운 벗으로 기억하는 사람들이 많습니다. 요나단 같은 친구가 있다면, 정말 세상 멋지게 한 번 살아볼만 하지 않겠습니까? 중국 고사에 나오는 관중과 포숙의 아름다운 이야기도 그렇지요.

(13) 나누는 삶이 건강합니다. 물이 흘러드는 입구와 흘러나가

는 출구가 있는 갈릴리 호수는 늘 맑은 물이 출렁입니다. 그러나 입구는 있으나 출구는 없는 사해(死海)는 문자 그대로 죽음의 소금바다가 되었습니다. 부(富)는 거름과 같아서 쌓아두면 썩는 냄새를 풍기지만 뿌려주면 많은 것을 자라게 합니다(케네스 랑곤). 왜 우리가 다른 사람과 나누면서 살아야 하는지, 경제학은 한계효용체감의 법칙과 한계효용극대의 법칙으로 설명합니다. 여기 배고픈 세 사람과 잘 익은 세 개의 사과가 있다고 합시다. 그 중 한사람이 세 개의 사과를 다 먹는다면 그 효용은 1→0.9→0.7의 순으로 감소합니다. 그러나 세 사람이 각자 하나의 사과를 먹는다면 모두 각 1의 효용을 취하게 됩니다. 전자의 경우는 효용총량이 2.6입니다. 그러나 후자의 경우는 그것이 3입니다. 나보다 어려운 이웃에게 내 것을 나누어야 하는 이유가 여기에 있습니다. 바로 그때 2.6이 3이 되듯이 우리 사회는 풍요로워집니다. 선행과 구제방식에는 3등급이 있습니다. 주는 자와 받는 자가 서로를 모두 아는 것이 3등급입니다. 그중 어느 일방만을 아는 것이 2등급입니다. 주는 자와 받는 자가 서로를 전혀 모르는 것이 1등급입니다. 선행을 하고 보상을 기대한다면 이는 선행이 아니라 모종의 거래일뿐이지요. 준 사람을 몰라야만 받은 사람은 제3의 사람을 위하여 주게 됩니다. 1회적인 거래로 그칠 것이 아니라 보상은 그런 방식으로 사회적으로 확산되어야 합니다.

>>> **나는 누구인가 - 자신의 정체성을 확고히 하라**

(14) 세 명의 인부가 일하는 건설현장에 어떤 사람이 다가갔습

니다. 그가 첫 번째 인부에게 물었습니다. "지금 무슨 일을 하고 계십니까?" 일꾼은 "내가 지금 뭘 하는 걸로 보이오? 보면 모르오. 노동일 하고 있잖소? 일에 방해되니 제발 저쪽으로 좀 비켜서 주시오." 무안해진 그 사람은 두 번째 인부에게 물었습니다. "지금 무슨 일을 하고 계십니까?" "아니, 이 사람이 날도 더워 죽겠는데 장난을 치나, 보면 몰라? 벽돌 쌓고 있잖아!" 그런데 세 번째 인부는 다른 사람들과는 달라 보였습니다. 콧노래를 부르며 신나게 일을 하고 있었습니다. 마지막으로 그는 세 번째 인부에게 다가가 같은 질문을 하자 그 일꾼은 허리를 펴고 일어나면서, 물어줘서 고맙다는 표정으로, "나는 지금 성당을 짓고 있습니다."라고 말하였답니다. 우주센터를 방문한 케네디 대통령이 한 청소부 앞에 멈춰 서서 직업이 뭐냐고 묻자, 그는 "사람이 달에 착륙하는 일을 돕습니다"라고 대답하였다고 합니다. 그것도 대통령 앞에서 말입니다. 당신은 누구인가라는 질문을 받았을 때, 곧바로 대답할 수 있는, 자기정체성에 대한 확고한 신념을 가지고 있어야 합니다. 그것이 곧 자기 브랜드입니다. 그러한 든든한 정체성 위에 자신의 삶을 구축하여야 합니다.

››› 세상을 이해하고 표현하라(책읽기와 글쓰기)

(15) 인간은 세상을 이해하고 표현하면서 살아갑니다. 이 경우의 세상은 무엇을 말합니까? 사람과 사물입니다. 인간의 삶은 이와 같이 사람과 사물에 대한 이해와 표현의 연쇄적인 고리로 이어집니다. 기본적으로는 일대일의 관계에서 출발하지만 점차 다수간

의 관계로 확산됩니다. 우리는 타인의 말을 듣고 글을 읽으며, 우리 스스로 말을 하고, 글을 쓰며 살아갑니다. 읽기와 듣기는 이해의 관점으로, 쓰기와 말하기는 표현의 관점으로 다시 묶을 수 있습니다. 사람들 사이의 의사소통은 이와 같이 말과 글을 이용한 이해와 표현으로 전개됩니다. 이는 곧 삶의 양면이기도 하지요.

(16) 우리의 잠재의식은 무진장의 원유가 매장된 유정과 같습니다. 그것을 모르고 살면 평생토록 가난한 상태로 그대로 머물 것입니다. 그러나 시추공을 뚫어 석유를 뽑아 올리면 그대는 풍요로운 삶을 살 것입니다. 잠재력을 계발하고 비축하는 데는 독서와 글쓰기가 제일입니다. 좋은 책을 읽고 제대로 된 글을 쓸 수 있어야 합니다. 지도자는 항상 책을 가까이 하는 사람입니다(Leaders are Readers). 경전에 기록된 지혜의 말이 그렇듯이 좋은 시(詩) 또한 사람이 사는 데 힘이 됩니다. 책읽기와 글쓰기를 통하여 시름을 달래고 문제를 해결하십시오. 독서로 치료하고 글쓰기로 치료하십시오. "나는 한 권의 책을 읽었다. 그리고 내 인생은 송두리째 바뀌었다(오르한 파묵, 새로운 인생)." 이처럼 한 권의 책, 한 줄의 문장이 어떤 사람의 운명을 바꾸는 경우는 드물지 않습니다. 길바닥에서 주운 한하운의 시집 한 권이 오늘의 저 탁월한 시인 고은을 만들었다니, 믿어집니까? 그것도 열렬한 화가 지망생을 말입니다. 기술직 공무원들도 다른 분야인 인문학적 식견과 소양을 쌓을 필요가 있습니다. 특히 원활한 표현능력의 습득은 긴요합니다. 오죽했으면, 에머슨 같은 사람이 "사람은 절반만이 자기 자신이고 나머지

절반은 자기표현"이라는 말까지 했겠습니까.

(17) 좋을 글을 쓸 수 있어야 합니다. 글은 간결명료한 것이 생명입니다. 문장은 면발과 같다고 보면 됩니다. 생면과 같이 날 것이어서 딱딱하거나 밀 냄새가 나서도 아니 되고, 불어터져서 미끈거리고 흐물흐물해서도 아니 됩니다. 제 맛이 나려면 알맞은 불에 일정시간 잘 익은 것을 금방 퍼낸 것처럼 졸깃졸깃하고 서로 부드럽게 엉기면서 탄력이 있어야 합니다. 자신도 잘 모르는 어려운 낱말로 문장을 난삽하게 쓰지 말고, 쉽고도 품위 있는 단어로 깔끔하게 글을 쓰게 될 때까지 끊임없이 노력하여야 합니다. 글을 잘 쓰려면 우선 잘 쓴 글을 많이 읽어야 합니다. 좋은 글은 필사를 해 보는 것이 좋습니다. 책 한권 분량의 필사는 반드시 해보아야 합니다. 독서 중에 좋은 구절은 자신의 손으로 직접 필기하여 많이 모아두면 글 쓰는 데 큰 도움이 됩니다. 크기와 색깔에 맞춰 인용문을 기록한 포스트잇을 붙여 만든 멋진 무지개 노트를 만들면, 놀랍도록 글쓰기 솜씨가 늘 것입니다. 휴대폰 메시지를 광고 카피 같은 멋진 말로 주고받기를 계속하면 여러분은 언젠가 시를 쓰게 될 것입니다. 17자로 된 일본의 하이쿠 같은 표현은 일상생활에서 누구나 쓸 수 있습니다. 일본은 하이쿠 애용자가 2,000만이라고 합니다. 우리나라의 시조도 좋지만, 그보다 더 짧은 경구를 자주 만들어 보는 것도 좋은 글 쓰는데 큰 도움이 됩니다. 글쓰기는 지금도 대단히 중요한 기능입니다. 직무상의 보고서 작성이나 연구논문은 말할 것도 없고, 온라인상에서, 이메일, 홈페이지, 블로그, 트위터에 글을 쓸 수 있고, 휴대폰으로 메시지를 전하며, 최근에는 스마

트폰으로 더 많은 양의 정보를 주고받을 수 있습니다. 글쓰기 공간은 지금도 넘쳐납니다.

(18) 언어표현 기법도 터득하여야 합니다. 말로서 자신의 뜻과 생각을 효과적으로 전달하는 능력은 인간관계에 필수적인 자질입니다. 이 때 특히 관심을 가질 것은 스토리텔링(storytelling)입니다. 요즈음 '스펙보다는 스토리텔링으로 승부를 걸어라'는 말이 있을 정도입니다. 의사전달 방식으로는 생생한 이야기 방식이 가장 효율이 높다는 것은 의문의 여지가 없습니다. 세계적으로 유명한 리츠칼튼 호텔은 성공사례를 수집하고 그 중 잘 된 것에 시상을 하는 등의 방법으로 격려를 하면서 좋은 사례를 확산시킨다고 합니다. 여러분들도 근무현장에서의 경험을 이야기로 재구성하여 선후배 간 팀원 간 서로 주고받는 그런 기회가 있으리라고 봅니다. 법관들이 하는 판례연구도 스토리텔링 방식의 사례연구입니다. 성공적인 농촌개발로 평가받는 1970년대 새마을 운동은 성공사례발표에 힘입은 바 큽니다. 스토리텔링의 기능이 주효한 듯합니다. 언어의 한계는 곧 세계의 한계라고 합니다(비트겐슈타인). 외국어 공부를 통하여 여러분들의 세계를 넓혀야 할 것입니다. 임계량에 도달하도록 계속하여야 하고 중간에 실망하여 포기하면 아무 것도 얻을 수 없습니다. 특수기술 몇 개쯤은 습득하여 보유하고 있으면 삶과 직장생활에 많은 도움이 될 것입니다. 컴퓨터 운용기술, 사진촬영기술 등 삶과 직장 생활에 유용한 기술은 찾아보면 여러분에게 적당한 것이 얼마든지 있을 것입니다.

3. 불은 말한다(밝고 열정적이다) – 의지

››› 불의 속성과 이미지(밝은 빛과 뜨거운 열)

(19) 불은 밝고 뜨겁습니다. 사물을 밝히고, 음식을 익힙니다. 불은 빛나고 이글거리며 사람을 편안하게 하고 의사전달의 신호가 되기도 하며 활활 타오르기도 하고 무섭게 일렁거립니다. 불은 로맨틱하며 거칠고 격렬합니다. 불은 온기와 빛을 주고 야생동물을 멀리 쫓아줍니다. 또 우리 안에 거친 욕망을 불러일으킵니다. 불은 필요하고 좋은 것이지만 항상 그런 것은 아닙니다. 때로는 사람을 상하게도 합니다.

››› 밝고 긍정적으로 사고하고 행동하라

(20) 태양이라는 저 엄청나게 큰 불덩어리가 없었다면 우리는 살 수 없었을 것입니다. 불은 타면서 빛을 발하여 우리로 하여금 사물을 보게 합니다. 눈이 있어도 빛이 없으면 우리는 볼 수 없습니다. 태양빛은 광합성을 통하여 식물을 자라게 합니다. 식물이 없으면 사람 또한 생존할 수 없습니다. 삶을 바라보는 두 가지 시선이 있습니다. 하나는 기적이란 없다고 보는 것이며 또 하나는 모든 것을 기적으로 보는 것입니다(알버트 아인슈타인). 시선의 향방에 따라서 그대의 삶이 달라집니다. 여러분은 어느 쪽입니까? 태양이라는 저 항성의 존재만으로도 세상은 기적이라고 할 수 있지 않습니까? 모든 것을 기적으로 보는 사람은 기적 같은 일을 지속적으로 체험하면서 삶을 살 수 있습니다.

(21) 매사를 밝고 긍정적으로 생각하는 삶의 자세가 필요합니다. 언제나 환히 웃고 살아야 합니다. 이른바 햇빛을 발산하는 것(scatter sunshine)입니다. 다들 힘들게 살아가는 이 우울한 세상에서 우리가 만나는 사람들에게 줄 수 있는 가장 쉽고도 멋진 선물이 환한 표정과 웃음이 아니겠습니까. '남편의 사랑 문자와 아빠의 환한 웃음이 최고의 암 치료제'라는 최근 보도를 보았습니다(2010. 5. 19. 자 조선일보). 투병 중이거나 사고를 당하여 치료를 받는 기간 중이거나, 무슨 심각한 문제가 현안으로 대두되어 그 해결책을 모색하는 경우라면, 두 가지 대응방식이 있을 것입니다. 하나는, 자신에게 닥친 힘들고 괴로운 사정에 한탄하며 우울하고 짜증내고, 주변 사람들을 괴롭히는 태도입니다. 다른 하나는 정상적인 삶의 영위가 중단된 그런 시기에, 문제 해결은 최선을 다하여 해 나가면서, 힘든 과정을 편안하게 감수하는 자세입니다. 상황이 종료되고 난 다음, 지난 세월을 돌이켜보면 전자의 경우는 완전히 허송한 시간이 될 것이나, 후자의 경우에는 문제해결의 기쁨은 물론 그 기간 중에 얻은 여러 가지 값진 소득과 깨달음을 함께 누릴 수 있을 것입니다. 2차 세계대전을 승리로 이끈 전 영국 수상 처칠의 경우를 보면서 우리는 참으로 많은 것을 생각할 수 있습니다. 그는 키 168㎝, 체중 107㎏의 체구로, 70세의 나이에, 그 어려운 시기를 긍정적인 사고로 국민들에게 희망을 주면서, 반대자들의 힐책을 절묘한 유머로 함께 웃게 만들면서 진정한 지도력은 어떠해야 하는가를 몸으로 보여 주었습니다. 그와 같은 낙천적이고 밝은 성격 덕분에 엄청난 격무와 스트레스 속에서, 그리고 평생에 걸친 흡연에도

불구하고 91세까지 장수하게 되었습니다. 중세의 성녀 노르위치의 줄리안은 "잘 될 것이다. 정말 잘 될 것이다. 반드시 잘 될 것이다"라고 말하였습니다. 생활쓰레기를 매일같이 버리듯이 마음의 쓰레기도 그날그날 버려야 합니다. 미움, 질투, 자만, 우울, 염려, 불안 등 하루가 멀다 하고 이런 쓰레기들로 마음의 휴지통이 그득하니 차오릅니다. 우리는 이것을 그냥 두고 편안하게 잠자리에 들 수 없습니다. 다시 말하지만 염려하지 말아야 합니다. 염려는 불필요한 것입니다. 사람의 심신을 피폐하게 하고 정신력을 소모시킵니다. "君子는 終身之優는 있어도 一朝之患은 없다"는 마음가짐으로 일상에 임하여야 합니다.

(22) 미국 마이애미대 석좌 교수인 찰스 카버 박사의 관심사는 '개인이 뜻하지 않는 난관에 부딪혔을 때 이를 어떻게 해결해 나가는가'입니다. 성격심리학, 사회심리학, 건강심리학 분야에서 세계 최고 전문가인 그는 지난 5. 8. 우리나라를 방문하여 암환자의 자기조절능력이라는 주제로 발표를 하면서 긍정과 낙관의 힘에 관하여 이야기 했습니다. "암은 엄청난 스트레스입니다. 어떻게 반응하는가에 따라 환자들은 세 부류로 나뉘어요. 첫째는 죽을 날을 세며 가족들 탓만 하는 사람, 다음은 '먹고 살기 바빠 내 처지에 대해 생각해 볼 틈도 없다'고 답하는 사람, 마지막으로 고통 속에서도 삶의 가치와 유익함을 찾아내는 사람이지요. 그들은 암을 겪으면서 가족과 오히려 더 가까워지고 인생의 우선순위를 다시 정하더군요"라고 했습니다. 이런 사람들은 다른 그룹에 비해 치료효과도

좋고 투병 기간 내내 삶의 질도 높았으며 이후 암이라는 질병이 자신을 성장시켰다는 생각까지 한다는 것입니다. 긍정적이고 낙관적으로 삶을 바라보는 성품은 대부분 타고나는 것으로 그런 사람들은 최악의 상황에서도 자신이 얻어 낼 수 있는 최상의 가치를 찾아낸다고 합니다. 부정적이고 비관론에 잘 빠지는 사람이 할 수 있는 당장의 최선의 길은, 타고난 낙관론자를 보고 따라 하거나 종교에 의지하는 것이 도움이 된다는 것입니다. 물론 낙관론이나 긍정에 대한 맹신은 금물이라고 말했습니다. 요컨대, 오늘 하루는 전 생애의 축소판입니다. 우리의 스물네 시간 안에는 우리의 한 평생이 담겨있습니다. 지금 이 순간(present)은 선물(present)입니다. 그러므로 이것을 누려야 합니다. 카르페 디엠(Carpe Diem)을 외치면서 말입니다. 이런 하루가 계속되면 그 사람의 생은 늘 즐겁고 행복할 수 있습니다.

››› 열정적인 삶을 살아라

(23) 열정은 기관차의 동력 같은 것이며 삶의 에너지입니다. 희망을 가지고 활기차게 살아야 합니다. 우리의 심장이 뛰고 피가 이렇게 뜨거운데, 꺼진 불처럼 미미한 온기로 살거나 이도저도 그만이라는 생각으로 풀죽고 의기소침하게 살아서는 아니 됩니다. 에너지가 넘치는 삶을 살아야 꽃도 피우고, 열매를 얻을 수 있는 법입니다. 영어의 열정(enthusiasm)이란 단어는 en theos라는 라틴어에서 유래한 것인데 이는 in God이란 뜻입니다. 우리가 열정적인 삶을 영위하면 우리는 신의 도움 가운데 있게 된다는 말이 됩니다.

하늘은 스스로 돕는 자를 돕는다는 뜻이기도 합니다. 삶에 의욕이 없는 자는 외부의 도움도 있을 수 없고, 이룰 수 있는 것이 아무 것도 없습니다. 오직 열정 있는 사람만이 성취의 기쁨을 맛볼 수 있습니다. 과거 한때. 사람의 성공은 IQ가 아니라 EQ(enthusiasm quotient), 즉 열정지수가 좌우한다는 말이 있었습니다.

››› 고통을 뛰어넘어라

(24) 한편 열정(passion)의 어원은 라틴어 동사 파세레(passere), 즉 고통을 느낀다는 뜻입니다. 영어 단어 패션(passion)의 뜻은 열정이기도 하고 고통이기도 합니다. 이로운 불이 때로는 사람을 상할 때도 있듯이 삶에는 고통이 수반되기 마련이지요. 고통은 우리가 마땅히 감당해야 할 인생의 짐이 아니겠습니까. 많은 사람들이 고통은 인생의 학교라고 합니다. 이는 선박의 안전 항해를 도우려고 배에 싣는 자갈, 돌, 모래 등의 밸러스트와 같은 것입니다. 밸러스트는 배의 흘수선을 낮추어 균형을 유지합니다. 그리고 병도 잘 관리하면 하나의 자산이 됩니다. 질병과 구금의 고통을 통하여 유명한 문인이 되거나 지도자 된 사례가 적지 않습니다. 고통의 연단을 거쳐 사람은 성숙합니다. 기독교에는 중병이나 큰 어려움 등 지옥 같은 세월을 겪어보지 않은 사람은 연단에 설 자격이 없다는 말이 있습니다. 그만큼 우리 주변에는 고통을 겪는 사람이 많다는 말도 되고, 그런 사람들 앞에서 어려움을 겪어보지 않은 사람의 말이 무슨 설득력을 가지고 있겠느냐 하는 말도 됩니다. 성경 욥기에는, "그가 나를 연단한 후에 내가 정금같이 나오리라"는 구절이 있습

니다. 아울러 슬픔과 비극적인 일이 흔하디흔한 이와 같은 세상에서, 모름지기 인격자는 자신의 불행을 견디면서, 다른 사람들의 불행과 아픔 또한 대리 체험할 수 있어야 합니다. 해리포터를 쓴 조앤 롤링 여사는 얼마 전 하버드 대학교의 졸업식 축사에서, 상상력의 중요성을 강조하고 나서 "여러분들과 같이 복 받은 사람들이 아닌 수많은 사람들의 슬픔과 불행을 상상력으로 대리 체험할 수 있을 때 그들 또한 여러분의 졸업을 축하할 것"이라는 취지의 말을 한 바 있습니다.

3. 물은 말한다(유연하고 깨끗하다) – 감성

››› 물의 속성과 이미지(부드럽고 맑다)

(25) 물은 씻어 내리고 생명을 탄생시키고 변형하며 팽창합니다. 물은 순수합니다. 그리고 땅이나 바위에 모양을 새깁니다. 고요하고 투명하며 깨끗하고 생명을 기릅니다. 물은 깊고 쉽게 길을 바꾸며 춤추고 노래합니다. 물은 얼음이나 눈이 될 수 있고 안개나 비로 변하기도 합니다. 담겨지는 용기에 따라 그 모양이 자유자재로 바뀝니다. 물은 딱딱한 고체를 녹이는 용매이고 뭐든 삼키기 쉽게 해 줍니다. 물은 재생시키고 기운을 북돋우며 저항하지 않고 자연스런 흐름을 만들며 흘러갑니다.

››› 사람과 사물에 유연하게 대처하라(사람을 배려하고 관용을 베풀어라)

(26) 노자는 상선약수(上善若水)라고 하여, 세상에 물보다 부드러우면서 물보다 강한 것은 없다고 하면서 물이 최선이라고 하였

습니다. 모든 살아있는 것은 물을 품고 있습니다. 그래서 부드럽지요. 죽은 것은 딱딱합니다. 부드러운 것은 휘어지지만 부러지지 아니합니다. 딱딱한 것은 곧 부러지고 맙니다. 부드러움은 인간관계를 개선하고 서로간의 사이를 편안하게 합니다. 문제가 원만하게 해결됩니다. 돛이 바람을 이용할 수 있는 것은 돛의 유연성 때문입니다. 돛 대신 나무판을 달아 보십시오. 배는 조금도 앞으로 나아가지 못할 것입니다. 무엇보다 상대의 처지를 헤아려 사람을 적극적으로 배려하고 사람을 대함에 있어 한껏 너그러워야 합니다. 가족관계를 포함한 모든 인간관계에서 때로는 지는 것이 이기는 것임을 우리는 더러 체험합니다. 그 점을 우리는 물에서 배웁니다. 밀림의 힘은 강한 야성에 있지만, 문명의 힘은 부드러운 모성에 있다고 합니다. 유연한 자세가 인간관계를 원만하게 합니다.

››› 사고와 언행이 성실하고 맑아야 한다

(27) 공직자는 마음가짐이 달라야 합니다. 우선 내 곁엔 언제나 국민이 있다고 생각하여야 합니다. 누가 보든 안보든 상관없이 말입니다. 나아가 자식으로서의 내 곁엔 부모가 있고, 혼인한 사람으로서의 내 곁엔 배우자가 있으며, 자식들의 아비된 자로서의 내 곁엔 아이들이 있습니다. 이들의 눈이 나를 지켜보고 있다고 생각하고 직무에 임하여야 합니다. 공자는, 군자는 혼자 있을 때를 삼간다고 하였습니다. 이것이 이른바 신독(愼獨) 사상입니다. "하늘이 알고 땅이 알고 내가 알고 그대가 안다"는 말도 있습니다. 누가복음 12장 2, 3절은, "감추인 것이 드러나지 않을 것이 없고, 숨은 것

이 알려지지 않을 것이 없나니, 이러므로 너희가 어두운 곳에서 말한 모든 것이 광명한 데서 들리고 너희가 골방에서 귀에 대고 말한 것이 집 위에서 전파되리라"고 하였습니다. 세상에 비밀은 없습니다. 그러므로 공직자는 그 생각과 처신에 한 점 흠이 없어야 합니다. 소명에 충실하고 항상 최선을 다하되 그 사고와 언행은 매사에 거리낌이 없어야 합니다. 이름만 들어도 그를 신뢰할 수 있을 정도가 되어야 하겠지만 그렇다고 하여 안심할 수는 없습니다. 사람의 마음은 어느 순간에 바뀔지 모르기 때문입니다. 끊임없이 자신을 살펴보고 돌아보아야 합니다. 사고와 언행이 쉬지 않고 흐르는 강물처럼 막힘이 없고 한결같아야 합니다.

››› 울료자의 가르침

(28) 중국 병서인 울료자를 보면, 장수가 출전명령을 하면 그날로 집안일을 잊어야 하며, 군사를 거느리고 야전에 들어가면 부모친지를 잊어야 하며, 북채를 잡고 전투를 지휘하면 자기 자신을 잊어야 한다는 말이 있습니다. 여기서 '장수'를 '공직자'로, '출전명령'은 '근무명령'으로, '야전에 들어가면'을 '사무실로 출근하면'으로, '전투를 지휘하면'을 '근무복을 입고 현장에 투입되면'으로 바꾸어 읽어보겠습니다. "공직자가 근무명령을 받으면 그날로 집안일을 잊어야 하고, 사무실로 출근하면 부모친지를 잊어야 하며, 근무복을 입고 현장에 투입되면 자기 자신을 잊어야 한다." 메시지는 여전히 통합니다.

››› 떠난 자리 또한 깨끗하여야 한다

(29) 공직자는 모름지기 자신의 일을 그때그때 잘 처리하는 것은 물론이고 후배와 후임자들을 위하여 잘 정돈해 두어야 합니다. 특히 떠난 자리가 깨끗하여야 합니다. 서산대사는 그의 시 답설(踏雪)에서, "눈 쌓인 벌판을 걸어갈 때 / 어지럽게 걷지 말라 / 오늘 내가 가는 길이 / 뒤에 오는 사람의 길이 된다"고 하였습니다. 기억해 두어야 할 가르침입니다.

››› 상상력이 중요하다(예술적인 취향을 가져라)

(30) 우리들의 삶은 마땅히 예술이어야 합니다. 예술이 아름다움을 통하여 사람들에게 감동을 주듯, 공직자는 직무의 상대방이나 업무 관련자들에 대한 이해와 배려를 통하여 감동을 주어야 합니다. 감동을 추구하는 예술은 상상력을 필요로 합니다. 상상력이란 지식과 사고의 재료를 새롭고 합리적으로 재구성하는 지적 능력을 가리킵니다. 사물을 재정의하는 방법으로 그것들을 낯설게 하면 우리는 그것들과 다시 만나게 됩니다. 사물을 존재하는 대로 우리가 보는 것이 아니라 우리가 보는 대로 사물은 존재합니다(칼융). 역전의 발상으로 상상력은 확장됩니다. 상상력이 중요하다는 말은 여러 사람이 강조하였습니다. 아인슈타인은 지식보다 상상력이 더 중요하다고 했고, 영리한 아이들로 키우려면 동화책을 많이 읽어주라고 했습니다. 더 영리한 아이들로 키우려면 동화책을 더 많이 읽어주라고 했습니다. 예를 들면 현장에서 활동하는 건설 분야의 공직자들이 그 마음에 시와 동화를 통하여 얻은 상상력과 감

성을 품고 있다면, 그러한 감성 등은 필연코 그가 짓는 조형물에 스며들 것입니다. 나아가 그 조형물을 이용하는 사람들은 거기에 숨어있는 포근한 감성의 결을 만지거나 듣거나 볼 수 있을 것입니다. 그래야 되지 않겠습니까? 과학을 예술의 경지에까지 끌어올려야 되지 않겠습니까?

››› 공공업무가 예술이 되게 하라

(31) 건설 업무를 예로 들어 봅시다. 이 업무가 과학이냐, 예술이냐, 라고 묻는다면 저는 과학보다는 예술에 가깝다고 생각합니다. 크게 보면 예술은 그 품이 넓어서 과학을 포괄한다고 볼 수 있습니다. 정확한 것을 지향하는 과학 또한 아름다움을 추구합니다. 왜냐하면 정확한 것은 아름답기 때문입니다. 그러나 그 아름다움이 시공을 초월하여 사람의 마음을 움직이는 감동적인 아름다움을 획득하려면 정확성을 넘어 거기에 예술적인 감성이 스며있어야 합니다. 예술은 상상력을 바탕으로 합니다. 교량을 가설하고, 도로를 개설하며, 영조물을 건축하고, 조경공사를 시행하며, 강을 다스리고 물길을 바로잡는 이 모든 작업 즉, 설계, 시공, 감독으로 진행되는 일련의 건설 업무는, 대지와 하늘과 숲과 강으로 이루어진 자연이라는 거대한 캔버스에 그림을 그리고 그곳에 등장하게 될 조형물을 꿈꾸는 것으로 작업을 시작합니다. 머릿속에 이미지가 떠오르지 않고서는 일을 시작할 수 없으리라고 봅니다. 시와 음악이 그렇지 않습니까. 설계는 한편의 시를 구상하는 것이고, 시공은 시를 한 자 한 자 써나가는 과정이고, 감독은 어휘와 행과 연 등의 구조

와 운율이 잘 어울리는지 들여다보는 것이고, 설계변경은 시를 고쳐 쓰는 것이고, 추가공사는 미진한 것을 보완하는 것입니다. 작곡을 거쳐 연주에 이르는 음악의 생산과정과도 닮았다고 할 수 있습니다. 무형의 자산으로 유형의 국부를 창출하는 건설종사자들은 이와 같은 꿈꾸는 사람들로서 작업 현장에서 몸을 언어로 삼아 시를 쓰는 사람들입니다. 사랑하는 사람들이 거주하는 공간, 그 터전의 여건과 삶의 질을 개선하고자는 열망에 사로잡힌 예술가들입니다. 성취의 최고 형식은 예술이지 결코 과학이 아닙니다.

4. 바람은 말한다(창의적이고 활력이 넘친다) – 영성

>>> **바람의 속성과 이미지(신선하고 역동적이다)**

(32) 바람은 상쾌합니다. 조용할 때도 있고 울부짖을 때도 있습니다. 바람은 눈에 보이지 아니하고 신비로우며 에너지가 넘치고 세상 어디서나 존재하며 아무데나 휩쓸고 다닙니다. 바람은 음악적이고 리드미컬하고 자극적입니다. 대상을 어루만지고 꽃가루를 옮깁니다. 바람은 생기를 불어넣고 움직이는 모든 것에 호흡을 줍니다. 바람은 마음을 흔들며 속삭이고 위로하고 달래며 희롱합니다. 바람은 나비를 춤추게 하고 새들을 날게 해 주지만, 때로는 낡은 것들을 일거에 무너뜨리기도 합니다.

>>> **매일이 새날이다. 혁신의 삶을 산다**

(33) 은왕 성탕의 목욕그릇에는, 日新日新又日新苟日新이라는 글귀가 새겨져 있었다고 합니다. "날로 새로워지고, 나날이 새로

워지고, 또 날로 새로워지고 진실로 날로 새로워질지니라"는 뜻입니다. 바울 사도는 '나는 날마다 죽노라'고 말했습니다. 이러한 자세로 끊임없이 자기를 새롭게 하여야 합니다. 미국의 어느 심리학자는 창의성이란 태양에 플러그를 꽂는 일이라고 하였습니다. 어린이다운 호기심과 감동을 간직한 채 어른으로 성장하는 사람만이 창의적일 수 있습니다. 창의적인 사람에게는 네 가지의 핵심요소가 있다고 합니다. 조던 아얀은 이것을 "창의성의 씨앗(CORE)"라고 부릅니다. 호기심(Curiosity), 개방성(Openness), 모험심(Risk), 에너지(Energy)가 그것입니다.

>>> 현실에 안주하지 아니한다(모험으로 역량을 제고한다)

(34) 현재와 과거를 구분 짓는 기준은 리스크에 대한 지배(mastery of risk)입니다(피터 L.번스타인). 이는 인류의 역사를 두고 하는 말이지만, 개인사에도 다름없이 적용됩니다. 인간의 역사는 자연계와 인간사에 존재하는 리스크의 정체를 이해하고 이를 하나하나 다스려 온 역사라고 해도 과언이 아닐 것입니다. 생활방식의 전환점(turning point)이나 혁명점(tipping point)을 통과하자면, 모름지기 과감히 모험에 자신을 던져야 합니다. 모험을 겁내는 사람은 행함이 없는 자요, 가진 것이 없는 자요, 아무 것도 아닌 자입니다(The person who risks nothing, does nothing, has nothing, and is nothing). 리스크테이킹(risktakig)을 삶의 원동력과 자기계발의 에너지로 삼아야 합니다. 하나의 리스크를 정복하면 우리의 삶은 하나의 계단을 올라섭니다. 제게는 월남전 참전(1970. 9. – 1972. 2.)

의 결단과 교훈이 있습니다. 이 모험을 통하여 나는 삶에 닥치는 두려움을 어느 정도 극복할 수 있게 되었고, 평생을 걸 만한 가치가 무엇인가를 깨닫는 계기가 되었습니다. '생명에 대한 외경과 우리 삶의 절대 가치인 사랑에 대한 인식'이었습니다. 때로는 모험에 자신을 던져야 합니다. 배는 항구에 있을 때 가장 안전합니다. 그러나 항구에 붙들어 두려고 배를 만든 것이 아닙니다. 위험을 무릅써야 앞으로 나아갈 수 있습니다.

››› 건전한 사생관을 가져라

(35) 우리는 건전하고 뚜렷한 사생관(死生觀)을 가지고 있어야 합니다. 알렉산더 대왕의 부왕인 필립 대제는 자신이 드나드는 현관의 문지방에, "필립아 너도 죽는다는 사실을 기억하라"고 새겨 두었다고 합니다. 메멘토 모리(Memento Mori), 즉 죽음에 대한 사유는 사람을 겸손하게 하고 행위의 우선순위를 조정하게 하며 잘 사는 것은 결국 잘 죽는 것이라는 생각을 가슴에 품게 합니다. 실은 우리는 가슴에 죽음을 늘 품고 사는 것이 아니겠습니까? 한 걸음 너머가 죽음이요, 집밖이 죽음이 아닙니까? 삶을 원하거든 죽음을 준비하십시오(sis vis vitam, para mortem). 품위 있게 사는 일 못지않게 품위 있게 죽는 일 또한 중요합니다.

››› 휴식과 기분전환도 필요하다(릴렉세이션, 디스트렉션을 요한다)

(36) 만약 당신이 황금알만 중시하고 그 알을 낳는 거위는 무시하는 식으로 생활한다면 당신은 곧 어떤 황금알도 얻을 수 없게 될

것입니다(스티븐 코비). 삶은 마라톤입니다. 전반을 무리하면 후반을 뛸 수 없습니다. 사람은 기계가 아닙니다. 기계도 쉬어야 하는데 사람이 쉬지 않고 일할 수 없습니다. 망중한(忙中閑)이 있어야 합니다. 격무와 스트레스를 해소할 수 있는 휴가나 건전한 취미생활이 필요합니다. 책읽기와 글쓰기도 그런 치유의 한 방법입니다.

5. 사랑으로 결합하는 4원소 – 행복한 삶

››› 삶의 증명은 사랑이다

(37) 이상과 같이 물질 4원소는 우리에게 지정의(知情意)와 영성(靈性)을 갖춘 아름다운 사람이 되라고 가르칩니다. 그러나 그게 어디 말과 같이 쉽겠습니까? 이는 정녕, 거의 평생을 통하여 애를 써도 이루기가 어려운 목표입니다. 부질없는 욕망이 우리를 다잡기도 하고, 남과의 비교와 경쟁심리가 우리를 불행하게 만듭니다. 그러므로 때로는 버리고, 내려놓고, 포기하고, 떠나기도 하여야 합니다. 존엄한 자신의 존재가치를 깨닫고 최선을 다하여 이에 합당한, 이 지상에서의 소명을 감당하되, 지나친 소유의 세계에서 방향을 돌이키는 것입니다. 결국 마지막엔 우리 각자 단독자로 남을 것입니다. 그때 "무엇이 우리의 삶을 증명해 줍니까? 우리가 만든 작품인가요, 우리가 추구한 예술인가요, 우리가 얻은 이름인가요? 아닙니다. 그렇지 않습니다. 오직 사랑만이 우리를 증명해 줄 뿐입니다(알베르 까뮈)". 생의 마지막 순간에 이르러 자기가 걸어온 길을 되돌아 볼 때, 가장 중요하고 가치 있는 질문은, 내가 누군가를 얼마나 사랑했는가?하는 것입니다. 우리가 다른 사람을 향하여 한

사랑의 말 한마디, 잠깐 지나가는 햇살과 같은 사랑의 웃음, 마음을 다하여 한 크고 작은 사랑의 행동은 다른 사람의 삶 속에서 오래도록 살아남아 숨을 쉴 것입니다. 물질 4원소는 그들의 가르침이 결국엔 사랑으로 결합한다고 언명합니다. 사랑에서 우러나온 칭찬 한마디 듣는 걸로 두 달을 거뜬히 살 수 있다는 사람도 있습니다.

(38) 사랑의 찬사 중에서 잊을 수 없는 말이 있습니다. 영국 주재 미국대사를 지낸 조셉 초이스는, 인생을 다시 산다면 무엇이 되고 싶으냐는 질문에 이렇게 대답했다고 합니다. "나는 초이스 부인의 남편이 되고 싶소." 아내에 대한 이보다 더 큰 찬사가 있겠습니까. 살아남은 사람들의 가슴 속에 그가 살아있다면 그는 결코 죽은 것이 아닙니다. "너를 보는 순간 이 세상은 별이 된다(영화 Westside story 중에서 토니가 마리아에게)."는 대사가 있습니다. 이런 사랑의 말을 주고받는 사람들은 행복합니다. 사랑받는 것의 놀라움보다 더 신비롭고 아름다운 것은 없습니다. 그것은 사람의 어깨에 신의 손이 얹히는 것과 같습니다(찰스 모건). 영원히 살 수 있는 유일한 방법은 누군가를 사랑하는 일입니다. 그 때 그 영혼은 죽음을 뛰어넘어 자기 내면의 불멸성에 한 걸음 다가가기 때문입니다. 신이 이 세상에 머무는 성소는 선한 자의 가슴입니다(마담 네커). 사랑이란, 세상을 살아가는 이들의 인생 속에 녹아 흐르는 한 줄기 강물과도 같은 것입니다(헨리 워드 비처).

››› 유명해지려고 애쓰지 말라

(39) 앤디 워홀의 말처럼 누구나 15분쯤은 유명해 질 수는 있습니다. 그러나 무지개가 15분 동안 지속되면 사람들 역시 더 이상 쳐다보지 아니합니다. 유명해져서 좋은 것은 아무 것도 없습니다. 유명한 것은 피곤하고 힘들고 스트레스 받는 일입니다. 이런 시도 있습니다. 유명해지면 / 주목을 받고 / 또 정보기관 같은데서 추적을 받고 / 그리하여 결국 / 서서히 맛이 가게 된다(김영승). 우리가 소명에 충실할 때, 성경 고린도후서의 말씀처럼, "무명한 자 같으나 유명한 자요, 죽는 자 같으나 우리가 살고, 근심하는 자 같으나 항상 기뻐하고, 가난한 자 같으나 많은 사람을 부요하게 하고, 아무 것도 없는 자 같으나 모든 것을 가진 자로다"라고 고백할 수 있어야 합니다. 시인 김지하는 어느 방송에 출연하여 "인생이란 은근살짝(은근슬쩍의 전라도 사투리) 다녀가는 것이다. 모름지기 인생은 소리소문 없이 살다가는 것이 최고다. 나처럼 시끄럽게, 표시나게 사는 것은 문제가 있다"고 말했습니다. 과거 음울한 한 시대를 몸으로 부딪치며 담대하고 처절한 투사의 삶을 살아온 시인의 최근 고백이 그렇습니다. 그리스도인의 중요한 덕목의 하나인 "이름 없이 빛도 없이(구 찬송가 355장)"의 현실세계에서의 적용이라고 볼 수 있을 것입니다.

››› 행복한 삶은 어떻게 오는가

(40) 헨리 데이빗 소로우는 "나의 재산은 무한하다. 왜냐하면 나의 재산은 소유가 아니라 향유이기 때문이다"라고 말하였습니

다. 내 집으로 등기된 것이라도 다른 사람이 세들어 살고 있으면 그 집은 내가 사용할 수 없습니다. 그러므로 실상은 내 것이라고 할 수 없습니다. 내 앞으로 등기된 것은 아니지만, 예를 들면, 해운대 바다, 그 위에 뜬 태양, 동백섬의 아름다움을 내가 속속들이 누리고 있다면, 그것은 바로 내 것입니다. 진정한 소유는 서류상의 형식이 아니라 이용 상의 실질을 말합니다. 행복은 소유를 욕망으로 나눈 것입니다(행복=소유/욕망). 그러므로 소유를 늘리거나 욕망을 줄이면 행복의 값이 커집니다. 수식의 원리상 그럴 수밖에 없습니다. 과거 우리 선인들의 행복 추구방식과 오늘의 방식은 다릅니다. 옛사람들은 욕망의 절제로서 행복을 얻었지만, 오늘은 소유의 증가로서 행복을 취하려고 합니다. 그러나 누구나 항상 무한정 소유를 늘릴 수 없는 법입니다. 지구상의 재화는 유한하여 내 것을 불리면 남의 것은 줄어들고, 그리하여 나는 결국 다른 이들의 몫을 취할 수밖에 없습니다. 그런데 욕망이 무한이면 행복은 전무(全無)가 됩니다. 그러므로 해법은 욕망을 줄이는 것 외에 다른 방도가 없습니다. 행복은 나비와 같습니다. 쫓아가면 날아가 버리지만 가만히 있으면 그대에게 다가와 어깨에 사뿐히 내려앉습니다(나다니엘 호오손). 때로는 조용한 기다림의 자세가 중요합니다.

››› 인생은 기다림의 연속이다(행복하려면 잘 참아야 한다)

(41) 사랑과 행복을 위하여는 인내와 기다림의 쓴 맛을 감수하여야 합니다. 인생은 기다림의 연속이며, 우리는 늘 누군가를, 무언가를 기다리면서 살아갑니다. 약을 복용하고 그 효능이 나타나

기를 기다립니다. 술이 발효하기를 기다리고, 밥이 뜸들기를 기다리고, 과일이 익기를 기다립니다. 회임 후 아기를 만날 때까지 아홉 달을 대책 없이 기다리고, 태산목에 향기로운 꽃이 피기를 여름이 되기까지 기다리고, 사람들과 줄서서 내 차례를 기다립니다. 기도에 대한 응답을 기다리고, 시험을 치른 후 합격자 발표를 기다리고, 조직검사 후 병원의 결과 통보를 기다립니다. 마른 땅에 단비가 떨어지기를 하늘을 우러러 애타게 기다립니다. 사랑하는 이를 향한 내 간절한 마음이 그 사람의 마음의 현에 가 닿을 때를, 그리하여 풀잎에 아침 이슬이 맺히듯 내 속눈썹에 잔잔한 기쁨의 눈물이 맺히게 하는 그 맑고도 따뜻한 울림을 하염없이 기다립니다. 이 길고도 긴 기다림의 세월들, 어떻게 생각하면 우리들의 삶은 오직 기다림뿐입니다. 산다는 것은 곧 기다리는 것입니다.

››› 궁극의 가치인 사랑 – 가족의 사랑에서 시작하라

(42) 저는 또 가족 간의 사랑이 대단히 소중하다는 것을 배웠습니다. 영국인들이 가장 행복했던 때는, 2차 세계대전 당시, 등화관제된 상태에서 독일군의 폭격이 계속될 때, 가족들이 숨을 죽이며 부둥켜안고 살던 때라고 합니다. 우리에게도 과거 그런 시절이 있었잖습니까? 힘들고 슬펐지만, 우리는 또 그 때를 그리워하기도 합니다. 고난 중에 가족이 하나 되던 그 시절을 말입니다. 도스토예프스키의 소설, 까라마조프가의 형제들 마지막 페이지에 이런 글이 있습니다. "좋은 추억, 특히 어린 시절, 가족 간의 아름다운 추억만큼 귀하고 강력하며 아이의 앞날에 유익한 것은 없다는 사

실을 명심하라. 사람들은 교육에 대해서 많은 것을 말한다. 그러나 어린 시절부터 간직한 아름답고 신성한 추억만한 교육은 없을 것이다. 마음속에 아름다운 추억이 하나라도 남아 있는 사람은 악에 빠지지 않을 수 있다. (…) 그리고 그런 추억들을 많이 가지고 인생을 살아간다면 그 사람은 삶이 끝날 때까지 안전할 것이다." 그 작품 중에는 다음과 같은 조시마 장로의 이런 말도 있습니다. "나는 인류를 사랑한다. 하지만, 나 자신에 대해 놀라게 된다. 왜냐하면 내가 인류를 사랑하면 사랑할수록 개별적 인간, 다시 말해서 한 사람 한 사람에 대한 사랑은 줄어들기 때문이다. 현실 속의 실천적인 사랑은 공상적인 것에 비해 가혹하고 두려운 일이기 때문에 그런 것이다."

(43) 이와 같이 사랑은 가까운 곳에서부터 시작합니다. 이것을 뛰어넘을 수는 없습니다. 가정은 식구들을 위한 베이스캠프가 되어야 합니다. 그곳에서 충분히 쉬거나 영양을 공급받고 장비를 점검합니다. 정상 등반을 위한 공격대열에서 지치면 언제든 뒤로 물러나 쉴 수 있는 곳이어야 합니다. "아이를 갖기 전에는 자녀 교육에 관한 이론을 여섯 가지나 가지고 있었지만, 자녀가 여섯인 지금, 이론은 하나도 남아 있지 않다(로체스터 경)"는 말도 있고, "자식들을 불신하느니 보다는 차라리 열두 번이라도 배신을 당하는 편을 택하겠다(요한 크리스토퍼 아놀드)"는 말도 있습니다. 미국의 전 국무장관 램지 클라크의 회고를 들어봅시다. "나는 발달장애와 간질증세가 있는 내 딸로부터 삶에서 정말 중요한 것들, 서로 함께

하고 서로 돕는 것, 온화함과 인내의 아름다움, 물질적인 것의 허망함, 명예와 명성의 덧없음, 이기심이 가져오는 해악 등을 배웠습니다. 의미 있는 삶을 살기 위해서는 사랑이 얼마나 중요한지도 우리는 딸에게서 배웠습니다." 부모의 도움이 필요한 연약한 아이들은 우리 자녀는 말할 것도 없고, 남의 자녀도 하나님이 우리에게 맡겨 주신 천사들입니다. 그들을 힘닿는 대로 마음과 정성을 다하여 아끼고 돌보고 양육하는 것은 천사를 보살피는 것입니다. 만일 이생에서 그에 대한 보답을 받지 못한다면 내생에서라도 반드시 보답이 있을 것입니다. 그러므로 우리는 최선을 다하여야 합니다. 아이들을 기르면서 겪는 희생과 힘든 순간들은 우리를 성숙하게 하는 중요한 요소입니다. 행복한 기억들은 그냥 그것으로 끝이지만, 실제로 가족 간의 관계와 유대를 강화시켜 주는 것은 힘들고 어려운 순간들입니다(요한 크리스토퍼 아놀드). 아이들을 키울 때 장바니에 신부의 "물컵을 쥔 손"을 기억하십시오.

››› 행복의 비결

(44) 미국의 한 세일즈맨인 매턴(H C. Mattern)이란 사람은 아내와 함께 미국 전역을 순회하면서 다음 구절이 인쇄된 명함을 만나는 사람마다 한 장씩 나눠 주었다고 합니다. 내용은 이렇습니다. 새겨둘만 합니다. "행복의 길: 미움을 제하고 걱정을 버려라. 단순하게 살아라. 기대를 줄이고 많이 주어라. 삶을 사랑으로 넘치게 하고 얼굴에서 햇빛을 발산하라. 자신을 잊고 남을 생각하라. 대접받고자 하는 대로 남을 대접하라(The way to happiness: keep your

heart free from hate, your mind from worry. Live simply, expect little, give much. Fill your life with love. Scatter sunshine. Forget self, think of others. Do as you would be done by)". 노만 빈센트 필 박사는 여기에, "일주일만 그렇게 살아보라. 그 변화에 당신 자신도 놀랄 것이다(Try this for a week, and you will be surprised.)"라는 한 문장을 보탰습니다.

››› 사람 사랑을 배우다

(45) 제 인생의 지난 세월, 특히 공직 생활의 35년은 "사람을 사랑하는 법"을 배운 과정이었습니다. 저는 오랜 세월, 넘어지고, 깨어지고, 울고, 웃으면서 "사람을 사랑함에는 아무런 조건이 없으며, 사랑에는 오직 시작이 있을 뿐이고, 사랑은 그럼에도 불구하고 존재하며, 사람을 사랑하고 사람으로부터 사랑받는 것이 세상에서 가장 소중하고 귀한 가치"라는 사실을 배웠습니다. 장자는, "천하를 위한답시고 목소리 높은 사람보다 생명이 귀한 줄 아는 이라야 가히 세상을 맡길 수 있다"고 했습니다.

››› 받은 도움을 다른 사람에게 갚자

(46) 저는 그간 살아오면서 수많은 사람들의 도움을 받았습니다. 제가 지금 이 자리에 설 수 있는 것은 모두 그 분들의 덕분입니다. 그 중에는 평생을 살면서 갚아도 다 갚을 수 없는 도움과 은혜도 있습니다. 그런데 그런 몇 분은 마치 제게서 보답을 받지 않기로 작정이나 한 듯이 이미 세상을 떠났습니다. 부득이 제 후배나

다른 사람들에게 갚는 길 외에는 다른 방도가 없습니다. 살아서도 그분들은 나의 보답을 사양했겠지만, 이와 같이 제가 받은 도움을 다른 사람에게 갚는 보은의 방식은, 우리 사회에 사랑이 확산되는 길이 되기도 합니다. 그러므로 우리는 혹시라도 남을 돕는 일이 있더라도 그 순간 그 사실을 잊어버려야 합니다. 되돌려 받기를 기대한다면 그것은 일종의 거래에 불과하고, 다시 대가가 돌아오는 순간, 그 일은 두 사람 사이의 문제로 종결되고 맙니다. 그러나 다른 사람에게 보답을 하게 되면, 그 사랑은 사회로 퍼져 나갑니다. 바로 이것이 과거에 제가 배운 토큰 하나의 보은 방식입니다(홍승면, '토큰 하나로 빚을 갚는 사람들', 한국의 서민철학, 1984. 사회발전연구소).

››› **모든 질문에 대한 대답은 사랑이다**

(47) 우리는 누가 우리를 향하여, "너는 누구냐?"하고 물을 때, 금방 대답할 수 있도록 자신의 정체성을 확고히 정립해 두어야 합니다. 그 정체성 위에 우리들의 일상이 쌓이는 것입니다. 그리고 우리의 정체성은 대개 고정불변의 원칙에 기반을 두는 것이 보통입니다. 그러한 원칙이야말로 우리들 인생의 등대가 되는 것입니다. 여러분의 인생 항로를 밝히는 등대는 무엇입니까? 그리스의 철학자 엠페도클레스는 그것이 물질원소의 조화로운 결합으로 생겨나는 사랑이라고 단정했고, 그 사랑은 개인의 등대일 뿐 아니라 역사의 등대라고 선언하였습니다. 이렇듯 물질 4원소의 속성이 시사하는 삶의 가르침이 대단히 소중합니다. 우리는 지성과 감성, 그

리고 열정과 영성을 지닌 원만한 사람으로 살아야 합니다. 행복은 그런 우리를 향하여 조용히 다가옵니다. 그러나 핵심은 결국 사람이며 그리고 사랑입니다. 사도 요한은 물질 4원소를 재료로 삼아 천지를 창조하신 하나님은 그 속성이 사랑이라고 선언합니다(요한1서 4장 8절). 저는 사람을 아끼고 존중하는 것이 가장 소중한 가치이며, 이 지상에서 사람과 더불어 살면서, 사랑하고 사랑받는 것보다 더 큰 행복은 없다고 생각합니다. 사랑만이 사람의 가슴속에 영원히 남습니다. 나머지는 모두 사라지는 것들이며 사랑을 떠받치는 배경이자 사랑의 그림자에 불과한 것들입니다. 우리가 부질없는 욕망에 쫓겨 다니지 아니하면, 그리고 덧없는 허명(虛名)에 목숨 걸지 아니하면, 하늘이 우리에게 부여한 소명을 성공적으로 능히 감당하면서도, 우리는 그토록 갈망하는 참사랑과 행복을 누릴 수 있습니다. 그렇습니다. 두 지점 사이의 최단거리는 사랑이며, 모든 질문에 대한 대답은 사랑입니다. 우리는 사랑받는 존재이며 어떤 노래의 가사처럼 사랑받기 위하여 태어난 사람들입니다. 다시 말합니다. 사랑하고 사랑받는 것, 바로 그것이 행복의 비결입니다. 여러분들 모두 그러한 불멸의 사랑을 가슴에 품고, 사랑하는 사람들과 더불어, 가정에서 그리고 직장에서, 전 인생을 통하여, 소박하게 행복을 누리는 나날이 되시기를 바라마지 않습니다.
(2010. 5. 24. 부산광역시 인재개발원)